REPÁRALO, LÍMPIALO Y HAZLO DURAR

La guía esencial para que
los artículos del hogar
duren para siempre

Nota del Editor

Los editores de FC&A han tomado todas las precauciones para garantizar la exactitud y utilidad de la información contenida en la presente edición. Sin embargo, a pesar de que se han hecho todos los esfuerzos para garantizar la calidad de esta obra, aconsejamos al lector revisar y tratar de entender cada una de las ideas y consejos aquí presentados y buscar ayuda profesional calificada antes de ponerlas en práctica. Mediante la presente, los editores de esta obra se desligan y liberan de cualquier responsabilidad (incluyendo lesiones, averías, daños y perjuicios) que pudiesen resultar del uso de la información contenida en este libro.

La información referida a la salud contenida en este libro es solamente de carácter referencial y no constituye, ni pretende ser, una guía médica de auto curación. Asimismo, el contenido de este libro no constituye un consejo médico profesional y no debe ser interpretado como tal o utilizado como un sustituto del consejo médico de su doctor.

"Gloria sea a Dios quien por su inmenso poder, cuya fuerza actúa en nosotros, puede realizar mucho más de lo que nos atrevemos a pedir o inclusive soñar—infinitamente más allá de nuestras oraciones, pensamientos o deseos más elevados".

– Efesios 3:20 (La Biblia al día)

FC&A Publishing®
103 Clover Green
Peachtree City, GA 30269

Produced by the staff of FC&A

ISBN 978-1-932470-86-4

TABLA DE CONTENIDOS

INTRODUCCIÓN

¿Alguna vez tuvo el deseo de volver al pasado? ¿De regresar a una época más sencilla? Cómo no quisiera uno regresar a aquellos hermosos días cuando las abuelas horneaban galletitas, repartían abrazos y le enseñaban a uno sus trucos para ordenar y limpiar la casa. Aquellos tiempos cuando los abuelos se pasaban horas trabajando en su jardín, armando muebles en su taller y dando consejos a la gente de cómo mantener el carro en buenas condiciones. La mayoría de nosotros ya no recibimos este tipo de consejos tan sabios de nuestros abuelos. Por eso, a veces nos preguntamos ¿dónde se podrán encontrar unos buenos consejos para la casa?

La respuesta es muy sencilla: ¡Aquí mismo! En *Repáralo, límpialo y hazlo durar: la guía esencial para que los artículos del hogar duren para siempre,* usted encontrará consejos instantáneos y muy útiles de cómo reparar, limpiar o corregir casi cualquier cosa y de cómo hacerlo de la forma más sencilla, eficiente y económica. Es como tener a tu abuelita sentada a tu lado explicándote, pacientemente, como refregar y limpiar la comida quemada de la cacerola o la mejor manera de hacer madurar los tomates. Su abuelo seguramente le hubiese dado el mismo tipo de consejos sobre otro tipo de cosas, tales como la mejor manera de almacenar el serrucho o como enmasillar las ventanas. En este libro nosotros le ofrecemos una serie de consejos simples e infalibles que han sido probados con mucho éxito y que usted puede usar para administrar su casa y para vivir una vida más ordenada y feliz.

Pero no piense, de ninguna manera, que por pensar en las abuelas nos hemos olvidado de los problemas del mundo moderno. En las páginas de este libro usted obtendrá toda la ayuda que necesita para limpiar su computadora, almacenar correctamente sus vídeos y asegurar una larga vida a su cámara fotográfica último modelo. En estas páginas usted también puede obtener los consejos más actualizados sobre el cuidado de mascotas o de cómo viajar cuando uno tiene un presupuesto ajustado y de cómo mantenerse saludable. Aquí encontrará un montón de información muy útil que ni sus propios abuelos tenían en sus épocas.

Repáralo, límpialo y hazlo durar está dividido en 16 capítulos de fácil lectura. Cada uno de estos capítulos se enfoca en las áreas más importantes del cuidado del hogar y cuenta con diferentes secciones que lo guían a uno hacia el consejo especifico que uno anda buscando. Si le resulta difícil encontrar lo que busca, trate de buscarlo a través del índice alfabético. Además de señalar el número de página donde se encuentra lo que usted busca, el índice le da una lista de usos para esa entrada. Usted se sorprenderá con la cantidad de usos que se le puede dar a algo tan sencillo como el polvo de hornear que guarda en su alacena.

A lo largo de este libro usted encontrará unos cuadros de texto especiales que están llenos de consejos prácticos y útiles ¡así como de información anecdótica fascinante! Manténgase atento a los buenísimos consejos que nuestros expertos en el cuidado del hogar le dan a lo largo de este libro. Ellos compartirán con usted sus mejores trucos y secretos para lidiar con todo tipo de situaciones. Situaciones que van desde limpiar una alfombra hasta arreglar la cortadora de pasto para que esté como nueva. Y sólo para que se divierta un poco, hemos incluido unos cuantos consejos de antaño que nos muestran como nuestros antepasados llevaban a cabo sus labores del hogar. Estamos seguros que usted disfrutará estos maravi- llosos recuerdos del pasado que nos enseñan cómo la gente cuidaba sus hogares en el pasado.

Repáralo, límpialo y hazlo durar es el libro de referencia que usted ha estado esperando por mucho tiempo para ayudarle a ahorrar tiempo, dinero, y energía. Siga leyendo este libro para obtener un verdadero tesoro de información, consejos, y trucos que le ayudarán a llevar una vida menos complicada, mucho más placentera ... y ¡definitivamente mejor!

Los editores de FC&A

COCINA

Organización y planificación de comidas

Domina la técnica de la lista del mercado

Haz una lista de los artículos que compras regularmente e incluye el nombre del supermercado. Deja lugar para agregar más luego, si lo necesitas. Haz fotocopias de tu lista y pon una copia en la puerta del refrigerador para marcar lo que necesitas comprar. Cuando sea tiempo de salir de compras, tu lista está prácticamente terminada. Los artículos que no marcaste se convierten en una forma de recordarte qué te puede estar haciendo falta y no te habías dado cuenta.

Estrategia de recorte de costos

Mantén una lista de comidas y otros artículos que compras regularmente. Anota el precio que pagas y el precio que ves en los avisos. Tendrás una mejor idea de lo que algo debería costarte y podrás reconocer una buena oferta cuando la veas.

Receta para el orden

Guarda solamente las recetas que usas y te gustan, en tu caja para recetas que sirven. Guarda las que crees que te gustan pero no has hecho, en un archivador. Ahorrarás tiempo cuando estés buscando una receta "siempre confiable". Cuando te sientas con creatividad, ve a tu reserva y escoge una receta que se vea interesante.

La magia de planear comidas

Ahorra dinero, tiempo y electricidad teniendo un inventario en la puerta de tu refrigerador. Cuando vuelvas del supermercado, haz una lista de todas las comidas que hay dentro, incluyendo la fecha. A medida que uses las comidas, las puedes ir tachando de la lista. Con este método puedes planear comidas de un vistazo sin tener que escarbar en el refrigerador con la puerta abierta, además es probable que ya no desperdicies comida simplemente porque esté fuera de tu vista. Para ahorrar más, haz una lista similar para lo que guardas en el congelador.

Condimentos de la A a la Z

Si te tomas unos minutos para ordenar alfabéticamente tu estante de condimentos, verás qué fácil es encontrar un condimento en medio de la preparación de una comida. Además, cuando estés haciendo tu lista de compras o usando una nueva receta, podrás ver fácilmente si aún tienes ese ingrediente sin necesidad de mirar en todos los frascos de condimentos. ¡Esto sí que ahorra tiempo!

Embolsando sàndwiches el domingo

Disfruta de la tranquilidad de la tarde del domingo para preparar sandwiches para la semana. Prepara todos los bocadillos que se pueden congelar. Envuélvelos en plástico y ponlos directamente en el congelador en una bolsa grande. Solo tienes que tomar uno por la mañana cuando estás en el apuro de salir.

Estará descongelado para la hora en que desees comerlo. Puedes guardar galletas o zanahorias en pequeñas bolsas, también. Es más barato que comprar todo ya empaquetado listo para servir.

REPRIME tu hambre para unas compras inteligentes en el mercado

Para ahorrar dinero cuando vayas al supermercado reprime tu hambre y recuerda la palabra clave; REPRIME. Este acrónimo representa lo siguiente: Retraído, Privado (de comida), Molido (de cansancio) y Enojado. No hagas las compras cuando te sientas así. Tomarás decisiones más sabias cuando tu apetito esté satisfecho, hayas descansado y todo esté tranquilo en tu pequeño mundo. Si no lo haces, es posible que termines comprando un escapismo que piensas que te hara sentir mejor.

Ve de compras sin compañía siempre que sea posible. Si vas con otros miembros de la familia es más probable que compres por impulso. Toma en cuenta sus preferencias cuando hagas la lista, pero no cuando estés en el supermercado.

Consejos de la abuela

Los bocadillos para un picnic estarán el doble de frescos si, luego de envolverlos, sellas los bordes del papel encerado con una plancha caliente.

1003 Household Hints and Work Savers, 1947

Ahorra $$ en el supermercado

Pesa los artículos que están empaquetados como una bolsa de papas. Es imposible encontrar un número exacto de papas para un peso exacto, de modo que algunas bolsas pesarán más que otras.

Cuando lo haces regularmente, esto hará que los ahorros se sumen.

 Si compras jugo hecho de concentrado, podrías comprar directamente el concentrado y agregarle tu propia agua. Da un poquito más de trabajo, pero no te compliques con el inconveniente. Concéntrate en lo que estás ahorrando, es como un 75% en relación con el jugo listo para usar.

Si una receta pide solamente un poco de brócoli o coliflor, cómpralas en la sección de ensaladas del supermercado. No tendrás desperdicios y también ahorrarás tiempo en la preparación.

Huevos y productos lácteos

Congela los huevos extras

Los huevos están rebajados y compras una docena extra. ¿Qué haces? ¡No puedes usar tantos huevos! No entres en pánico, nada más toma una de esas cubetas para hacer hielo y rompe un huevo en cada lugar. Congélalos hasta que estén duros y luego los pasas a una bolsa para congelador. Úsalos cuando los necesites. Atención: Lava bien las cubetas que usaste, con agua caliente y jabón. Los huevos crudos pueden tener bacteria que te puede hacer enfermar.

Si te sobraron claras de huevo de una receta, colócalas en un recipiente que cierre bien.

Se conservarán frescas en el refrigerador por hasta cuatro días. Puede congelarlas también, por seis meses a un año. Cuando necesites usarlas las descongelas en el refrigerador en la noche. Estarán bien para hacer merengues. También puedes usarlas como un reemplazo de huevos enteros, bajo en grasas.

Sobras de yema de huevo duran un par de días en el refrigerador. Pasa las yemas intactas a un recipiente con agua fría y ciérralo bien hasta que necesites usarlas. También puedes colocarlas en un tazón pequeño con dos cucharadas de aceite.

Cuchara de cáscara

Si se te cae un pedacito de cáscara de huevo en tu mezcla, sácalo usando una mitad de la cáscara. El pedazo más grande va a atraer al pedazo más pequeño.

Humpty Dumpty debió haber intentado esto

Si un huevo se raja cuando está hirviendo, agrega un chorrito de vinagre para sellar la rajadura y salvar el huevo.

Cuando sólo la gallina sabe si es freso

Puedes averiguar cuán fresco está un huevo colocándolo en un tazón con agua fría. Si se va hacia un lado está fresco; si se para en un ángulo, tiene por lo menos tres días. Si se queda parado, tiene por lo menos 10 días.

Cáscaras perfectas y súper rebanadas

Puedes pelar huevos duros perfectamente. Apenas estén cocidos colócalos en agua helada por un minuto. El agua helada hará que el huevo se encoja dentro de su cáscara. Luego colócalos en agua hirviendo por otros 10 segundos.

El agua caliente hará que la cáscara se expanda. Quita el huevo del agua y quiebra la cáscara en todas partes, luego comienza a pelar por la parte de abajo o la más grande. La combinación de calor y frío hará que lo peles en un abrir y cerrar de ojos.

Para rebanar un huevo duro perfectamente, moja el cuchillo en agua antes de cada rebanada. El huevo no se va a deshacer.

¿Qué es esa sustancia huevífera verde?

A menudo uno observa una sustancia verde-grisácea que rodea la yema de un huevo duro y se pregunta ¿Qué es eso? y ¿Es segura para el consumo humano? Antes de que te devanes los sesos pensando si es o no segura ¡relájate! Esta sustancia no es más que una combinación inocua de hierro y sulfuro que se forma cuando se calienta el huevo.

Consejos de la abuela

He aquí una idea para "estirar la mantequilla". Una libra de mantequilla más dos tazas de leche evaporada equivalen a dos libras de mantequilla, ¡aunque no lo creas! Lleva la mantequilla a temperatura ambiente, bátela hasta que esté cremosa, puedes hacerlo con un batidor de huevos. Agrega dos tazas de leche evaporada, de a poquito. Continúa batiendo hasta que se absorba toda la leche. Enfríala hasta que esté sólida, y eres el doble de rico en manteca.

1003 Household Hints and Work Savers, 1947

Haz que la leche esté más fresca

Para hacer que la leche te dure el doble de tiempo, agrégale un poquitito de sal apenas la abras. ¡Además la puedes congelar!

De modo que cuando veas una oferta en el supermercado, cómprate esos galones extra y guárdalos en el congelador. No afecta el valor nutritivo, pero hace que la leche se separe. Nada más sacúdela antes de usarla.

El requesón estará fresco por más tiempo si lo guardas cabeza abajo.

¡Di queso!

Puedes transformar yogurt sin gusto en "queso" de yogurt, un buen sustituto para la crema agria. Coloca un filtro de queso o filtro de café en un colador, agrega el yogurt y déjalo escurrir en un cuenco durante la noche, en el refrigerador. Simplemente descarta el líquido y ya puedes usar el yogurt en tu receta favorita.

Da un buen uso a la leche mala

Si una receta pide leche agria, pero sólo tienes leche fresca a mano, he aquí cómo hacerla agria y ahorrarte un viaje a la tienda. Agrega una cucharada de vinagre o jugo de limón a una taza de leche fresca. Mézclalo bien y espera cinco minutos. Luego agrégalo con confianza a tu receta. También puedes sustituir cantidades iguales de yogurt con leche agria y al revés también.

Derretido de queso re-contra fácil

Cuando cocines platos que contienen queso, recuerda que se puede volver duro y grasoso con mucho calor o una cocción muy larga.

De modo que usa temperaturas bajas y agrega el queso lo más tarde posible. Rallando el queso lograrás que se derrita con más facilidad.

Excelente mantequilla para actuar rápido

¿Tienes apuro para que se derrita la mantequilla que necesitas en una receta? Simplemente usa el rallador de queso o un pela papas y se ablandará en segundos.

Frutas y nueces

Madura y lista

La mayoría de las frutas frescas han sido recogidas antes de estas completamente maduras. Pero tendrán un mejor sabor si las dejas madurar antes de comerlas. Algunas frutas, como los duraznos, peras y tomates maduran más rápido si los colocas en una bolsa de papel marrón. Haz algunos agujeros en la bolsa y coloca la fruta cortada en una capa, no una encima de la otra. Dobla la parte superior de la bolsa y déjala en la mesada de la cocina. Cada día revísala y podrás darte cuenta cuándo está lista para usar. Cuando esté madura, come lo que desees y guarda el resto en el refrigerador.

———————————

Algunas frutas, como los arándanos y fresas no maduran más una vez que son recogidos de la planta, de modo que deben almacenarse en el refrigerador inmediatamente. Las bananas, por otro lado, siempre son cosechadas verdes y maduran rápidamente. Cuando tienen puntos marrones, llamados "lunares de miel", están dulces y listas para consumir. Puedes almacenarlas en el refrigerador. La piel se volverá negra, pero la banana adentro estará fresca por varios días.

———————————

¿Tienes dificultades para darte cuenta cuándo una piña está madura? Intenta quitar una de las hojas tomándola desde arriba. Si sale con facilidad, está madura.

Fresco y frutal

Para prolongar la vida de las fresas, colócalas en un colador en el refrigerador y no las laves hasta el momento de consumirlas.

No tienes que esperar hasta el momento en que desees comer fruta fresca para pelarla y cortarla. No se volverá marrón si le pones un poquito de jugo de limón.

Fácil solución para las bananas marrones

Tus bananas están maduras pero no tienes tiempo de comerlas. Esta es una buena alternativa a la vieja idea de congelarlas en su misma cáscara. Pélalas y córtalas, colócalas en la procesadora para hacer un puré, agrega un poco de jugo de limón para que no se oxiden. Guárdalas en una bolsa en el congelador hasta seis meses. Cuando desees hacer pan de banana o un licuado de frutas refrescante, déjalas que se descongelen durante la noche en el refrigerador.

En caso de que necesites saberlo, tres o cuatro bananas de tamaño medio pesan una libra. Una libra es suficiente para obtener una taza y tres cuartos de puré de bananas.

Me da ganas de pelar manzanas

Las manzanas frescas sirven para hacer deliciosos pasteles. Pero cuando estás apurado parece que no tienes tiempo para pelarlas. Esta es una idea para apurar un poco las cosas. Córtalas rápidamente en cuatro partes, quita las semillas y ya puedes pelarlas. Esto es realmente más rápido que pelarlas cuando están enteras.

Esto es sacar jugo

 No te deshagas del líquido que viene en las latas de fruta. Colócalo en un frasco o un recipiente de plástico en el refrigerador. La próxima vez que vayas a hacer una ensalada o postre, agrégale el jugo en lugar de agua y obtendrás una receta más sabrosa.

Gorditas

Si se te secan las pasas de uva, colócalas en remojo con agua caliente y en pocos minutos estarán suaves y listas para usar.

Una solución pegajosa

Para cortar comidas pegajosas como dátiles o higos con más facilidad, moja el cuchillo en agua fría con frecuencia. También puedes usar un par de tijeras limpias. Pásale mantequilla en las cuchillas antes de cortar malvaviscos o fruta y verás que no se pega.

Disfruta del gusto amargo

Si la receta solo pide el jugo del limón, no desperdicies la cáscara. Córtala y ponla en el congelador para usarla cuando la necesites.

Abrir un coco es fácil

Para abrir un coco con facilidad, enfríalo o caliéntalo.
Primero agujerea dos de los ojos, vacía el agua por el
agujero. Luego colócalo en el congelador por una hora, o
en el horno a 350º F por 20 o 30 minutos. Mientras está
frío o luego de haberse enfriado si estuvo en el horno,
envuélvelo en un trapo limpio y golpéalo con un
martillo. Cuando se abre, puedes remover la pulpa y
procesarla para almacenarla.

Cascanueces amable

Para poder partir las nueces fácilmente dejando la pulpa
intacta, poner las nueces en remojo en agua con sal toda
la noche, y al día siguiente pártelas con suavidad.

Verduras y hierbas

Refréscate con un bello tomate

Puedes hacer que los tomates frescos duren más
almacenándolos con su tallo para abajo.

Para pelar un tomate rápidamente, colócalo en agua
caliente durante 20 a 60 segundos. La piel saldrá muy fácil.

Cuidado con las verduras voladoras

Cuando estés preparando una ensalada, coloca el cuenco
en la pileta de lavar los platos. Las verduras que se
quieren escapar del cuenco no terminarán en el suelo.
Limpiar será mucho más sencillo.

Haz que te duren las sobras

Las sobras de la ensalada no van a durar mucho. Una forma de extender el gusto crocante es colocar varias hojas de papel de toalla en el fondo de una bolsa de plástico o el recipiente que estés usando para almacenarla. Las hojas absorben la humedad y mantienen las verduras crocantes.

Bolsa para apio

El apio puede venir en una bolsa de plástico cuando uno lo compra en el supermercado, pero ésa no es la mejor forma de conservarlo en el refrigerador. Coloca el apio en una bolsa de papel y no cortes las hojas ni los tallos para que se conserve mejor.

Cómo retener las ensaladas fresquitas y crujientes

Las verduras blandas arruinan la ensalada verde. Para resucitar una lechuga blanda, agrega jugo de limón a un recipiente con agua fría. Coloca la lechuga en el recipiente y remójala en el refrigerador por una hora. Para revitalizar apio, córtalo en pequeños trozos y colócalo en un recipiente con agua que cubra el fondo.

No desperdicies las verduras caras

Cuando compres verduras caras, asegúrate de usar todas las partes. Los tallos del brócoli pueden cortarse y cocinarse con la flor. Se pueden comer de esa forma o se pueden licuar para añadir al caldo de sopa.

Los espárragos caros rinden más de lo que crees. Prepara cada uno cortando y descartando la parte dura y descolorida que es muy dura para comerla. Dobla el tallo varias veces hasta que la parte más tierna se separe. Pela las partes duras que están más abajo del lugar donde se haya quebrado y cocina el resto; tendrás un rico bocadillo.

Mantén en forma tus pimientos

¿Estás buscando una forma de mantener la formadelos pimientos rellenos mientras se cocinan? Intenta engrasando moldes de panecillos. Escoge pequeños pimientos que entren en los moldes.

Hervir agua más rápidamente

Agregar un poco de sal al agua hace que hierva más rápido. Pero sólo agrega sal al final cuando estés cocinando frijoles, porque si no prolongarás el tiempo de cocción.

Suave y sedoso

El maíz fresco es muy rico, pero los hilos que tiene son desagradables si están entre tus dientes. Quítalos con un papel de toalla mojado. Limpia el maíz de arriba hacia abajo. Los hilos se quedarán pegados en el papel y ya no te molestarán.

Clava esa patata

Puedes acortar el tiempo de cocción de las patatas en hasta 15 minutos, insertando un clavo limpio en la pulpa de la patata (sólo para hornos convencionales, no microondas). El clavo dirige el calor directo hacia el centro.

¿Qué es eso verde en mi café?

Utiliza una cafetera vieja para hacer trabajo extra y cocinar espárragos. Quita la cesta, coloca los espárragos parados en el fondo, luego agrega agua, enciéndela y cocina los espárragos al vapor para conservar el sabor y los nutrientes.

Paren de pegarse

Las hierbas como el perejil, cilantro, salvia o romero pueden pegarse a la tabla de cortar. Puedes utilizar tijeras de cocina para cortarlas dejándolas caer directamente en la comida o en un recipiente para medir. Esto será más fácil y tendrás menos desperdicios.

Envuelve los cebollines en papel de aluminio

Las cebollas van a durar más y no van a brotarse si las envuelves en papel de aluminio. Si cortas una cebolla y sólo utilizas la mitad, coloca mantequilla en la otra mitad; ésto le ayudará a mantenerse fresca.

Cómo manipular el ajo

Un diente de ajo tiende a escaparse en la tabla de cortar cuando intentas cortarlo. Para que se esté quieto, espolvorea la tabla con sal, aplasta el ajo con el lado plano del cuchillo y luego puedes cortarlo.

Almacenar jengibre es fácil

Almacena la raíz de jengibre en el refrigerador, o puedes congelarlo por hasta tres meses. Otra forma de conservarlo es pelarlo, cubrirlo con jerez y guardarlo en el refrigerador.

Té de hierbas de "a de veras"

Almacena el té en recipientes cerrados herméticamente de modo que no pierdan sabor, no se pongan viejos o no adquieran sabores de otras comidas. No los guardes en el refrigerador, el congelador u otros lugares con humedad. Deben ser usados en el correr de un año desde que se compraron.

Carnes, pollo y pescado

Pan de carne sin ensuciar

Siempre que cocinas pan de carne ensucias todo ¿no es cierto? Ya no será así. Coloca todos los ingredientes en una bolsa grande, quítale el aire. Luego amásalo y mezcla bien los ingredientes desde afuera de la bolsa. Cuando estén mezclados dale la forma de pan, quítalo de la bolsa y ya puedes colocarlo en el molde para hornearlo.

Asado jugoso

La carne asada tendrá más jugo si, cuando la cocinas, utilizas cucharas de madera para girarla. Las cucharas de madera no le harán agujeros a la carne y el jugo no saldrá.

Una pincelada de salsa

Descongelar puede ser más rápido

Existe una forma fácil de guardar la carne picada para que luego sea más rápido descongelarla cuando la necesites usar. Coloca una libra de carne picada en una bolsa grande para congelador, luego aplástala como si fuera un panqueque o crepé. Es más fácil de guardar y más fácil de descongelar.

Para preparar las carnes o pincelar las salsas utiliza un pincel de cerdas naturales. Será más flexible y más fácil de lavar. Cuando estés cocinando en la parrilla moja tu pincel en aceite de oliva y dale unas pinceladas a la carne para que no se ponga pegajosa.

Hazlo Tierno con TÉrnura de té

Los científicos continúan descubriendo nuevos beneficios en una de las bebidas favoritas de todos los tiempos, el té. He aquí un descubrimiento para la cocina: intenta cocinar carnes duras en té. El ácido tánico trabaja haciendo la carne más tierna para transformarla en un rico bocado.

Algo sobre el tocino

Puedes evitar que se peguen las tiras de tocino en el paquete haciendo un rollo con el paquete y sosteniéndolo así por un minuto. Cada rebanada se soltará y saldrán separadas del paquete.

El tocino no se hará un rizo cuando lo estés cocinando si lo pones en agua helada justo antes de freírlo. Sólo tienes que colocarlo en el agua helada por cinco segundos, secarlo con un papel de toalla y cocinarlo de una vez. Tendrás tocino plano.

Cómo cocinar pavo congelado

No siempre es necesario descongelar el pavo antes de cocinarlo. Puedes cocinar el pavo entero, sin los menudillos, aunque esté congelado. Sin embargo, te llevará una y media veces más tiempo para cocinarlo. Los pavos rellenos congelados no deben ser descongelados a causa de la posibilidad de contaminación con bacterias. Simplemente sigue las instrucciones en el paquete.

Sopas, guisos y cazuelas

Salva tu presión arterial

¿Cometiste el error de poner mucha sal en el agua? No la descartes. Agrega una manzana cortada en tiritas por un momento. Luego quitas la manzana y ¡la sal también se irá! También puedes hacerlo para quitar el mal gusto a una salsa u otra comida que se quemó. Si tienes un problema con una sopa salada, agrega una patata pelada. Va a absorber el exceso de sal. Descártala cuando la sopa esté lista.

Dale forma a la sopa

Congela sopa y otros líquidos en una bolsa de plástico dentro de una lata de café. Esto hará que tome una forma fácil de guardar. Una vez que la comida esté congelada, puedes sacarla de la lata y volver a usarla.

Ingredientes en el congelador

Mantén en el congelador dos recipientes con ingredientes para sopa. Usa uno de los recipientes para sobras de carnes y huesos, usa el otro para vegetales. Utiliza estos ingredientes para hacer caldo de carne o caldo de verduras.

Desgrasantes de sopa

Para quitar la grasa que se forma encima de una sopa cuando se está cocinando, coloca un cubo de hielo envuelto en una gasa para quesos. Pasa el cubo envuelto sobre la superficie de la grasa y ésta se le pegará.

Otra forma de deshacerse de la grasa que flota en la sopa es colocar una hoja de lechuga. Atraerá a la grasa y ya está, luego tiras la lechuga y ¡sirves la sopa!

Panes, granos y artículos de primera necesidad

Suave

¿Te gusta comer pan suave y tierno? Mantén un tallo de apio dentro de una bolsa de plástico junto con el pan. Ayuda que se quede tierno porque le da sólo un poquito de humedad.

Embolsando pan rallado

Guarda el final del pan o la cáscara del pan en una bolsa en el congelador. La próxima vez que necesites pan rallado, tomas la bolsa, pasas el pan por la procesadora y ya tienes el pan rallado.

Si el pan se pone viejo, puedes usarlo para cocinar pan frito. Escoge tus hierbas favoritas y otros condimentos y mézclalos con aceite de oliva. Pinta la mezcla sobre el pan, usando un pincel de cocina. Corta el pan en cubos, colócalos en una fuente para horno en una sola capa. Cocínalos a 300° F hasta que estén secos y crocantes.

Apriétalo para que se suelte

Cuando hiervas el arroz, agrégale una cucharada de jugo de limón al agua, y verás que obtienes arroz más suelto y blanco.

El hacedor de levadura de la abuela

Hacer pan hoy en día es tan fácil como abrir el paquete y seguir las instrucciones de la máquina de hacer pan. Pero en el pasado, hacer el pan era tarea de todo el día: mezclar la masa, amasarla, esperar que crezca, otra vez amasarla, esperar que crezca una vez más.

Algunas amas de casa hasta hacían su propia levadura. ¿Qué te parece seguir este largo proceso? El lunes por la mañana mezclar dos onzas de lúpulo en un galón de agua y hervir por media hora. Colar y dejar enfriar hasta que esté tibio. Mezclar un puñado de sal y media libra de azúcar morena. Mezclar la cantidad suficiente de líquido con media libra de harina hasta que se haga una pasta suave. Dejarla reposar hasta el miércoles. Rallar tres libras de patatas crudas y agregarlas a la mezcla. Mezclar bien y mantener en un lugar tibio hasta el jueves. Revolver con frecuencia.

Esta receta puede que lleve mucho tiempo, pero las amas de casa del pasado podían hacer su pan usando la mitad de esta levadura, si lo comparamos con la levadura actual. ¡Esto hacía que valiera la pena el tiempo y el trabajo!

¡Ah! El perfume fresco del café congelado

Si deseas almacenar el café en el refrigerador o el congelador para que esté más fresco, haces bien. Pero si deseas que tenga el mejor sabor al tomarlo, déjalo a temperatura ambiente antes de prepararlo.

Dale un pinchazo

¿Cómo hacer que la salsa kétchup salga cuando está trancada en la botella? Toma un palo chino, o una pajita de plástico e insértala en la botella. Empújala hasta el fondo de la botella y luego quítala. Eso hará que entre el aire y la kétchup fluya.

¿Aceite de grado alto o bajo?

El aceite de oliva viene en distintos grados, siendo el extra virgen el más gustoso y más caro. Ahorra dinero reservando ese aceite para ensaladas y otros usos fríos. Al cocinar pierde un poco de sabor de todas formas, de modo que puedes usar el barato. También puedes ahorrar dinero haciendo tu propio rociador de aceite. Simplemente coloca aceite de oliva en una botella para rociar.

Postres y dulces

El fondo del asunto de los pasteles

Para aplicar una fina y pareja capa de aceite en el molde, usa un pincel pequeño.

Para que la torta de chocolate esté marrón por debajo, coloca un poco de cacao en el fondo del molde en lugar de harina.

La torta no se va a pegar al fondo si lo cubres con papel encerado. Utiliza tijeras para darle la misma forma que tiene el molde. Rocía el papel encerado con aceite en aerosol y luego vuelca la mezcla de la torta. Cuando esté lista puedes sacar la torta del molde fácilmente y luego quitarle el papel encerado.

¿Se te ha acabado el papel encerado? Puedes evitar que se te pegue si colocas el molde en papel de toalla mojado apenas lo sacas del horno.

Elige bien el molde de tortas

Obtendrás una torta más tierna y de un color más claro si utilizas moldes de metal brillante. Los moldes de vidrio o de metal que no se pega absorben más el calor. Al respecto lo mejor es seguir las indicaciones del fabricante. En general se debe bajar la temperatura en 25 grados.

Ideas para la decoración

Espera hasta que la torta esté completamente fría antes de decorarla. De otra forma se va a derretir el baño y correrá por los lados.

¿Necesitas una bolsa de pasteleria con boquilla para decorar? Hazla utilizando una bolsa zip-lock. Colocas el baño en la bolsa, quitas el aire y cortas la puntita de abajo. Apriétala y estarás decorando la torta sin problemas.

Cortar una torta sin hacer migas

Intenta cortar la torta caliente con un hilo, incluso con hilo dental, en lugar de un cuchillo. Sostén el hilo tenso y deslízalo a través de la torta con rapidez. Es mucho más fácil y no va a causar migas. El sistema del hilo también funciona para cortar torta chiffon o torta de ángel cuando están frías.

Como lidiar las salpicaduras de la mezcladora y derrotar el desorden

Existe una forma prolija de utilizar un batidor de mano para hacer crema chantillí o baños para tortas. Corta un trozo de papel encerado lo suficientemente grande como para cubrir el cuenco donde vas a batir. Corta un agujero en el medio y coloca el batidor a través del agujero. Comienza a batir y verás que el papel encerado atrapa las salpicaduras.

Cocina unas galletitas de lujo

Para obtener mejores resultados, cocina las galletitas en una fuente especial para galletitas de metal brillante, que sea plana y que no tenga reborde en al menos uno de los lados. Debe ser al menos dos pulgadas más angosta y más corta que el horno. No necesitas una fuente para galletitas especialmente aislante para que no se te quemen. Nada más toma otra fuente para galletitas y colócala boca abajo, y encima colocas la fuente que estés usando. Funciona muy bien.

Haz todas las galletitas del mismo tamaño y grosor para que estén listas al mismo tiempo. Cocina de a una fuente por vez y coloca la fuente en medio del horno.

Para obtener galletitas más tiernas, cocínalas sólo hasta que los bordes estén apenas tostados. El centro puede verse crudo. Déjalas enfriar en la misma fuente durante un minuto o dos y luego las cambias a una rejilla para que se enfríen. Deja que las galletitas que se hacen en una barra se enfríen completamente antes de cortarlas. De este modo tendrás menos migas.

Escoge el mejor envase

Para mantener las galletitas tiernas, colócalas en un recipiente cerrado. Para que se mantengan crocantes, guárdalas en un recipiente con una tapa que no cierre bien. Deja las galletitas de barra en la misma fuente en que las cocinaste y cúbrelas con papel de aluminio o envoltorio plástico.

Delicias dulces

Si a los de tu casa le gustan las paletas de helado, puedes hacer delicias heladas por solamente una fracción de lo que cuestan las de la tienda.

Una merienda de buena onda

Quizás recuerdes comer galletitas de animales en tu infancia, o quizás las compras a tus hijos porque son divertidas. Pero ¿alguna vez te preguntaste por qué la caja decorada con un circo tiene una cuerda?

Por supuesto que hace que sea más fácil de llevar. Luego de comer las galletitas el niño puede usar la caja para guardar y llevar juguetes. Pero cuando la compañía *National Biscuit Company (Nabisco)* introdujo estos "juguetes" comestibles, en la Navidad de 1902, tenía otra idea en mente.

¡La compañía tenía la esperanza de que los padres colgaran las galletitas de regalo en el árbol de Navidad!

Invierte en un equipo para hacer helados caseros. Rellena los moldes de plástico con cualquier jugo de fruta, incluso el que queda en las latas de fruta. Haz que sean más interesantes agregándoles fruta cortada o gelatina con gusto a fruta. Si lo deseas también puedes usar leche con gustos o yogurt.

Evita la tentación de las galletitas

Si te gustan las galletitas frescas, pero no te gusta tu tendencia a comer demasiadas, esta es una idea para ti: coloca la masa de galletitas en el refrigerador. Cuando deseas comer galletitas toma suficiente masa para hacer dos o tres, y cocínalas en el hornito.

Soluciones para migas de galletitas

¿Tienes sobras de galletitas rotas que nadie quiere comer? Rómpelas un poco más y úsalas como decoración en pudines o helados.

También puedes utilizarlas para hacer una rica masa para una tarta de queso o cheesecake. Para una taza de migas de galletitas, necesitarás 14 galletitas graham, 14 galletitas Oreo (con relleno), 22 galletitas de vainilla, o 15 galletitas de jengibre. Combinas las migas con un poco de mantequilla y las aprietas contra el fondo del molde.

Con azúcar por encima

Un pudín cremoso puede ser delicioso. Manténlo suave espolvoreando un poco de azúcar por encima mientras se enfría. Esto evitará que se le forme una capa dura.

Pasta en la tarta

Cuando cocines una tarta rellena, para evitar que el jugo se escape y para ayudar a que salga el vapor, haz algunos agujeros en la masa de arriba. Luego colocas macarrones en los agujeros. Actuarán como ventilación mientras la tarta se cocina.

Desliza el postre con la danza del agua

Si goteas un poco de agua en el plato en que vas a servir un postre o ensalada coagulada, justo antes de desmoldarla, será más fácil luego moverla hacia el centro del plato.

Receta para problemas de miel

Para prevenir un problema pegajoso cuando estés midiendo miel, pásale aceite a la cuchara o taza con la que estés midiendo. La miel se deslizará mejor con el resto de los ingredientes.

Puedes prevenir que la miel cristalice si la colocas en el congelador en pequeños recipientes con ese fin. Descongelarla será un momento.

Si tienes miel "azucarada", no la descartes. Colócala en un frasco en una olla con agua hirviendo y verás como el azúcar desaparece. Si está en un recipiente de plástico sosténla bajo agua caliente.

Dulce sustituto

¿Necesitas azúcar morena para una receta pero no la tienes? No te apures a ir a la tienda; tú la puedes hacer. Mezcla una o dos cucharadas de melaza con una taza de azúcar blanca, y nadie se dará cuenta de la diferencia.

Un premio muy dulce

Si tus hijos o tus nietos te piden dulces, puedes darles este sustituto saludable. Los niños más grandes pueden colaborar, o hacerlo ellos mismos.

Mezcla una cucharada de miel y una cucharada de pasas de uva en una taza de mantequilla de maní. Mézclalo bien, luego deja caer la mezcla por cucharadas en un cuenco con azúcar impalpable. Haz rodar cada bolita en el azúcar formando un dulce. Sírvelo con un vaso de leche y les habrás agregado nutrición sin que lo sepan.

Azúcar morena suave

¿Se te volvió dura tu azúcar morena, de modo que ni siquiera puedes meter la cuchara?

Coloca un pan blando en una bolsa de plástico con el azúcar para que se ablande. Espera unas horas y ya estará lista para que puedas usarla.

¿Necesitas algo más rápido para ablandarla? Coloca el azúcar y una taza con agua en el horno tibio y el vapor hará que se ablande. Puedes usar el microondas para hacerlo más rápido.

Súper bocadillos

Transforma las tortillas de maíz en deliciosos bocadillos

Puedes hacer bocadillos crocantes con las tortillas de maíz que te sobren. Rocíalas con aceite para que no se peguen. Córtalas en pequeños trozos con un cuchillo de pizza. Cocínalas en una sola capa a 400° F en el horno por unos 10 a 12 minutos hasta que estén crocantes.

Haz que tus galletas de agua vuelvan a estar crocantes

No descartes las galletas o el cereal viejo. Colócalas en una fuente de horno en una sola capa, y llévalas al horno por unos minutos. Volverán a estar crocantes.

La mía con pepperoni (salame o salami)

Calienta lo que te sobró de la pizza en el hornito. Se calentará y se pondrá crocante más rápido y usará menos energía que en el horno convencional. Asegúrate de que las rejillas estén para arriba para que sea más fácil deslizarla.

Maíz frío para pop caliente

Almacena el pop para microondas en el congelador para que no se ponga viejo. Esto también ayudará a reducir el número de granos que no se cocinan cuando lo uses.

Sándwich sin humedad

Mantén sin humedad tu sándwich de mantequilla de maní y jalea, con este truco. Coloca la mantequilla de maní en las dos rebanadas de pan en una capa fina, luego coloca la jalea en el medio. La jalea no va a mojar el pan.

Limpieza general

No tan rápido con los desinfectantes peligrosos

Es mejor mantenerse lejos de todos esos caros desinfectantes antibacterianos que venden en el supermercado. Han sido creados para usar en los hospitales, y quizás algún día los necesites para limpiar una habitación donde alguien estuvo enfermo. Pero para una limpieza normal, los productos tan fuertes pueden matar las bacterias "buenas" y pueden llevar a que bacterias más resistentes aparezcan.

Una mezcla peligrosa

Cuando estés haciendo la limpieza ¡nunca mezcles vinagre, u otra cosa, con el blanqueador con cloro! Podría producir vapores tóxicos que te harán sentir muy mal.

Un jabón o detergente común es todo lo que necesitas para la mayor parte de la limpieza del hogar. Si necesitas algo más fuerte (como cuando limpias después de cortar carne cruda) puedes usar químicos de evaporación rápida como blanqueador con cloro, alcohol de botiquín, peróxido de hidrógeno o amoníaco. Quitan la bacteria peligrosa pero no se quedan en la superficie haciendo daño luego de que hicieron su trabajo.

Las recetas hechas en casa ahorran dinero

¿Qué es lo que realmente pagas al comprar los caros productos de limpieza que anuncian en la TV? ¡Principalmente agua! Ahorra dinero y limpia sin productos químicos perjudiciales haciendo tu propia mezcla. Aquí hay dos fórmulas seguras que le ganan a las marcas comerciales.

Limpiador multiuso

1/4 taza de bicarbonato de soda.

1 taza de amoníaco.

1/2 taza de vinagre blanco.

2 pintas de agua tibia.

Llena un rociador o úsalo en el trapo de piso.

Limpia caños

1 taza de bicarbonato de soda.

1 taza de sal.

1/2 taza de vinagre blanco.

Mezcla los ingredientes secos primero y vuélcalos en el drenaje, luego agrega el vinagre. Espera unos 15 o 20 minutos y luego vuelca una olla grande de agua hirviendo en el drenaje. Bono: este limpiador de caños no los daña. No uses este método si has puesto un limpiador comprado y aún está en el agua.

No derroches los detergentes

No caigas en la trampa de los detergentes concentrados
para platos, caros y de marca. Puedes usar el más
barato y agregar unas cucharadas de vinagre al agua con
que vas a limpiar. El asombroso poder del vinagre quita
la grasa y deja los platos limpios.

Cero en gérmenes

Una esponja de cocina puede recoger muchas bacterias.
Puedes limpiarla si la colocas en el lavaplatos automático
cada vez que lo vas a prender. Otra forma de limpiarla
es enjuagarla y apretarla bien, y luego ponerla en el
microondas por unos 30 a 60 segundos.

El pequeño limpiador

Un vendedor puerta a puerta llamado Edward W. Cox
necesitaba una artimañā. Era el año 1917 y las amas de casa de
San Francisco no estaban interesadas en sus utensilios de
cocina. Si les diera un regalo que fuera con sus productos,
quizás sí lo atendieran.

Cox sabía que una de las quejas más importantes de sus
clientes era sobre lo difícil que era limpiar la comida seca que
se pega en las ollas. De modo que se puso a trabajar. Mezcló
una solución de jabón con pequeños cuadrados de lana de
acero. Repitió este proceso de mojado y secado hasta que los
trapos estaban saturados de jabón seco. Combinando la
calidad abrasiva del acero y el poder de limpieza del jabón,
Cox inventó un buen estropajo. Estos estropajos fueron un
éxito entre las amas de casa. Pronto se dedicó a fabricar más y
venderlos. Fue su propia esposa a quién se le ocurrió el
nombre para el estropajo de acero y jabón original, S.O.S., que
quiere decir salva nuestras ollas, en inglés *"Save Our Saucepans."*

Un fin a tu frustración con lo oxidado

Un estropajo de lana de acero, mojado y jabonoso hace un buen trabajo limpiando comida cocida en una olla de metal. Pero ¿nunca te ha pasado que busques la esponja y solo encuentres un montón de óxido en tu mano? ¡Qué desastre! Mantenlo frío, esa es la solución. Tu estropajo usado no tiene por qué oxidarse. Simplemente lo pones en una bolsa de plástico y lo guardas en el congelador hasta la próxima vez que lo necesites.

Eliminando las manchas de las encimeras de cocina

Las mesadas de cocina blancas se manchan con mucha facilidad, pero también son fáciles de limpiar ya que puedes ponerles blanqueador con cloro sin preocuparte de quitarle el color. Si una mancha no sale puedes mojar un trozo de papel de toalla en blanqueador con cloro y colocarlo sobre la mancha. Luego cúbrelo con otro papel de toalla mojado con agua. Deja los papeles toda la noche y la mancha ya no estará por la mañana.

Si el jugo de tu hijito dejó manchas rojas por la mañana, no quieres tener la mesada con cloro todo el día. Seca bien el líquido, luego moja las manchas bien con alcohol de botiquín. Un minuto más tarde deja caer un poco de blanqueador en las manchas y espera un minuto más. Enjuágalo bien con agua limpia y la mancha desaparecerá.

¿Qué pasa si tienes una fea mancha morada de la etiqueta del precio que se pegó a mesada mojada? Rocíala con una generosa cantidad de limpiador de cocina y permite que se mezcle con la mancha. Bórrala con una toalla de papel y enjuágala con agua limpia. Repite este proceso hasta que la mancha se haya ido.

Una esponja genial para una parrilla muy sucia

¿Buscas una buena manera de conseguir sacar la grasa cocida de tu barbacoa? Pliega una hoja de seis pulgadas cuadradas de alambrera aluminio para ventanas hasta que tenga una pulgada cuadrada. Tan pronto como la parrilla esté fría, inicias la limpieza. Te sorprenderá con qué rapidez hace el truco.

Limpieza para torpes

Si eres como una ama de casa joven que admite que no tiene esperanza con el recogedor, Donna Harp tiene la respuesta para ti. "En realidad no necesitas un recogedor para limpiar bien el piso", dice esta limpiadora profesional quien, con cuatro hijos, sabe exactamente qué tan sucio puede estar el piso de la cocina. ¿Su consejo? "Barre toda la suciedad formando una pila en medio del suelo. Luego moja bien un trozo de papel de toalla y comenzando por los bordes del montón, limpia la suciedad con un movimiento circular hasta recoger todo el montón, y luego limpia lo que queda.

Este método evita que el polvo se vuele y es una forma de recoger el polvo que de todas formas siempre queda fuera del recogedor. La próxima vez que te sientas torpe barriendo el piso, simplemente cambia tu recogedor por unas cuantas hojas de papel de toalla, ¡verás cómo tu suelo brilla en un momento!

El truquito de limpieza de los huevos

Si dejas caer un huevo crudo, seguramente se romperá. Ahora tienes un desastre en el suelo de tu cocina. Pero puedes acelerar la limpieza del huevo si le pones sal por encima. Hace que cambie la consistencia, lo cual te permitirá limpiarlo mejor con papel de toalla.

Tapa con agujeros para las salpicaduras calientes

Una salsa hirviendo puede hacer un desastre. Coloca un colador de metal al revés como tapa y dejará salir el vapor pero no dejará que salpique. También te va a proteger de quemaduras si te acercas mucho.

Limpieza del refrigerador

Es fácil limpiar bajo el refrigerador una vez que hayas aprendido este truco: coloca un viejo calcetín en el extremo de un matamoscas. Será lo suficientemente plano como para pasar debajo del refrigerador y limpiar.

_____

Para esos rincones difíciles de los muebles, o debajo de otros aparatos pesados, puedes usar un pincel de esponja.

Limpieza rápida de comida quemada

La comida quemada en el fondo de una olla podría llevarte toda una noche de limpieza. Esta es una forma rápida. Coloca bicarbonato de sodio en la olla cubriendo el área quemada. Agrega suficiente agua para que quede como una pasta. Déjalo en la olla por unas horas, luego lo refriegas, y lo enjuagas, ¡verás qué fácil se limpia!

Para quitar comidas cocidas pegadas en fuentes de vidrio, friega con una esponja que no sea abrasiva y amoníaco. También puedes remojarlo en agua a la que agregaste bicarbonato de soda (tres cucharadas por cada cuarto de galón de agua). Pásale una cuchara de madera o de plástico para quitarlo.

Solución para fuentes con restos de tarta

Para limpiar los restos de una tarta, toma unas hojas usadas de suavizante para ropas. Coloca una o dos de las hojas en la fuente, llénala con agua caliente y déjala descansar unos 20 minutos. Saldrá con facilidad.

Ayuda para los platos sucios

Para pre limpiar comidas cocidas en tus ollas que vas a poner el en lavaplatos automático (acero inoxidable, vidrio, cerámica, porcelana), coloca detergente para lavaplatos automático directamente en la comida cocida y pegada y luego lo pones en el lavaplatos.

Trucos de teflón

Para manchas que no se quieren ir en ollas de teflón, hierve media taza de vinagre, una taza de agua y dos cucharadas de polvo de hornear en la olla manchada durante 10 minutos. Enjuágala y sécala. Antes de usarla nuevamente pon un poco de aceite de cocina en la olla.

Guerra a los gérmenes

Puedes desinfectar tablas de cortar de madera o plástico rociándolas con vinagre. Luego las rocías con peróxido de hidrógeno (agua oxigenada).

Esta combinación puede matar las bacterias en la carne o la verdura sin estropear la comida. Las bacterias necesitan humedad para sobrevivir más que unas horas. De modo que mantén las tablas de cortar y otras superficies secas cuando no las estés usando.

Otra forma de matar gérmenes en la superficie o debajo de ella en una tabla de cortar, es ponerla en un microondas de 800 vatios durante 10 minutos con la máxima potencia. No lo intentes con las que son de plástico, porque con el calor del microondas no le alcanzará para matar los gérmenes. Debes limpiar las tablas de cortar de plástico con una solución con cloro. Ni siquiera el cloro sin diluir puede desinfectar las tablas de madera. La composición orgánica de la madera neutraliza el desinfectante.

Ni te molestes con la tabla

¿Qué hay de las tablas antibacteriales? Ahórrate el dinero. La *EPA* ha pedido a al menos dos compañías que dejen de venderlas así como también otros productos antibacteriales para la cocina. Estos productos eran tratados con pesticidas para eliminar las bacterias que producen olor, pero que no matan efectivamente los organismos que producen enfermedades.

Quita las manchas rebeldes

Para deshacerte de desagradables manchas en una tabla de madera, en primer lugar espolvorea la con sal de mesa común. A continuación, toma un trozo de limón y frótalo en la sal. Si la mancha es particularmente obstinada, esto podría no completar el trabajo. En ese caso, pon líquido blanqueador sobre las manchas. Déjalo durante unos 10 minutos, y luego enjuágalo. Algunas veces debes hacer esto una segunda vez para eliminar las peores manchas.

Limpiador para aluminio, del mejor

Es fácil mantener tus utensilios de cocina de aluminio limpios por dentro y por fuera. Mantén las superficies de aluminio liso y brillante frotándolo con el lado exterior de un limón. Para eliminar las manchas de la cara interna de aluminio de las ollas y sartenes, mezcla tres cucharadas de vinagre en dos litros de agua. Hervir hasta que las manchas desaparezcan. (Si la olla que está manchada tiene una capacidad de más de dos pintas, puedes aumentar proporcionalmente los ingredientes)

Para limpiar y eliminar los depósitos de cal de tu cafetera de aluminio, hierve partes iguales de vinagre blanco y agua.

Limpia tu pequeña tetera

Quita los depósitos de cal de tu tetera con esta receta:

1 taza de vinagre de manzana

2 cucharadas de sal

1 taza de agua

hierve esta mezcla en tu tetera por 15 minutos

Déjala toda la noche, luego enjuágala con agua fría

¡Que los metales brillen!

Para limpiar cobre, bronce, latón, o peltre, disuelve una cucharadita de sal en una taza de vinagre blanco. Mezcla harina en cantidad suficiente para hacer una pasta. Cubre el objeto con la pasta y deja que repose durante 15 minutos a una hora. Enjuaga con agua tibia y pásale un paño limpio para secar y pulir.

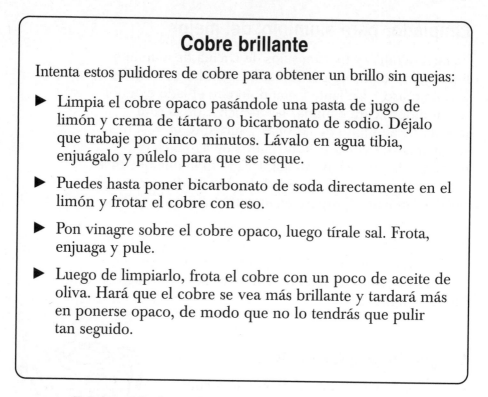

Cobre brillante

Intenta estos pulidores de cobre para obtener un brillo sin quejas:

▶ Limpia el cobre opaco pasándole una pasta de jugo de limón y crema de tártaro o bicarbonato de sodio. Déjalo que trabaje por cinco minutos. Lávalo en agua tibia, enjuágalo y púlelo para que se seque.

▶ Puedes hasta poner bicarbonato de soda directamente en el limón y frotar el cobre con eso.

▶ Pon vinagre sobre el cobre opaco, luego tírale sal. Frota, enjuaga y pule.

▶ Luego de limpiarlo, frota el cobre con un poco de aceite de oliva. Hará que el cobre se vea más brillante y tardará más en ponerse opaco, de modo que no lo tendrás que pulir tan seguido.

Puedes pulir los cubiertos de acero inoxidable con vinagre de manzana o blanco diluido y un paño limpio.

¡Mama mía, esta sí que es una solución!

Cuencos de plástico con tapas que sellan bien apretadas son ideales para el almacenamiento de restos. Pero cuando la cena era tu plato favorito italiano o mexicano, pueden quedarle feas manchas de salsa de tomate y grasa. Elimínalas frotando un poco de bicarbonato de soda seco con una toalla de papel húmeda o una esponja, y luego lo lavas en agua caliente jabonosa. Puede que tengas que hacer esto varias veces para quitar la mancha.

¡Sacúdelo!

Intentar limpiar un florero o una botella con una abertura pequeña puede ser una tarea frustrante. Pero este es un truco para ahorrar tiempo y energía.

Muele varias cáscaras de huevo y mézclalas con agua y vinagre. Vuelca la solución en el recipiente, cúbrelo y sacúdelo hasta que esté limpio. Luego lo enjuagas y listo.

El lavaplatos

Manda la suciedad y las manchas por el caño

Puedes limpiar tu fregadero de porcelana manchado, de la noche a la mañana como por arte de magia. Humedece unas toallas de papel con cloro doméstico. (Usa guantes para lavar la vajilla, para proteger tu piel.) Coloca las toallas de papel en el fregadero, en particular en las áreas manchadas. En la mañana el fregadero estará limpio y desinfectado también.

Si tienes un fregadero de acero inoxidable, se puede aclarar en sólo unos minutos también. Púlelo con un paño humedecido en un poco de vinagre o amoníaco. O utiliza un poco de polvo de hornear sobre una esponja húmeda. Para eliminar vetas, frota con aceite de oliva o agua carbonatada, pero nunca frotes el acero inoxidable con polvos abrasivos o almohadillas para fregar.

Beso salado

El hecho de tener que explicar una marca brillante y rosa en tu mejilla o cuello podría hacerte sentir un poco incómodo. Pero no hay necesidad de avergonzarte por manchas de lápiz labial en tazas y vasos. Sólo dales una rápida limpieza con sal antes de lavarlas, y las manchas se van de inmediato.

La fría verdad sobre los trituradores de basura

Para mantener tu triturador de basura de cocina funcionando a la perfección, no aprietes material en el drenaje antes de iniciarlo. Deja que la unidad se auto-alimente. Deja correr agua fría con la máxima fuerza justo antes, durante y por varios segundos después de ponerlo en funcionamiento.

El agua ayuda a procesar el material eliminado y vacía las tuberías dejándolas limpias. Además el agua fría hace coagular las grasas de modo que la máquina puede procesarlas.

Derrota la gotera de tu fregadero

Si la tapa de tu fregadero está vieja y deja que el agua se vaya, coloca un poco de papel de plástico antes de ponerle la tapa. De este modo tendrás un cierre hermético.

Rociarlos con un líquido para quitar moho ayudará a limpiar los desagües o el triturador de basura, si contiene cloro. También puedes verter un poco de blanqueador sin diluir en el drenaje y dejar que repose durante un tiempo antes de dejar correr el agua. Enciende el triturador, al mimo tiempo que dejas correr el agua a través de él. Esto limpiará, desinfectará y eliminará la mayoría de los olores.

Grifos tan limpios que encandilan

Para quitar las manchas de los grifos de cromo y otros artículos de cromo, se pueden pulir con un poco de aceite de bebé usando un trapo limpio. ¡Brillarán tanto que hasta vas a necesitar anteojos para el sol!

Limpieza de electrodomésticos

Ideas calientes para limpiar el horno

Para mantener el horno limpio, coloca sal y bicarbonato de sodio en las manchas mientras están calientes. Cuando el horno este frío, le pasas un trapo para quitarlas.

Para limpiar un horno que tiene grasa cocida y pegada, calienta el horno un poco por un par de minutos y luego lo apagas.

Coloca media taza de amoníaco potente en un cuenco de vidrio, en el medio del horno. Coloca en el fondo una fuente grande con agua hirviendo. Cierra la puerta y déjalo toda la noche. Al día siguiente limpia la suciedad que está más suelta con papel de toalla o periódicos viejos. Si todavía quedan manchas, frótalas con bicarbonato de sodio. Para quitar las manchas más resistentes, usa una esponja de alambre con jabón. Lava el horno con agua y jabón, y enjuágalo bien.

No agotes tus opciones

Para limpiar los filtros de ventilación de la cocina que están recubiertos con grasa de cocina, remójalos en una solución fuerte de detergente para lavar platos y agua. Después de remojarlos durante una hora, limpiar con un cepillo o cepillo de dientes viejo.

Consejos de la abuela

Mantener la estufa de la cocina limpia es una de las tareas más difíciles del ama de casa. Después de lustrar el metal, intenta deslizar bolsas de papel marrón en cada mano para pulir.

Ladies Home Journal circa 1920

Microondas al vapor

El horno microondas es uno de los aparatos más populares en la cocina en estos días. Se puede utilizar mucho lo cual hace que haya muchas salpicaduras de alimentos en el interior. La limpieza de tu microondas será más fácil si hierves una taza de agua en él durante unos minutos.

El vapor del agua suaviza la suciedad y la limpieza se hace en un momento. Nunca uses polvos abrasivos o esponjas de alambre para limpiar el microondas.

Un baño para el lavavajillas automático

A veces, incluso tu lavavajillas debe ser limpiado. El primer signo de acumulación es una fina capa en los vasos y platos. Una manera fácil de limpiar tu máquina es llenar un recipiente con una taza de blanqueador líquido y ponerlo en la rejilla inferior del lavavajillas. Haz funcionar el lavavajillas en un ciclo que excluya el secado. Abre la máquina y llena el recipiente con una taza de vinagre blanco. Haz funcionar el lavavajillas a través de un ciclo completo. Repite si es necesario.

Licuadora como nueva

La limpieza de la licuadora puede ser muy fácil si lo haces apenas la hayas usado. Nomás pones un poco de detergente líquido, agregas agua, la tapas y la haces funcionar.

Papel de toalla como alimento

Para limpiar el abrelatas eléctrico puedes darle un trozo de papel de toalla. Cuando lo proceses éste limpiará la cuchilla y lo dejará listo para usar.

Limpieza mágica para la cafetera

Cada cuatro semanas, limpia la cafetera con una mezcla de vinagre blanco y agua, medio y medio.

(Hazlo más a menudo si tienes agua dura.) Vierte una olla de la mezcla en la cafetera y enciéndela. Deja que gotee alrededor de la mitad en la jarra. Apaga la cafetera, y deja que se enfríe durante unos 30 minutos. Vierte la solución otra vez en la cafetera, enciéndela otra vez y termina el ciclo. Haz un segundo ciclo con agua limpia para enjuagar.

Cuidados para artículos de cocina

Ollas de cobre brillantes

Prueba esta fórmula casera para hacer que las ollas de cobre o con fondo de cobre, se vean hermosas. Es más barato y más rápido que los limpiadores comerciales de cobre. Mezcla tres cucharadas de sal con cuatro tazas de vinagre. Rocía la mezcla en el cobre. Deja reposar por unos minutos y luego frota para limpiar. Si no tienes vinagre a mano, puedes usar los líquidos que tengan sal y vinagre, como la salsa Worcestershire, la salsa de tomate, o jugo de chucrut. Puedes utilizar estos limpiadores para limpiar bronce opaco también.

Protege la sartén de hierro

Protege tus sartenes y ollas de hierro de que se oxiden, frotando papel encerado dentro y fuera de la sartén. ¿Por qué funciona? El papel de cera deja una fina capa de cera sobre la sartén y evita que el aire interactúe con el metal y la humedad. Si almacenas ollas de hierro más pequeñas apiladas dentro de otras más grandes, coloca trozos de papel encerado entre ellas. Si aparecen manchas de óxido en ollas de hierro fundido, elimínalos frotándolos con la mitad de un limón con sal.

Alégrate, las fuentes de vidrio estarán finalmente limpias

Si tus fuentes de vidrio dejaron de ser transparentes debido a los depósitos minerales, puedes aclararlas remojándolas en una solución de agua caliente y vinagre.

Dile no, si está caliente

¿Quieres saber si un recipiente de vidrio puede ser usado en el microondas? Esta es una prueba rápida: coloca el recipiente en el microondas por un minuto. Si aún está frío, puedes usarlo con tranquilidad; si está tibio puedes usarlo para recalentar cosas por periodos cortos; si está caliente no lo uses en el microondas.

Protección para la tabla de cortar

Existen productos caros para proteger las tablas de cortar, pero este es un producto que ya tienes en tu casa y funciona igual que los de la tienda. Frota la tabla con aceite mineral (no tiene gusto) y déjalo actuar por 15 minutos. Luego quita el exceso de aceite y ya puedes volver a usarla.

¿No seria excelente usar cera?

Seca bien tu ensaladera de madera apenas la hayas lavado. Luego friégala por dentro con papel encerado. Esta fina capa de cera mantendrá sellada la superficie.

Objetos que necesitan cuidados especiales

Disolver manchas en la vajilla delicada

Si tu preciada reliquia familiar tiene manchas oscuras de años de uso, puedes hacer que luzca como nueva. Mezcla partes iguales de vinagre blanco destilado y sal, aplícala y deja que la solución disuelva el problema.

Para manchas de té o café en la parte inferior de tus tazas de porcelana, añade una y media cucharaditas de cloro a una taza de agua y viértela en la taza. Deja reposar durante unos dos minutos y enjuaga la taza de inmediato. Para fregar suavemente las manchas en la vajilla, usa bicarbonato de sodio seco. Si la vajilla está opaca, devuélvele el brillo con Vaselina. Sólo lo frotas, dejas que se asiente por alrededor de una hora y pules.

Plata y oro son tesoros

Si tienes vajilla con un reborde de plata o de oro, no dejes que se le acerque el amoniaco, ni los detergentes fuertes. No vayas a limpiarlo con un limpiador abrasivo.

Marfil

¿El marfil de tus cubiertos se te ha puesto amarillo? Límpialo con limón y sal.

Como desterrar los malos olores

Detén de una vez los olores desagradables

Para mantener el olor a cebolla o a repollo en la cocina y no en el resto de la casa, hierve una taza de vinagre al mismo tiempo que estés cocinando cebolla o repollo. Quita el olor a cebolla de una olla con una cucharada de vinagre en agua caliente.

Dile adiós a las tablas malolientes

Mantén tus dedos si olor a comida

¿Tienes que cortar cebollas? Frota tus manos con vinagre antes de comenzar y cuando termines. También sirve frotarlas con apio. Para quitar el olor a pescado de tus manos, frótalas con vinagre y limón. Si todo esto falla, usa pasta de dientes para lavarte las manos. Los ingredientes en la pasta de dientes que hacen que tu boca esté fresca también harán lo mismo en tus manos.

Quita el olor de una tabla de cortar poniéndole sal y frotándola con un paño mojado. Luego la lavas con agua y jabón.

Condimentos para el aire

¿Sabías que los productos comerciales para refrescar el aire, no lo refrescan realmente? Lo que hacen es cubrir el olor con un olor más agradable y más fuerte. Engañan a los nervios de tu nariz para que no sientas los feos olores. Puedes hacer lo mismo que estas marcas comerciales con dos condimentos naturales, canela y clavos de olor. Colócalos en una gasa para que sea más fácil de limpiar cuando termines. Hiérvelos juntos y llenarás el aire con un agradable aroma.

Dile adiós a los restos de comida

Quita los restos de comida y deja un aroma fresco en tu triturador de basura. Coloca media docena de cubos de hielo, enciende el triturador y deja correr el agua fría. Luego coloca medio limón y tritúralo. Otra forma más caliente, es colocar media taza de sal, agregar agua caliente y encender el triturador.

A la basura con los malos olores

Para prevenir olores en el tacho de la basura, vacíalo con frecuencia. Agrega un poco de bórax en el fondo del tacho para que no aparezcan las bacterias y hongos que producen el olor.

Cambia el olor del refrigerador

Si los olores no se van del refrigerador con solo limpiarlo, puedes colocar uno de los siguientes productos en un recipiente y dejarlo adentro del refrigerador vacío por unos días:

► carbón activado.

► piedras de la caja del gato.

► imitación de extracto de vainilla (no puro).

► Café molido.

Microondas sin olor

Limpia los olores ofensivos del microondas con una solución de una taza de agua tibia y una cucharada de bicarbonato de sodio. Enjuaga y seca. También puedes mezclar una parte de jugo de limón con tres partes de agua en un recipiente de vidrio. Colócalo en el microondas y hiérvelo por tres o cinco minutos. Deja que se enfríe, quita el agua y sécalo.

Olor a fajitas ¿no?

Los recipientes de plástico son cómodos para almacenar sobras.

Pero algunas comidas como pesto, salsas u otras comidas con olores fuertes pueden dejar su aroma en el recipiente para siempre. Haz un picadillo con el periódico y colócalo dentro del ofensivo recipiente. Cúbrelo y déjalo por un día. El olor se irá cuando quites el papel.

Periódico detiene olores en el refrigerador

Si estás teniendo un momento difícil con los olores del refrigerador, llena los estantes con periódico. Coloca un tazón de agua en la rejilla superior. También rocía con agua el periódico. Déjalos allí con el refrigerador en funcionamiento por cinco o seis días. Esto generalmente funciona bien con olores fuertes.

Uso eficiente de los electrodomésticos

¡Llénalo!

Tu congelador puede ser una maravillosa forma de ahorro de tiempo y dinero, pero para que realmente trabaje de forma eficiente es necesario tenerlo lleno hasta al menos dos tercios de su capacidad. Si no tienes alimentos suficientes para mantenerlo así, llena jarras de leche de plástico o recipientes de plástico con agua y colócalos en el congelador. Una vez que el agua se convierta en hielo, puedes contar con que tu congelador rendirá al máximo.

Mantén separados los electrodomésticos calientes de los fríos

Si tu refrigerador está situado justo al lado de la estufa o lavavajillas, busca la manera de moverlo. Cuando un electrodoméstico "caliente" está junto a uno "frío" hace que ambos funcionen con menos eficiencia. Nada más por separar tu refrigerador, va a durar más años.

Ahorros en la estufa

Para cocinar con eficiencia, ya sea en la parte superior de la estufa o en el microondas, usa un recipiente sólo un poco más grande que la comida. Cuando estés cocinando algo en una olla en la estufa, asegúrate de cubrirla. Si no le pones la tapa, se puede perder hasta una tercera parte del calor producido.

En una estufa eléctrica, por lo general puedes apagar el calor unos cinco minutos antes de que termine el tiempo de cocción y el calor residual terminará de cocinar tu comida. Esto también es válido para los alimentos que se cocinan en el horno.

No tuestes tu tostadora

Ten cuidado con sobrecargar los circuitos eléctricos de tu casa. No enchufes tu tostadora eléctrica y tu sartén eléctrico, o cualquier combinación de dos aparatos que producen calor, en el mismo circuito regular al mismo tiempo. Puedes terminar con un electrodoméstico o circuito quemado. Sin embargo, si un circuito está diseñado para electrodomésticos de trabajos pesados, puedes enchufar ambos y no se deberían hacer ningún daño.

Cuidado con los cortocircuitos

No deje tostadoras, batidoras, abrelatas, o cualquier otro electrodoméstico pequeño conectado después de usarlo. Si un componente eléctrico funciona mal, podría prenderse fuego.

Cuidado de los cables

Para que tus electrodomésticos tengan una vida más larga, debes cuidar los cables. Si un cable tiene nudos se puede romper y causar un cortocircuito. También el calor puede hacer mucho daño, así que no dejes que el cable toque ninguna superficie caliente, como una fuente caliente o la tostadora. Además, no envuelvas el cable firmemente alrededor de un aparato, especialmente si hace calor. Es mejor guardarlo con el cable enrollado un poco suelto en el lado.

Presta atención a esas flechas

Probablemente tu tostadora tiene una marca para indicar qué ranura utilizar cuando vas a tostar sólo un pedazo de pan. Pero, ¿es realmente importante usar ese lado? Sí. El medidor de temperatura normalmente se encuentra en un lado de la tostadora. Para saber con precisión cuándo la tostada está lista, tiene que haber un pedazo de ese lado aunque no se esté utilizando el otro lado.

Este pequeño permite grandes ahorros

Tu pequeño horno tostador se calienta en menos de la mitad del tiempo que se tarda en calentar el horno de la estufa. Además utiliza mucho menos energía. Es excelente para tostar alimentos, dorar ingredientes de una cazuela, tostar nueces, o calentar un trozo de pizza, incluso para cocinar una patata.

Si tienes un sartén eléctrico, úsalo. El uso de la estufa lleva alrededor de tres y media veces más energía eléctrica que la sartén. No te olvides de tu confiable olla a presión. Puede que no sea tan moderna, pero cocina más rápido que los métodos convencionales, mientras usa entre 50 a 75 por ciento menos de energía.

No laves los dólares

Se amable con tus platos y ahorra agua y electricidad, utilizando siempre el ciclo de "porcelana y cristal" del lavavajillas. Si tienes ollas y sartenes sucios, lávalos por separado, a mano, en lugar de ponerlos en el lavavajillas. Siempre espera hasta que tu lavavajillas está lleno antes de ponerlo en funcionamiento.

Hogar a prueba de pestes

Detén las hormigas

Para mantener las hormigas fuera, limpia tus mesas, armarios y pisos con una solución de una parte de vinagre y una parte de agua.

También puedes exprimir el jugo de un limón en el agujero o grieta por el que las hormigas están entrando. Corta en rebanadas la cáscara del limón, ¡déjalas alrededor de la entrada para asegurarte de que entiendan!

Pulgas afuera con albahaca

Para repeler las pulgas, planta una maceta de albahaca en la ventana de tu cocina. Ponle el agua desde abajo para que tenga un olor más fuerte. También funciona poner hojas secas de albahaca en pequeños cuencos o colgar algunas bolsas de tela con albahaca.

Las hormigas por lo general no cruzan una línea de la harina de huesos, carbón en polvo, crema de tártaro, chile rojo, pimentón dulce o menta seca. Por lo tanto, fíjate por dónde están entrando, y crea tu propia barrera casera.

Las hormigas entran, pero no salen

Haz tu propia trampa para hormigas. Utiliza una taza de jarabe de maíz claro y media taza de agua tibia. Caliéntalo en el microondas durante 40 segundos y revuelve para mezclar. Añade dos cucharaditas de ácido bórico en polvo y vuelve a mezclar. Busca pequeños recipientes (como tapas de botellas o pequeños trozos de papel de aluminio doblados en los bordes) y coloca parte de esta mezcla en ellos. Coloca estas "trampas" cuando veas a las hormigas, pero fuera del alcance de los niños o mascotas. Tu problema con las hormigas será de corta duración.

Se irán como moscas

Las moscas rechazan a los cítricos, de modo que las podrás alejar si raspas la piel de una naranja y la dejas por ahí. También puedes colgar un paquete de clavos de olor, o mantener una olla de menta fresca en la ventana de la cocina.

Espolvorea bórax o jabón seco en la parte inferior del tacho de la basura después de lavado y secado, para mantener las moscas lejos.

Haz tu propio papel mata moscas, simplemente hirviendo azúcar, jarabe de maíz, y agua. Luego untas la mezcla pegajosa sobre papel marrón y lo dejas o lo cuelgas en lugares donde pueda atraer a las moscas.

Deshazte de las odiosas cucarachas

Controla las cucarachas colocando una mezcla de partes iguales de bicarbonato de sodio y azúcar impalpable en la zona donde se encuentren las cucarachas (el azúcar las atrae y el bicarbonato de sodio las mata.) También puedes repeler estos desagradables insectos cortando manzanas por la mitad y colocándolas en los armarios, en el sótano, o debajo de la casa.

Combina media taza de bórax con un cuarto de taza de harina y colócalo en un frasco. Haz unos agujeros en la tapa y espolvorea a lo largo de los zócalos y puertas. También prueba una combinación de avena, harina y yeso. Coloca esa mezcla en platos en las zonas donde es probable que las cucarachas se oculten. Ten cuidado de que los niños o las mascotas no puedan alcanzar cualquiera de estas mezclas. El bórax es tóxico si se come.

Pon platillos de vino tinto debajo de los armarios. (Utiliza el más barato que puedas encontrar. No hay necesidad de desperdiciar el bueno con las plagas). Las cucarachas se acercan, lo beben, se ponen un poco alegres y luego se ahogan.

Reciclaje creativo

Sobre para cupones

Después de abrir tu correo, guarda los sobres y usa el lado de afuera para tu próxima lista de compras. Coloca los cupones que planeas utilizar dentro del sobre y tendrás todo listo para el próximo viaje a la tienda.

Sácale el jugo lácteo a tu galón de leche

Fabrica un práctico dispensador para tus bolsas de plástico con una jarra de leche limpia. Corta un agujero, de cerca de cuatro pulgadas de diámetro, en el lado. Cuando termines de guardar tus comestibles, empujas las bolsas vacías a través del agujero una en una. Cuando las necesites, podrás sacar una perfectamente, mientras que las otras se quedarán.

Para ropa limpia y algo más

Recicla la bolsa de plástico que viene de la tintorería. Sólo debes atar un nudo en el extremo que tiene el agujero para el gancho y usarla como bolsa de basura.

Aprende a usar las bolsas del supermercado a tu favor

 El uso de bolsas de tela puede ser una mejor opción para el medio ambiente en comparación con las bolsas de plástico o papel. Pero también pueden caerse de forma que las botellas y las latas rueden a la parte más lejana del maletero del carro que es difícil de alcanzar. Para resolver este problema, corta un pedazo de madera y encájala cómodamente en la parte inferior de la bolsa de tela. Los artículos estarán firmes en la parte inferior, por lo que será más fácil recuperarlos cuando llegues a destino.

Seguridad en la cocina

Prevención de incendios

Siempre mantén un extinguidor de fuego a mano. Pero si usas uno para un fuego de grasa, ten cuidado de no empujar la grasa encendida fuera de la sartén.

Si una llama de grasa es pequeña, puede ser más rápido poner una tapa bien ajustada cuidadosamente sobre la llama y apagar el calor. Espera hasta que se enfríe para quitar la tapa. Nunca levantes la sartén en llamas para llevarla para afuera. También puedes sofocar un fuego de grasa con bicarbonato de sodio, pero nunca uses harina o agua.

Si un incendio comienza en el horno, puedes utilizar un procedimiento similar para sofocarlo. Mantén la puerta cerrada y apágalo. El fuego se extinguirá por su propia cuenta.

Evita salpicaduras calientes

Recuerda, el aceite y el agua no se mezclan. Así que al cocinar un plato que contiene aceite caliente, nunca añadas agua. El aceite caliente puede salpicarte y quemarte.

EL HOGAR

Accesorios del hogar

Piezas de arte con arte

Colgar piezas de arte en tu casa te será fácil y rápido con esta idea genial. Para cada cuadro o fotografía que desees colgar, utiliza periódico o una bolsa de papel para hacer el molde. Para ello coloca el objeto encima del papel y traza la forma por alrededor del objeto; luego, corta la figura. Usa cinta de enmascarar o cinta transparente para pegar los moldes en la pared y ver cómo quedarían. Cambia la forma de arreglarlos tantas veces como lo desees hasta que encuentres la forma que más te gusta. Luego clava el clavo a través del molde. Podrás romper y quitar el papel con facilidad y no habrás hecho agujeros innecesarios en la pared

Cuadros derechos

Puede ser que hayas colgado un cuadro derecho pero las vibraciones de la gente al caminar han hecho que los cuadros se tuerzan. Para lograr una posición más permanente, pasa una gomita por el alambre para colgar, en el lugar justo para que el cuadro quede derecho. Coloca varias vueltas de cinta de enmascarar a cada lado de la gomita. Quita la gomita y vuelve a colgar el cuadro. Los rollitos de cinta de enmascarar evitarán que se vaya de su posición.

Encanto de tapetes

No podrías botar esos tapetes de crochet que heredaste de tu tía ¿verdad? ¿Pero qué puedes hacer con ellos? Dales un buen uso:

▶ Un tapete enmarcado en un fondo que vaya con la decoración de la habitación se convierte en una pieza de arte.

▶ Para hacer un regalo pequeño y muy especial, puedes hacer un envoltorio único. Enhebra un listón finito por el borde del tapete, luego tira del listón para formar una hermosa bolsita para tu regalo.

Unas lindas velas

¿Estás cansada de las velas sin decoraciones? Puedes hacer que se vean más elegantes con arte primaveral agregando flores prensadas en la superficie de la vela. Compra algunas flores prensadas o prepara las tuyas cortando pequeñas flores y hojas y colocándolas entre hojas de papel encerado. Coloca varios libros encima por una semana y las flores estarán listas para ser usadas. Compra cera como "parafina" en la sección de latas del supermercado o puedes reciclar velas blancas usadas. En una lata colocada en una olla llena de agua, derrite un poco de la cera para velas hasta que esté transparente (si la cera echa humo es porque está demasiado caliente). Con un pincel unta la vela con un poco de cera, luego coloca una de las flores prensadas y apriétala un poco con un mondadientes. Unta más cera caliente por encima de la flor y la vela con un pincel de artista mientras continúas apretando la flor. Una o dos capas finas de cera serán suficientes.

Ceniceros sin olor

Cada vez menos gente fuma hoy en día, pero si tienes amigos o familiares que fuman, los ceniceros seguramente son parte de tu vida. Lava los ceniceros con una pasta de bicarbonato de sodio y agua para quitar el olor. También puedes espolvorear e un poco de bicarbonato de sodio antes de cenicero con cada uso para que los cigarrillos no se sigan quemando y para mantenerlos sin olor.

Ponle una brocha al polvo

Una brocha limpia a puede ser una muy buena herramienta de limpieza para el polvo. Utiliza una brocha más bien chica a con cerdas suaves para sacudir el polvo de la vajilla fina y otros adornos, así también como para la computadora o las máquinas para coser. Una brocha suave también funciona bien en las pantallas de las lámparas. Una brocha más grande con cerdas más duras hará un buen trabajo en los muebles tallados, marcos de las ventanas, cestos y muebles de mimbre.

Quita ese polvo de los adornitos

Si tienes muchos adornitos hechos de vidrio, porcelana o cerámica, intenta lavarlos en lugar de sacarles el polvo. Ahorrarás tiempo y esfuerzo a largo plazo y las pequeñas piezas estarán mucho más limpias. Utiliza una bandeja para servir para transportar las piezas hasta la cocina y simplemente ponlas en un recipiente con agua y jabón, luego las enjuagas y las pones encima de una toalla para que se sequen. Para lavar objetos más grandes y frágiles, colócalos en una toalla gruesa doblada en el fregadero de la cocina. Rocíalo con un limpiador de vidrios o un limpiador de arañas de luces, y luego de unos minutos lo enjuagas rociando agua sobre el objeto. Colócalo en otra toalla gruesa para que se seque.

Camuflaje para una taza astillada

Una taza de porcelana astillada ya no sirve para tomar el té, pero se convertirá en una hermosa maceta para una planta si la colocas en el marco de la ventana o en un estante. Solo necesitas girar la taza para que no se vea la desportilladura y nadie se dará cuenta.

Salva el acabado de tus muebles

Los accesorios para decorar hechos en cerámica, metal y piedra constituyen una linda adición a la decoración del hogar. También pueden dañar el brillo de tus muebles si no tienes cuidado. Puedes usar un poco de felpa barata o láminas de corcho debajo de los adornos como cuencos y esculturas, y así estarás cuidando el acabado de los muebles.

En el comedor

Quita la cera derretida

Para raspar la cera derretida de los candelabros o los muebles, usa una cuchara de plástico. Quitará la cera pero no dejará rasguños.

Velas frescas

Para que la cera no gotee en todo el candelabro, refrigera las velas varias horas antes de usarlas.

Recortes en la mesa del comedor

Si tu mantel favorito tiene algunos agujeros que ya no puedes cubrir con un plato, considera reciclarlo. Córtalo en grandes cuadrados o rectángulos, y luego cose los bordes a mano o a máquina para hacer servilletas o esterillas individuales. También puedes colocar un sesgo en los bordes, usando un color que vaya bien con el resto de la tela.

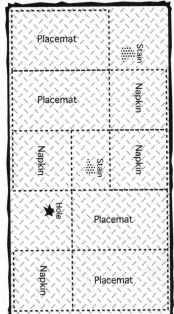

Servilletas ingeniosas

Evita el costo diario y los deshechos típicos de usar servilletas de papel, usando servilletas de tela en lugar de las de papel. Puedes comprar unas buenas servilletas de algodón o puedes usar paños de cocina de lindos colores. Los paños para lavar con bordes eocidos también sirven como servilletas. Identifica cada servilleta para que cada persona de la familia tenga la suya propia. Puedes bordar las iniciales de cada uno en una de las esquinas o simplemente darle un color diferente a cada uno. Cuando compres las servilletas, elige colores que no sean muy distintos a los que usas en la ropa (no compres violeta fuerte si tu familia usa más bien ropa clara) De esta forma será más fácil poner a lavar las servilletas con el resto de la ropa y no tendrás que lavarlas aparte.

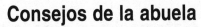

Consejos de la abuela

Los remanentes que te quedan al cortar un nuevo mantel antes de hacerle el dobladillo son el material perfecto para usar en los agujeros o partes gastadas de los viejos manteles.

Household Hand Book, 1860

Hazlo rodar

Una mancha de polvo o tierra seca en las sillas tapizadas o en un mantel puede ser quitada fácilmente usando un quitahilos de rodillo. Si no tienes uno, usa un poco de cinta de enmascarar enrollada en tus dedos.

La tina y la ducha

Guarda el resto del jabón

Cuando se te esté acabando el jabón y sea el momento de empezar uno nuevo, mójalos a los dos. Luego haz espuma con el nuevo y pégale el viejo. Pronto se convertirán en uno solo y no habrá desperdicios.

Para una buena ducha, ¡esconde el jabón!

Esta es otra forma de usar los últimos pedacitos de jabón: mételos dentro de una esponja para bañarse. Para hacer una casera, toma una esponja de limpieza y usa un cuchillo afilado para hacer un pequeño bolsillo en un lado de la esponja. Inserta pequeños trozos del jabón y usa la esponja en lugar de un paño para lavar.

Una vista de limón para la ducha

Mantener las puertas de vidrio de la ducha limpias parece un trabajo de tiempo completo. Luego de limpiar el vidrio, pásale un poco de aceite de limón y evitarás que se ponga opaco.

Dale una buena lavada a la bañera

¿La bañera está toda sucia de aceite para bañarse y otras cosas? Hay un producto en el baño que la limpiará con facilidad. Vuelca un poco de champú en un trapo y frota bien la bañera.

Para el moho

No necesitas un limpiador caro para el moho de los azulejos del baño o la ducha. Agrega blanqueador líquido a un rociador y colócale una etiqueta que diga "blanqueador", luego rocías el moho con él. Ten cuidado porque los vapores del blanqueador pueden ser irritantes y no vayas a rociar blanqueador en tu cara o en la ropa.

No al moho en la cortina

Si tienes una ducha o bañera con cortina de baño, sacude la cortina cada vez que termines de bañarte y déjala colgando del lado de afuera de la bañera. Esto

Zona libre de moho

Mantener el baño libre de moho es un problema serio para mucha gente. Como limpiadora profesional de casas, Donna Harp sabe cuánto trabajo da mantener esta habitación en particular. Sugiere que le des una buena refregada puliendo los azulejos, luego ten como hábito mantenerlos.

"Rocía las áreas con problemas con un aerosol para quitar moho o un limpiador para cualquier superficie, un par de veces a la semana antes de bañarte", aconseja Donna. "Luego tómate un minuto para fregar las paredes y enjuagarlas. Ten cuidado de tener una buena ventilación cuando estés usando químicos fuertes."

ayudará a que no se acumule moho en la cortina o en la ducha. Si la cortina tiene moho, puedes ponerla en la lavadora con detergente y un poquito de blanqueador.

Usa el trapeador

Para poder hacer la limpieza de la ducha más rápida y fácil, intenta limpiarla con el trapeador. Esto no solo evita que entres a la ducha para lavar todo, también es mejor para tus rodillas y tu espalda. Simplemente rocía con el limpiador para la ducha que prefieras, y luego lo repasas con el trapeador. Enjuaga el trapeador y luego pásalo nuevamente por las paredes de la ducha. Si lo necesita, puedes limpiar el piso del baño sin cambiar de herramienta.

Limpia la ducha al vapor

Cuando sea el momento de enfrentar la limpieza de la ducha nuevamente, date una ayuda abriendo el agua bien caliente por un minuto. El vapor de la ducha hará que el proceso sea más rápido porque hará que la suciedad esté más suelta.

Paraíso para el fijador de pelo

Párate dentro de la ducha cuando te pongas fijador en el pelo. De esta forma el piso y las otras cosas del baño no quedarán pegajosas y de todas formas la ducha se enjuaga todos los días. Si hay alfombra en tu baño, este consejo es de especial ayuda para que no se dañe o se acumule polvo en la alfombra.

Receta para la cortina

Si la cortina de plástico de la ducha está bien pero tiene una rajadura, puedes arreglarla con un poco de cinta. La cinta de enmascarar o la cinta transparente no van a soportar la humedad. Inténtalo con cinta fibrosa o la que se usa para empaquetar, que es fina, ancha y de color marrón claro. Asegúrate que la cortina esté completamente limpia y seca antes de colocar la cinta, luego alisa bien la cinta para que no pase la humedad. La cortina va a durar mucho más.

Ponle masilla

Cuando tengas que poner masilla nueva en la bañera, primero quita la masilla vieja completamente. Luego lava bien la zona, y finalmente limpia la superficie con alcohol de botiquín. Esto quitará cualquier resto de aceite o jabón además de desinfectar el área de moho. Ahora la nueva masilla se pegará como en un sueño.

Limpieza inteligente y simple

Puedes hacer una buena limpieza general mezclando media taza de bórax en un galón de agua caliente. Esta solución sirve para desinfectar el baño también.

Espolvorea y brillará

Recicla un pequeño frasco con una tapa agujereada y mantenlo cerca de la pileta del baño. Llénalo con bicarbonato de sodio y úsalo con una esponja a diario en la pileta para mantenerla brillante y la grifería también. Si tienes manchas en la porcelana, puedes fregarlas con un poco de crema detártaro en un trapo mojado para que se vaya.

Hazlo brillar

¿Tienes que dejar brillante tu baño rápidamente? Toma el alcohol de botiquín y un paño suave. El alcohol izo propílico hace brillar los grifos de cromo y limpia el fijador de pelo del espejo.

Cuida bien los esmaltes

 Si tienes una pileta o bañera esmaltada en porcelana, debes tratarla con más cuidado de lo que pensabas. Evita usar pulidor. Si no puedes evitarlo usa el que tenga los granos má finos que puedas encontrar. Los abrasivos ásperos no son necesarios a menos que la superficie haya sido rasguñada. En ese caso necesitarás usar un limpiador abrasivo para quitar la suciedad, pero hazlo con cuidado.

Estas son otras ideas para mantener los aparatos del baño esmaltados en porcelana en excelentes condiciones:

▶ Puede que hayas oído que el ácido muridtico quita las manchas en los esmaltados de porcelana. No te lo creas. Puede que quites las manchas, pero también quitarás parte del esmalte. Incluso el ácido acético que se encuentra en el vinagre, es demasiado dañino.

▶ Si usas blanqueador o peróxido de hidrógeno para quitar las manchas de la bañera o la pileta, no lo uses sin diluir. No lo dejes en la superficie más de unos pocos segundos y enjuágalo bien.

▶ Para limpiar los aparatos del baño de porcelana sin correr riesgos, puedes usar una solución de agua y amoníaco. También puedes limpiarlo con una cucharada de fosfato trisódico (TSP) diluido en un galón de agua.

La cura para el cromo opaco

Puedes ablandar y quitar los depósitos de agua dura de alrededor de los grifos de cromo, remojando papel de toalla en vinagre blanco y cubriendo los depósitos. Luego de una hora, quita el papel y limpia los grifos. Si la pileta es esmaltada en porcelana, asegúrate de que el papel de toalla esté sobre el cromo y no en la porcelana, la que se podría dañar con el ácido del vinagre.

Para estirar el jabón

El jabón líquido para manos es maravillosamente conveniente, pero más caro que el jabón en barra. Haz que el jabón líquido para manos dure lo más posible. He aquí cómo:

▶ En cuanto el dispensador esté por la mitad, llénalo con agua y agítalo con suavidad para que se mezcle. Va a hacer bien el trabajo de limpiar las manos por la mitad del precio.

▶ Una vez que hayas comprado el primer dispensador de jabón, continúa rellenándolo con jabón mezclado con agua. Si el dispensador está un poco sucio, límpialo con un cepillo de dientes reciclado.

▶ En lugar de comprar relleno de jabón líquido, compra el champú más barato. También se les puede mezclar con agua, vienen en varios aromas, y los recipientes grandes son más baratos que el jabón de mano.

▶ Fabrica tu propio jabón líquido y usa para algo los restos de jabón. Corta los restos de jabón en barra en pequeños trozos y ponlos en la licuadora con un poco de agua tibia. Licúalos y vuelca la mezcla de jabón en el dispensador.

Cuidados del retrete o escusado

Dale una sonrisa a la taza del inodoro

Tienes invitados mañana y te gustaría hacerle una limpieza al retrete del baño de visitas, pero lo cierto es que no tienes tiempo. Hazlo sin ningún esfuerzo durante la noche. Deja caer un par de pastillas para limpiar dentaduras antes de irte a la cama, y por la mañana pásale un poco el cepillo para el inodoro.

Limpieza del inodoro

¡Olvídate de esos limpiadores caros! Jálale al inodoro para que se moje y espolvorea un poco de pulidor sobre las áreas manchadas. Luego que esto haya trabajado por un momento, vuelve y cepíllalo un poco con el cepillo para inodoros. Utiliza un limpiador para toda superficie en aerosol o líquido en el asiento del inodoro. El pulidor podría dejarlo áspero y podría con el tiempo quitarle la pintura.

Arregla bien la taza del inodoro

Para una limpieza de la era del espacio que agrega frescura cítrica al baño, espolvorea media taza de jugo en polvo Tang en el inodoro. Déjalo por un par de horas y luego tira de la cadena.

Ideas para el inodoro

Tu inodoro debería durar unos 50 años si lo cuidas correctamente (y si no te cansas del color verde aguacate que elegiste). He aquí algunas ideas de lo que puedes o no puedes hacer:

▶ Reemplaza el cepillo del inodoro cuando las cerdas estén gastadas y dobladas. Cualquier metal en el cepillo que entre en contacto con la taza del inodoro va a rasguñar la porcelana para siempre.

▶ No golpees la taza del inodoro con nada duro, ni siquiera para aflojar un accesorio del baño. Un inodoro quebrado no tiene arreglo.

▶ Utiliza aceite o algún tipo de lubricante si tienes que aflojar un accesorio en el baño.

▶ No te sientes o te pares en la tapa del inodoro. No está diseñada para ese tipo de uso.

▶ No coloques objetos muy pesados o demasiado pequeños encima del tanque del inodoro. Te estás arriesgando a que se quiebre el tanque o algo se caiga y tape el inodoro. Las dos cosas significarían una reparación costosa o uno nuevo.

Limpieza general

Vinagre versátil

El vinagre es uno de los principales artículos de tu equipo de limpieza no tóxico. Prueba estas mezclas para problemas cotidianos:

Ollas de cobre: frota con un poquito de sal y vinagre.

Limpieza de bañera: Usa vinagre sólo si es que no se trata de una bañera esmaltada en porcelana.

Ventanas: Rocía con partes iguales de vinagre destilado y agua, seca con un paño suave.

Manchas rebeldes y moho: aplica vinagre y límpialo.

Captura el polvo malicioso

¿Estás siempre batallando para controlar el polvo en la casa? Una forma de ganar la batalla es atrapar el polvo mientras se está moviendo. La limpiadora profesional Donna Harp tiene buenos consejos: "Asegúrate de cambiar los filtros de la calefacción y el aire acondicionado. Son la primera línea de defensa contra el polvo y la tierra. También necesitas limpiar las rejillas de la ventilación en el techo y el piso; allí se acumula el polvo. Puedes quitar la mayor parte del polvo con el caño de la aspiradora. Pero de vez en cuando deberías quitar la rejillas de la ventilacion y darles una buena lavada con agua y jabón."

Otro lugar donde se esconde el polvo es en el ventilador de techo. ¿Quieres saber el consejo de Donna? "Cuando limpies el ventilador de techo, no solamente le quites el polvo ya que el polvo volará por todos lados. Utiliza un paño y un poco de agua tibia con jabón en un balde para pasarle a las aspas y dejarlas bien limpias."

No te enganches

Para quitar los ganchos autoadhesivos de las paredes pintadas, usa un poco de vinagre blanco que hayas calentado un poco en el microondas. Moja bien un paño o esponja en el vinagre tibio, y satura el adhesivo. Luego de unos minutos podrás quitarlo con facilidad. Esto también sirve para quitar etiquetas pegajosas de productos de vidrio, porcelana o madera.

Calceta para el polvo

Una alternativa sencilla para usar en lugar de un paño para quitar el polvo, ¡es una calceta deportiva! Cubre tu mano con ella y pásala por donde quieras.

Esta es la envoltura

Para limpiar una puerta persiana utiliza un calcetín o una pieza de tela de algodón envuelta alrededor de una regla de plástico, una espátula o una brocha dura. Ata bien la media o la tela en su lugar con una gomita si lo deseas. Rocía con un atrayente de polvo en aerosol o satúralo con alcohol de botiquín y luego limpia cada una de las maderas. Este método también funciona muy bien con las persianas de plástico.

No te desvanezcas con el polvo, ¡hazlo desvanecer!

Otra forma fácil de quitar el polvo de los muebles es con un mitón lava-carros. Rocíalo un poco con un atrayente de polvo en aerosol o limpia muebles y rápidamente dejarás limpios tus muebles. Cuando el mitón esté sucio, simplemente lo pones a lavar en el lavarropas y dejas que se seque al aire.

Consejos de la abuela

Toma esa vieja escoba que estabas a punto de botar, córtale las cerdas, luego sujeta un viejo sombrero de felpa (o un trozo de felpa o alfombra) alrededor de la parte de abajo y ... ¡presto! Tienes un perfecto lustrador de pisos.

1003 Household Hints and Work Savers, 1947

Espanta los olores con arena

Aunque la arena para gatos se asocia con los olores, la que aún no ha sido usada es un buen desodorante. Espolvorea un poco en el fondo del bote de la basura para que huela a fresco. Cambia la arena luego de una semana o cuando esté mojada. La arena para gatos también sirve para prevenir el olor a humedad en una casa que va a estar cerrada por mucho tiempo. Simplemente coloca una caja con arena para gatos en cada habitación.

Las manchas y el polvo

Para combatir una mancha en los muebles tapizados, aplica talco generosamente y frótalo en la mancha. Déjalo por un rato hasta que la grasa haya sido absorbida, luego quítala con un cepillo duro como un cepillo de dientes viejo.

Cómo controlar el desorden

Ponlo aquí mismo

Usa las cajitas de los rollos de fotos de 35mm para guardar pequeños objetos como clips para papeles, botones, o tachuelas. Recicla las latas de café para guardar clavos y tornillos.

Cómo lidiar con los problemas de almacenamiento

Guarda los envases de pelotas de tenis para guardar objetos sueltos como bobinas para coser, mechas del taladro, precintos. Coloca velcro en los envases y en la pared para poder colgarlos.

Mima tus cosas

Vuelve a usar pequeños frascos con tapa, como los de la comida de los bebés, clavando las tapas al lado de abajo de un estante y luego enroscaando el frasco a la tapa. Esta es una forma de mantener ordenados pequeños objetos como llaves o pendientes.

La distribución perfecta de las cosas alejará el desorden de tu casa

Los expertos en la administración del hogar viven del axioma "un lugar para cada cosa y cada cosa en su lugar".

Sigue su consejo y busca lugares específicos para lo que usas a diario. Por ejemplo, cuelga las llaves del carro en un gancho cerca de la puerta del fondo, coloca las cartas que no han sido leídas en un canasto de mimbre en el escritorio, pon el periódico debajo del televisor. Asegúrate de que estás creando "hogares" permanentes para los objetos que usas con más frecuencia como bombillas para la luz, pilas, artículos de limpieza.

Presta atención a las direcciónes

Es una batalla constante mantener el cuaderno de direcciones al día y prolijo. Cuando el que estás usando está listo para retirarse, transferir la información a un uno nuevo es una tarea agotadora. Prueba poner toda la información de direcciones y teléfonos en fichas y colocarlas en una caja para recetas. Las fichas más grandes tienen lugar para más información como dirección del trabajo, cumpleaños, o indicaciones para llegar a la casa. Cuando una tarjeta ya no sirve porque está desactualizada, la bota y el resto quedará intacto.

Un mejor hogar para tus revistas del hogar

Si realmente no puedes deshacerte de esas revistas en las que gastaste tanto dinero, corta los artículos que más te interesen y guárdalos. Consigue varias carpetas, y ponles etiquetas con las áreas de interés correspondientes. Revisa cada revista y corta las páginas que más te interesen, luego abrochalas y ponlas en las carpetas. Comienza trabajando con las revistas que ya tienes, y siempre que compres una nueva realiza el mismo procedimiento. Te sorprenderás viendo qué poco espacio necesitan esos artículos en comparación con la revista entera. ¡Pronto estarás libre del desorden de las revistas!

Ahorra papel reciclando

Si tienes una computadora y una impresora en tu casa, considera reciclar tu propio papel de imprenta. Cuando imprimas una carta o un informe que no está del todo bien, no lo botes; colócalo en una pila especial de papel reciclado. Da vuelta el papel usado y vuelve a usarlo en la impresora cuando sepas que estás haciendo un borrador. Estarás usando el papel al máximo, ahorrando dinero y ayudando al medio ambiente al mismo tiempo.

Cómo guardar revistas

¿Hay estantes desordenados, llenos de revistas por todos lados? ¿Te cansaste del desorden? Fabrica cajas para revistas gratuitamente, cortando en forma diagonal la parte de arriba de una caja de cereales vacía y luego usándo la para guardar las revistas de una forma prolija. Para darle un toque de decoración, cubre las cajas con un lindo papel autoadhesivo o papel de empapelar.

Cómo ordenar los objetos casuales o aleatorios

Ten siempre una cesta o caja de plástico para guardar objetos extraños, a los que les falta algo (como un calcetín sin su par), o que está separado del original (como una pieza de un juego, o un tornillo diferente que encontraste en el suelo). Coloca una etiqueta en el recipiente con un signo de interrogación. Luego revisa las cosas de la cesta en forma periódica, cuando tengas tiempo, para ver si puedes averiguar dónde van las piezas.

Cómo ordenar los artículos de limpieza

Minimiza el desorden y evita que los líquidos de limpieza peligrosos se vuelquen, colocándolos parados en una caja de plástico debajo del fregadero. Si hay artículos que necesitas usar en toda la casa, puedes guardarlos en una caja de herramientas de plástico para que las puedas usar con facilidad el día de limpieza.

Aplánala y olvídala

Acabas de comprarte una computadora y piensas que quizás te mudes de casa en un año o dos, de modo que tiene sentido guardar la caja. Pero no hay lugar dónde guardar una caja tan grande. Simplemente quita la cinta que sostiene la caja y aplánala. Ahora puedes guardarla debajo de una cama, o bien plana en el fondo de un closet. Si no tienes dónde guardar la espuma que venía dentro de la caja, recíclala o descártala si es necesario. Cuando sea el momento de mudarte de casa, un poco de papel de periódico servirá de sustituto para la espuma, y tu computadora estará segura en su viaje hasta su nuevo hogar.

> ## "La canasta, la banasta y el canasto del abasto"
>
> Si no tienes placares en el baño para guardar toallas, usa una pequeña cesta en la mesada para las toallas pequeñas y una grande en el suelo para las toallas grandes. Puedes hacer que entren más toallas en la cesta si las haces un rollo y luego las colocas paradas.

Problemas eléctricos

Lo que hay que hacer cuando hay un apagón

Todos los adultos de la casa deben saber dónde está la caja de fusibles, para qué es y cómo cambiar un fusible.

Si no es así, tómate un momento para entrenar a la familia. Esto ahorrará mucho tiempo y problemas la próxima vez que haya un apagón.

El mapa que te deja ver la luz

Mientras estás en eso, toma unos trozos de cinta de enmascarar y coloca una etiqueta en cada fusible o en cada interruptor de circuito (disyuntor) de la caja. En cada trozo de cinta, escribe la habitación o el área a la cual sirves ese fusible en particular. De esta forma, en una emergencia podrás saber de un vistazo cuál es el fusible que necesita un arreglo. Muchas cajas de fusibles vienen con un mapa para completar, dentro de la puerta, parecido a un árbol genealógico. Si tu caja no tiene uno de esos, puedes simplemente dibujarlo en un papel o usar etiquetas de cinta de enmascarar.

Cuando el tiempo se detiene

Si tu reloj eléctrico de pared deja de funcionar, ponlo cabeza abajo por unos días. Esto hace que el aceite se redistribuya en el mecanismo de modo que vuelva a funcionar.

Velas de emergencia

Se viene una tormenta y estás intentando prepararte para vientos fuertes y apagón. Por supuesto que una buena linterna y muchas pilas de repuesto sería genial. ¿Qué tal unas velas de emergencia que duren bastante tiempo para quemarse? Si no encuentras este tipo de velas, no entres en pánico. Busca un frasco de vaselina y unas sobras de velas de cumpleaños en la cocina. Clava una vela de cumpleaños en el centro del frasco y enciéndela cuando sea necesario. Esta vela casera debería arder por varias horas.

Cómo desenroscar una bombilla rota sin correr riesgo

Cuando una bombilla se rompe al intentar desenroscarla, estás en apuros. ¡Vegetales al rescate! Primero asegúrate de que la luz esté apagada. Con un martillo termina de romper los cristales dentro de un bote de basura. Luego corta el tercio de arriba de una patata y encájalo dentro del casquillo de la bombilla. Sosteniendo la patata, puedes desenroscar y quitar el resto de la bombilla sin riesgos, y luego reemplazarla por una nueva.

La luminosidad de las bombillas y el polvo

¿Sabías que una bombilla incandescente con polvo ofrece hasta un 50% menos de luz que una limpia? Haz que quitar el polvo de las bombillas sea un hábito cuando quites el polvo a todo lo demás.

Consejos de la abuela

Luz brillante. Un poquito de sal, colocado en las lámparas cuando se las llena con aceite, hará que ardan con luz más brillante.

Household Hand Book, 1860

Creando ambiente en el armario

Cuando dos de los filamentos de una bombilla de tres vías se quemen, todavía puedes usar la bombilla en un pasillo o un closet. Estarás reciclando y ahorrando dinero al mismo tiempo.

Una bombilla fresca para una casa fresca

Las bombillas fluorescentes compactas cuestan más que las incandescentes, pero a largo plazo son más baratas. Duran hasta 10 veces más que las bombillas comunes y usan mucho menos electricidad. Como producen menos calor que las incandescentes, hay menos calor para tu aire acondicionado durante los meses de verano.

Una idea brillante

Ahorrarás energía y por lo tanto, dinero, si usas una bombilla grande con mayor potencia en lugar de varias bombillas pequeñas con menos potencia. Por ejemplo, tendrás la misma luz con una bombilla de 100 voltios que con seis bombillas de 25 voltios. Es más barato comprar la bombilla más grande.

Cómo aumentarles la vida a tus pilas

Para extender la vida de una batería, lima levemente los dos extremos de la batería con una lima o papel de lija fino.

Regalos y envolturas para regalos

Regalitos para un jardinero

Para crear un regalo barato para un jardinero, busca en tu jardín una maceta de cerámica que esté en buenas condiciones. Lávala bien con agua y jabón y deja que se seque completamente. Usa sobras de pintura de la casa o pintura para manualidades, para pintar el exterior con hermosos colores, puede ser con figuras abstractas, líneas y garabatos, o puede ser con un diseño de jardín. Corta un cuadrado de tela para poner dentro de la maceta haciendo que las puntas sobresalgan. Agrega un par de guantes de jardín y un paquete de semillas. Una pequeña palita de jardín con el mango de un color que vaya con el paquete, o una vieja cuchara con el mango pintado hará que el regalo sea más especial y práctico.

Un regalo romántico

Si tienes una persona en tu lista de regalos, a quién es muy difícil comprarle un regalo, o un regalo para una boda, considera "una noche en una cesta". Comienza con una cesta comprada en una venta de garaje y una de tus recetas favoritas de plato principal. Coloca un lindo papel o tela en la cesta y agrega los ingredientes no perecederos de tu receta. Termina con algo para tomar, como un té exótico, jugo de fruta o una botella de vino y una cajita de chocolates para el postre.

Ehhh, gracias por tan lindo regalo . . .

Todo el mundo recibe un regalo tipo "elefante blanco" de vez en cuando (lindas cosas que no tienen ningún uso). Guárdalas en sus paquetes originales y agregales notas diciendo quién te los regaló. Cuando uno de tus elefantes blancos resulte ser el mejor regalo para alguien que conoces, aún estará fresco, nuevo y listo para ser usado.

Envuelve tus regalos en otro regalo

Usa tu creatividad a la hora de envolver regalos. Cosas como toallas, servilletas de tela, bandanas o pañuelos sirven para darle un toque de elegancia a un regalo en un envoltorio único y que se puede volver a usar, i que seguramente quien lo reciba apreciará el doble!

Fiesta de tarjetas

Fabrica tus propias tarjetas para regalos, tarjetas de saludos y postales. Corta con cuidado el frente de las tarjetas que recibes y vuelve a usarlo así cortado o pégalo en un papel duro doblado o en tarjetas para índice.

No cortes tu creatividad, úsala para envolver regalos

Usa tu creatividad con el papel para envolver y comienza a ahorrar dinero. Usa las hojas de una fina revista de jardinería para envolver regalos pequeños, o la sección de caricaturas del periódico dominical para darle un toque distintivo y especial a tus regalos. Los viejos afiches pueden convertirse en un buen sustituto para reemplazar un papel de regalo caro.

Tarjetas caritativas

Esta es una excelente forma de reciclar las tarjetas de Navidad. Existe un hogar para niños abandonados, abusados y desahuciados que recicla hasta 500.000 tarjetas usadas, cada año. Los niños recortan la cara de la tarjeta y la pegan en una nueva tarjeta.

Si quieres donar tus viejas tarjetas a esta noble causa, envíalas directamente a:

St. Jude´s Ranch for Children
100 St. Jude´s Street Boulder City
Nevada 89005-1618

Para ordenar un paquete de 10 tarjetas recicladas con sus sobres, envía $10.95. El precio incluye los gastos de envío y recepción. Para obtener más información al respecto, llama al 800-492-3562.

Hojalata con gusto

Cuando deseas reciclar hermosos objetos decorativos de hojalata para regalar, a menudo debes quitarle primero la etiqueta. Colócale una capa de mantequilla de maní o de cacahuate y déjalo toda la noche. En la mañana la etiqueta saldrá con facilidad.

Floreros baratos

Esta es una muy buena forma de reciclar y ahorrar dinero, también. Compra floreros baratos en las ventas de garaje; a menudo puedes comprarlos por unos 25 centavos. Luego lleva tu propio florero la próxima vez que ordenes flores para regalo. Ahorrarás hasta $3, dependiendo del tamaño del arreglo floral.

Decoraciones para los días festivos o feriados

La belleza oculta en un moño

Si reciclas los moños de los regalos de las fiestas, puede ser que los encuentres un poco aplastados cuando los vayas a buscar a la caja donde están guardados. Un secador de cabello con aire caliente hará que se enderecen y estén listos para ser usados otra vez.

La navidad el año redondo

Considera comprar un árbol vivo en una buena maceta en lugar del caro árbol de Navidad cortado. Probablemente tengas que comenzar con un árbol más pequeño, pero puede ser usado por varios años mientras crece. Cuando esté muy grande para tu casa, llévalo y plántalo afuera. Un consejo: los árboles se vuelven pesados y difíciles de mover, de modo que necesitarás colocar la maceta en un carro con ruedas.

Ilumina el camino

Para que las luces de Navidad no se enreden, enróllalas alrededor de un periódico enrollado para guardarlas. Esto te facilitará ponerlas en el árbol el próximo año. Simplemente desenrollalas gradualmente alrededor del árbol.

Regalitos para tu árbol

Puedes lograr que el árbol de Navidad cortado dure más con esta receta. Agrega cuatro cucharadas de polvo de hierro comprado en el vivero, cuatro cucharaditas de lejía líquida y dos tazas de jarabe de maíz claro. Mézclalo bien y agrega alrededor de un galón de agua caliente. Inserta el árbol en el macetero y vuelca el líquido en ese recipiente. Podrás mantener a tu árbol luciendo fresco por más tiempo con esta receta pero, por supuesto, tendrás que controlar el agua a diario para que no se baje mucho. Un árbol de seis pies puede absorber tanto como un cuarto de agua al día.

Para que las hojitas no se caigan del árbol de Navidad, intenta rociarlo con un antidisecante en aerosol. Este producto sella las hojitas para que no se sequen tan rápidamente. Funciona con árboles vivos o cortados. Puedes encontrarlo en un centro para jardines.

Mantén alejadosa los insectos

Para mantener a los insectos lejos de tu árbol de
Navidad, dale un tratamiento antes de entrarlo a la casa.
Llena una botella de aerosol con una mezcla de un
cuarto de agua y una cucharadita y media de detergente
líquido. Rocía las hojas, ramas (especialmente por
debajo) y el tronco. Espera hasta que el líquido se haya
secado antes de entrarlo a la casa.

Plantas hogareñas

Una planta limpia es una planta feliz

Para que tus plantas estén saludables, necesitas darles un
baño para deshacerte del polvo y las telas de arañas.
Puedes pararlas en la ducha y dejar que el agua lave las
hojas, ponerlas en el fregadero de la cocina y rociarlas
con agua, o sacarlas afuera y lavarlas con la manguera.
No lo hagas a plena luz del sol, porque las hojas se
pueden quemar. Luego de un buen baño, las plantas
deben ser desempolvadas en forma regular, con la
misma frecuencia en que quitas el polvo a los muebles.
Un paño suave y seco, o un plumero serán suficientes.
Luego una vez al mes, limpia las hojas con un paño o
esponja húmedos.

Una gotera en el tiempo

Si no tienes un buen vecino con una regadera
cuando te vas de vacaciones, intenta suspender un
biberón de bebé con agua encima de tus plantas.
El agua gotea lentamente de modo que la planta estará
saciada por un largo tiempo. Si tu planta es grande,
puedes usar una botella de refrescos con un pequeño

Debe ser su aroma tan agradable ...

La pastillas para polillas no sólo alejan a las polillas sino que también a muchos otros insectos que no quieres que estén dentro de la casa. Coloca una pastilla para polillas en las plantas que tienes afuera durante la primavera y evitarás entrar insectos con la planta en el otoño.

agujerito cerca del fondo. Llénala de agua y colócala en la maceta con la planta. Tus plantas estarán regadas por un largo tiempo.

¡Fura de aquí, insectos!

Para deshacerte de insectos en las plantas de adentro, llena con agua una botella de aerosol de un cuarto de galón. Agrega dos cucharadas de jabón líquido y mézclalo bien para que se disuelva. Rocía las hojas y brotes de las plantas y los insectos que veas por ahí.

Exprime a tus plantas

Puedes reciclar una botella exprimible de detergente transformándola en una regadera del tamaño justo para una planta pequeña. También puedes usarla para mezclar y distribuir el fertilizante.

Mantén la tierra en la maceta

Las plantas necesitan un buen desagüe en el fondo de la maceta. Es bastante común usar las partes rotas de otras macetas o rocas para tapar el agujero del desagüe, pero las dos cosas aún dejan que se vaya un poco de tierra con el agua. En vez de éso, coloca un trozo de tejido para ventana sobre el agujero del desagüe. Es lo suficientemente fino como para retener la tierra pero dejar salir el agua. Otra idea es darle un uso a las tapas de plástico de la leche o jugo. Corta pequeñas muescas alrededor del borde de la tapa y colócala sobre el agujero del desagüe. También puedes utilizar las antiguas tapitas de metal (de cerveza o refresco) con los bordes ondulados. Para las cestas colgantes, piezas recicladas de espuma plástica taparán el agujero ofreciendo un buen desagüe sin agregar peso extra.

Flores para Navidad

Aunque la Flor de Pascua o Ponsetias son flores de una sola temporada, puedes hacerlas durar un poco más con un poco de cuidados especiales. Para que florezcan en Navidad, necesitan total oscuridad durante 10 horas al día, todo el otoño. Corta los brotes luego de que se le caigan las flores y riégala con solo un poquito de agua por varios meses. Cuando vuelvas a regarla con frecuencia, la planta crecerá otra vez.

Ponle la tapa para que no gotee

Para prevenir goteras en las plantas que cuelgan, cubre el fondo con viejas gorras de baño. Quitales la gorra varias horas después de regarlas y el piso estará seco.

Intenta un golpecito

Si no puedes darte cuenta si una planta necesita agua, golpéala levemente. Un golpecito en un lado de la maceta te servirá para saber si la maceta suena a hueco. Si así es, la planta está seca. Cuando el golpe suena sólido, probablemente la planta tenga suficiente humedad.

Refresco para plantas

Esta es otra excelente forma de regar plantas colgantes sin goteras. Coloca unos cubos de hielo en los bordes de la maceta sin tocar la planta. A medida que el hielo se va derritiendo, va regando la planta lentamente de modo que la tierra puede absorber el agua sin que gotee en el suelo.

Cómo saciar la sed de tu planta

Las plantas pueden estar tan secas a veces que cuando las riegas el agua sale directamente sin empapar la tierra. Intenta esta técnica para asegurarte de que realmente se moje. Coloca la planta en un bote de basura o una cubeta de cinco galones. Agrega agua gradualmente hasta que el agua sobrepase el nivel de la maceta y la tierra esté inundada. Deja que la planta esté en el agua por media hora. Luego levanta la maceta con cuidado, deja que salga el exceso de agua por la base y coloca la maceta en una bandeja.

Fabrica un mini invernáculo

Guarda esas bolsas de la tintorería para usar con tus plantas cuando te vas de vacaciones. Luego fabrica un mini invernáculo que mantendrá a tus plantas con humedad mientras no estés. Primero tendrás que colocar un platillo debajo de las plantas. Riégalas como lo haces siempre, dejando que salga un poco de agua al platillo. Luego dobla un gancho de ropa formando un arco, endereza el extremo para clavarlo en la tierra cerca del borde de la maceta. Coloca la bolsa de la tintorería por encima del gancho, recorta el exceso y mete lo que sobra debajo del platillo.

La raíz del problema

No es bueno que una planta esté muy apretada en una maceta, pero ten cuidado de no transplantarla a una maceta demasiado grande. En lugar de usar su energía para que crezca el follaje, la planta hará crecer más raíces para llenar la maceta. Busca el balance correcto.

Brillo especial

Para darle a tus plantas un brillo saludable, limpia las hojas con un paño limpio y glicerina. No va a atraer polvo como otros productos para dar brillo a las hojas.

Dales un buen cuidado a tus plantas

▶ Regularmente debes quitar les las hojas secas y las flores viejas. No solo se ven feas, sino que también pueden promover enfermedades.

▶ Dale a tus plantas fertilizante durante las mismas estaciones en que le pones fertilizante a las plantas de afuera, y dale libre los inviernos.

▶ Si las puntas de las hojas se ponen marrón, corta la mayor parte de lo marrón dejando un bordecito marrón. Si lo cortas en la parte verde, puede atraer enfermedades.

Paso a paso para una decoración hermosa

Cuando estés buscando la mejor forma de arreglar varias plantas juntas para que se vean bien, considera una escalera. Una pequeña escalera de madera, comprada en la ferretería o en la tienda de descuentos, se convertirá en una estantería atractiva y fácil de mover para tus plantas. Puedes pintarla para que quede bien con la decoración de la casa, darle un barniz o dejarla como está al natural. También puede ser que encuentres una vieja escalera de metal o madera en una venta de garaje o en tu sótano. Una escalera queda especialmente bien en la cocina, el patio o un porche cerrado.

Arreglos florales

Arregla tus flores de seda

Una forma fácil de limpiar las flores de seda es soplar el polvo con el secador de pelo. Asegúrate de usarlo con aire frío para que ninguna parte de plástico se vaya a derretir. Si lo haces afuera, mejor, porque de otra forma tendrás que quitar el polvo de la casa.

Secreto para trabajar con flores secas

Las flores secas pueden ser tan quebradizas que es muy difícil trabajar con ellas. Intenta darles un toque de fijador para cabellos antes de comenzar, y las hojas y pétalos se quedarán en su lugar en lugar de terminar en el suelo.

Tus plantas necesitan comida también

Algunas comidas de todos los días, que usas en la cocina pueden constituirse en una fuente de energía para tus plantas. Estas son algunas ideas para tener plantas más saludables:

▶ Un poco de cáscara de banana cortada o cáscara de huevo molida es como vitaminas para tus plantas.

▶ Un paquete de gelatina sin sabor disuelto en un cuarto de galón de agua es una comida para plantas rica en nitrógeno, un importante nutriente para las plantas.

▶ A los helechos les gusta una taza de té tanto como a cualquiera de nosotros. También puedes ponerle unas hojitas de té en la tierra.

Una bocanada de aire fresco para las flores de seda

Cuando tus flores de seda comiencen a lucir un poco cansadas, mejora su aspecto agregandoles algunas flores secas. Se disimularán bien y se verán realistas. También puedes darle un toque de vida con algunas flores frescas. Pregunta en la florería o la tienda de manualidades si tienen lo que, en inglés, los norteamericanos llaman "*picks*". Los "*picks*" son recipientes pequeñitos de plástico en forma de cono, donde se colocan flores y se las rodea con agua. Llena cada *pick* con agua, inserta le una flor fresca y colócalo en la espuma del florero con las flores de seda. Las flores duran un día o dos en el *pick*, o puedes cambiarle s el agua para que duren más.

Dale tu apoyo a las flores cortadas

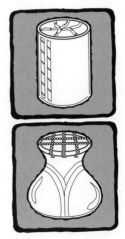

Para arreglar flores en un florero de boca ancha, puedes cortar ramas fuertes del diámetro de la boca del florero y acuñarlas horizontalmente en el florero, un poquito más abajo del borde de arriba. También puedes utilizar cinta de enmascarar o cinta verde de florista para construir un enrejado en la boca del florero. Cualquiera de estos métodos le dará apoyo a las flores para que las puedas arreglar fácilmente y se verán hermosas.

No seas narcisista con tu narciso

Las flores cortadas de tu jardín son un hermoso adorno para tu casa. Si tienes tanta suerte de tener tulipanes o narcisos, esta es una idea; no las pongas en el mismo florero cuando las traigas para adentro. La baba que sale de los narcisos puede arruinar a los tulipanes. Coloca los narcisos en un florero separado por un día, luego enjuaga los estambres y luego ya puedes agregar los tulipanes con tranquilidad.

Cómo elevar un ramo

Si tus flores cortadas necesitan un estambre más largo para quedar bien en el florero, levántalas un poquito. Coloca los estambres cortos en un popote de plástico cortado al tamaño que desees.

Cómo refrescar tus ramilletes de flores

Cuando traigas flores cortadas a la casa, hay varias cosas que puedes hacer para mantenerlas lo más frescas posibles. Antes de ponerlas en el florero, corta en un ángulo, alrededor de una pulgada al final de cada estambre. Esto ayudará a que la flor absorba más agua cuando la necesite. Cuando llenes el florero con agua, agrega un poquito de 7-Up (la más común, no la dietética) al agua. El refresco actúa como "comida para plantas". Todos los días, quita el agua vieja y coloca agua fresca. Agrega otro poco de 7-Up, también. Finalmente, aleja tu florero de la luz del sol directa. Estos pasos prolongarán el tiempo que puedes disfrutar de las hermosas flores.

El peso de esta idea (una idea de peso)

Coloca una moneda de un peso o de un centavo en el fondo del florero donde vas a poner tulipanes. Esto evitará que los tulipanes se abran demasiado rápido.

Mantén limpia el agua

Si estás arreglando flores cortadas en un florero transparente, se verán mucho mejor si el agua no se pone turbia. Agrega una cucharadita de lejía en un cuarto de galón de agua para mantenerla clara. Agrega lejía cada vez que cambies el agua.

Planificación de fiestas

Míralo en la luz adecuada

¿Estás planeando una fiesta pero no tienes tiempo de limpiar la casa a fondo? Reemplaza las bombillas por unas de baja potencia y utiliza velas para dar "ambiente".

Pañoletas a precio de regalo

Para mejorar cómo se ve tu mesa y a la vez darle un toque del oeste, utiliza bandanas baratas como servilletas. Las encontrarás de todos colores en las tiendas de manualidades o en la sección de pañuelos de las tiendas de descuentos. Si eliges las de poliéster y algodón, no las que son sólo de algodón, nunca tendrás que plancharlas. También puedes coser varias bandanas juntas para formar un mantel barato y fácil.

Tarjetas de mesa ornamentales

Puedes hacer unas tarjetas de mesa para designar el lugar reservado para cada invitado, muy especiales, utilizando hojas de magnolia u hojas grandes o medianas de hiedra. Lávalas, luego las secas y escribes el nombre de cada uno de los invitados con un marcador con tinta blanca, dorada o plateada.

Usa tu cristalería como candelabros para velas

¿Necesitas colocar velas votivas y no sabes dónde? Dale otro vistazo a tu cristalería. Una copa para postre (de pedestal bajo) se puede convertir en el envase perfecto para colocar una vela. También sirve una copa de vino o champagne firme. Coloca una cucharadita de agua en el fondo de la copa para que la vela no se pegue. Para quitar la cera que quede luego de la fiesta, raspa el cristal con cuidado y luego lávalo con agua caliente y jabón.

Ahorra dinero con un pastel falso

Para ahorrar dinero en un pastel de bodas, puedes tener solo un piso de verdadero pastel y el resto de espuma de poli estireno decorada. Luego de cortar una parte para tomar las fotografías tradicionales, pide al servicio que lleve el pastel a la cocina. Ahí tendrás pastel barato esperando para ser cortado y servido. Este pastel alcanzará para todos y es más barato.

Recuerda los momentos de tu vida

Si estás organizando una fiesta especial para alguien y deseas hacerle un regalo que no es caro y es efectivo, considera un "lienzo para recordar". En una tienda de manualidades, compra un lienzo. Utilizando pintura para manualidades, pinta el lienzo con un color suave y agrega dibujos u otros diseños en el borde. Escribe "Feliz cumpleaños" o lo que sea apropiado. Luego durante la fiesta pide a todos que escriban un mensaje o firmen en honor al homenajeado, utilizando un marcador de trazo fino. Luego de la fiesta, el homenajeado tendrá un hermoso recuerdo de la ocasión.

Así se sirve el helado

Para que servir el helado sea más fácil en la fiesta de los niños, prepara lar porciones de helado con tiempo. Simplemente sirve el helado por cucharadas en moldes de papel para panecillos, colócalos en una bandeja, y devuélvelos al congelador. Cuando sea el momento de servir el pastel, trae el helado que estará listo para servir. ¡Sin ensuciar y sin retrasos!

Realismo en la fotografía

Para cada evento especial en la vida, siempre hay fotografías para imprimir. Cuando vayas a recoger las fotos, recuerda estas ideas para ahorrar dinero:

► Mira las fotos en el momento. La mayoría de las casas de fotografía no te cobran las fotos que salieron mal, como ser los pies de alguien, o el techo. Puedes rechazar esas fotos y simplemente pagar las que salieron bien.

► Si el procesamiento del color está mal (por ejemplo, las caras de tus amigos salieron verdes), pide al laboratorio fotográfico que las vuelvan a hacer.

► Probablemente no te las cobren. Evita el "revelado en una hora." Es el paquete más caro.

Cafetera

Si tienes una cafetera grande para servir grupos grandes, guárdala siempre con los grifos abiertos para que no se peguen las agarraderas. Lávala bien antes de guardarla.

Fuera las moscas

No dejes que las moscas y mosquitos te arruinen una fiesta en el patio o la terraza. Pide prestado o compra un ventilador eléctrico. Colocado en el centro de la fiesta, el ventilador mantendrá fresca el área y hará que se alejen los insectos. Un segundo ventilador, colocado en el mismo lugar pero en otra dirección, ayudará aún más.

Té ... dejo bien limpio

Lava siempre cualquier recipiente que uses para servir té o café con una solución de bicarbonato de sodio y agua caliente. Tus jarros estarán más limpios y sin manchas y las bebidas tendrán mejor gusto.

No seas el blanco de los mosquitos

Si no quieres que los mosquitos te piquen la próxima vez que tengas una fiesta al aire libre, evita usar joyas brillantes, colores brillantes o estampados con flores. Tampoco uses perfume o agua de colonia.

El poder adquisitivo

Date un poco de crédito

La próxima vez que te tientes de usar tu tarjeta de crédito para pagar por una compra, detente por un momento. Calcula mentalmente cuántas horas tendrás que trabajar para pagar esa compra, incluyendo los intereses. ¿Realmente vale la pena el tiempo? Este truco puede ayudarte a decidir qué es realmente lo que deseas comprar.

Una forma muy fácil de coordinar los colores de una habitación

Cada vez que pintes una habitación de la casa, tómate el tiempo de pasar un poco de pintura en una tarjeta. Cuando se seque la tarjeta ponle una etiqueta diciendo qué habitación pintaste y la fecha; guárdala en un sobre en la guantera del carro. Cuando estés de compras buscando muebles, cortinas u otros accesorios para tu casa, tienes una forma fácil y rápida de asegurarte de que sean del color apropiado para las paredes. Para tener todavía más precisión agrega un retazo de las telas que usaste en la habitación. En caso de que hayas usado tapizados o cortinas ya hechas, casi siempre puedes cortar un trocito de la tela del lado de adentro. Pega estos retazos en la tarjeta con la pintura. Esto te ahorrará tiempo y dinero

Al fin y al cabo

Esta es la idea que te ahorrará más dinero si la sigues. Antes de comprar cualquier objeto que implique un gasto importante, hazte las siguientes preguntas:

▶ ¿Realmente tienes que tenerlo?

▶ ¿Es la mejor compra por ese precio?

▶ ¿Qué tienes que dejar de hacer para poder comprar esto?

▶ ¿Enriquecerá tu vida?

▶ ¿Qué pasará si no lo compras?

▶ Comprando este objeto, ¿estás intentando cubrir alguna otra necesidad de tu vida? (por ejemplo, un carro lujoso te da "estatus")

▶ ¿Cuánto costará mantenerlo?

▶ ¿Perderá su valor rápidamente?

Si respondes a esta lista con honestidad y pensando bien las respuestas, puede ahorrarte de hacer algunas compras costosas e innecesarias.

porque nunca tendrás que devolver un accesorio que no vaya con los colores de la habitación.

Una pizca de previsión vale por una onza de curación

A veces invertir en algo ahora hará que luego tengas dividendos. Esto sucede con muchas de las reparaciones en el hogar. Un pomo nuevo de pegamento de contacto puede arreglar ese plato de porcelana que ibas a botar a la basura. Un estuche de accesorios para arreglar anteojos evitará que vayas a la óptica en un momento muy inconveniente. Los $50 que gastaste en el manual para reparar el carro ya no te parecerán tanto cuando te ahorres $350 en el próximo arreglo. Mira en tu casa y encuentra qué tipo de arreglos pueden salvar a tus posesiones si es que compras un equipo para arreglarlos. Quizás puedes hasta alquilarlo o pedirlo prestado.

Ideas para reciclar papel de empapelar

Si tienes la buena suerte de encontrar un libro de muestras de papel para empapelar, cómpralo. Haz lo mismo si encuentras rollos de papel descontinuado con estampados que te gusten, especialmente si el precio es bueno. El papel de empapelar se convierte en un hermoso papel de regalo para regalos pequeños y también puede servir para renovar la pantalla de una lámpara. Lo puedes usar para colocar dentro de los cajones, para decorar una foto o una pintura, para forrar un cuaderno o álbum de fotos. Usando además un poco de papel autoadhesivo transparente, el papel se puede usar para hacer individuales para la mesa o posavasos que protejan tus muebles. Pronto inventarás tus propios usos para este maravilloso papel si lo tienes a mano.

INTERIOR DEL HOGAR

Cuidado de la alfombra

"Corta por lo sano" el polvo de tu alfombra como con un cortacéspedes

El peor enemigo de tus alfombras es el polvo. Para asegurarte de que está realmente limpia, aspírala como si estuvieras cortando el césped, en líneas y en orden. De esta forma es menos probable que te saltes un lugar. Asegúrate de pasar varias veces en cada lugar ya que toma más de una sola pasada para hacerlo correctamente.

Escoge la aspiradora correcta

Cuando vayas a la tienda a comprar una aspiradora, encontrarás tantas para elegir que te vas a marear. Si puedes, escoge un modelo de pie en lugar de un modelo de piso. En general hacen un trabajo mejor.

Está en la bolsa

Tendrás mejores resultados de tu aspiradora si te aseguras que la bolsa no esté demasiado llena de tierra y polvo. Una vez que la bolsa esté llena como en ocho pulgadas, necesitas reemplazarla. ¿Qué pasa si no has terminado de limpiar y ya

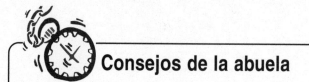

Consejos de la abuela

No utilices harina de maíz u hojas de té para barrer una alfombra. La harina de maíz es conocida por atraer insectos si no se barre totalmente, mientras las hojas de té si no están bien lavadas, pueden dejar manchas. Si algo se puede usar es pequeños trozos de periódico bien mojado y esparcido en el suelo.

Household Hand Book, 1860

no tienes más bolsas? Quita la bolsa, ponte guantes de goma, y quita algo de la tierra de la bolsa con tu mano. Luego coloca la bolsa nuevamente y sigue aspirando.

Usa una manguera para limpiar otra manguera

Cuando la manguera de tu aspiradora esté tapada, usa un trozo de manguera vieja para limpiarla. El trozo de manguera vieja debe ser un poco más largo que la de la aspiradora. Desconécta la aspiradora y quita su manguera. Empuja la manguera vieja a través de la manguera de la aspiradora. La manguera es lo suficientemente pequeña para entrar, pero lo suficientemente firme para sacar cualquier cosa que esté tapando la aspiradora.

Zona libre de pulgas

Si tienes una mascota, quizás a veces tengas que limpiar pulgas de la alfombra. Coloca dos bolas de naftalina en la bolsa de la aspiradora antes de comenzar, y las pulgas estarán muertas para cuando apagues la máquina. Inmediatamente quita la bolsa usada. Colócala en una bolsa de basura de plástico, ciérrala bien, llévala para afuera al tarro de la basura.

Nunca arrastres objetos pesados sobre la alfombra sintética

Siempre levanta los muebles pesados para moverlos sobre una alfombra sintética. Si los empujas, el peso y la fricción pueden hacer que las fibras de la alfombra se derritan. Esto dejará marcas permanentes.

Remedios para quemaduras de alfombra

Un cigarrillo encendido, si se cae, hará un agujero en una alfombra sintética. Pero algunas alfombras hasta podrían encenderse. Si esto sucede, toma una caja de bicarbonato de sodio y apaga el fuego. Causará menos problemas que un cubo de agua y luego solo hay que aspirarlo.

———————————

Para reparar la quemadura de cigarrillo en la alfombra, corta las fibras de la alfombra que están negras. Rellena

---

No se admiten pies descalzos

Quitarte los zapatos y caminar en la alfombra suave puede hacerte sentir como un niño nuevamente, corriendo descalzo en el césped. Pero no parece ser tan bueno para la alfombra como parece. Robert Clay, limpiador profesional de alfombras recomienda que adoptes la costumbre de los japoneses de quitarte los zapatos en la puerta de entrada. Pero no debes andar completamente descalzo.

"Puede que sea agradable caminar en el casa de esta forma, pero el aceite de tus pies se suelta en la alfombra y atrae más tierra" dice Robert. "Ponte un par de calcetines blancos". Los calcetines usados para el tenis que sólo llegan al tobillo, pueden ser una buena opción intermedia entre usar medias y estar descalzo.

el lugar con pegamento líquido y fibras de la alfombra cortadas de un remanente.

Tratamiento para la alfombra

Cuando tu alfombra parezca necesitar una limpieza, intenta barrerla primero con una escoba limpia. Luego la aspiras bien. Esto debería soltar la suciedad y hacer que se vea mucho mejor. Quizás puedes esperar un poco más para limpiarla a fondo. Por otro lado, si ya es definitivamente el momento de hacerle una buena limpieza, la alfombra ya estará lista.

Limpieza de manchas

Dile a la mancha que se marche

Cuando tengas una mancha en tu alfombra, encárgate de ella inmediatamente. Cuanto más tiempo esperes más difícil será quitarla. Comienza por quitar la sustancia que creó la mancha, lo mejor posible. Si es algo gruesa, usa un vaso de papel, una espátula o una tarjeta de crédito para quitarla. Si es algo líquido, quítalo con papel de toalla o un paño limpio. Si es algo seco, aspíralo.

La prueba del armario

Siempre prueba el limpiador primero en un lugar escondido de la alfombra, como la esquina de la alfombra dentro de un placar o detrás de un mueble pesado que no vas a mover. Algunos limpiadores de alfombras contienen blanqueadores para ayudar a limpiar la alfombra, pero también pueden arruinarla.

Encuentra el mejor limpiador de alfombras

Siempre que sea posible, usa agua carbonatada para quitar las manchas de tu alfombra. El agua carbonatada funciona haciendo que la tierra se suelte de modo que la podrás borrar con facilidad. A diferencia del jabón, no deja residuos pegajosos que podrían atraer aún más tierra a esa zona. Estas son otras opciones para limpiar manchas, que puedes probar:

▶ Limpiador comercial para ventanas o una mezcla de medio de agua y medio de vinagre funciona bien en casi todas las alfombras.

▶ Prueba con partes iguales de agua y detergente para platos (no del que se usa para los lavaplatos automáticos). Asegúrate que el detergente no contenga blanqueador.

▶ Para manchas ácidas, aplica una solución de una cucharada de bicarbonato de sodio mezclado con una taza de agua fría.

Una cucharada de solución

Para evitar el moho u otros problemas similares, no empapes tu alfombra. Comienza poniendo pequeñas cantidades de la solución limpiadora, quizás una cucharada por vez. Colócala directamente en la mancha y utiliza la cuchara para fregarla un poco en la mancha, trabajando desde afuera de la mancha hacia el centro. Luego aplica un poco de agua limpia con un trapo blanco. (Si usas un trapo de color, corres el riesgo de que el color cause otra mancha). Friega, borrando. Si la mancha permanece, repite el proceso. Cuando termines, coloca un trapo blanco sobre la superficie que trataste y aplica presión con tu pie para absorber la mayor cantidad de humedad posible.

No te pelees con el pollo en la alfombra

Te tropiezas de camino al comedor y se te cae todo el pollo frito encima de la alfombra. ¡No temas! En tu placar de la cocina está el remedio de limpiador de alfombras que necesitas. Quita el pollo y quita también toda la grasa que puedas. Pon bicarbonato de sodio en el área manchada y friégala un poco. Espera más o menos una hora hasta que se absorba el aceite. Luego pásale la aspiradora sobre el polvo blanco. ¡Estarás feliz con el resultado!

Alfombras malolientes

Si te demoras te arrepentirás

Nada huele tan mal como una mancha vieja de la mascota en la alfombra, de modo que necesitas actuar rápidamente si tu mascota tuvo un accidente. Quita toda la orina y enjuaga bien el área con agua tibia. Luego aplica una solución de una cucharada de vinagre blanco y una cucharada de detergente líquido en dos tazas de agua. Trabaja la mezcla en la alfombra y déjala reposar por 15 minutos. Enjuaga y seca el área. (Atención: el vinagre puede afectar los colores oscuros, de modo que asegúrate de probar la fórmula en un área escondida)

Espolvorea un aroma agradable

Puedes hacer tu propia mezcla para refrescar tu alfombra y agregar un aroma fresco a la habitación. Combina un cuarto de taza de talco con tu aroma favorito con tres cuartos de taza de bicarbonato de sodio y dos cucharadas de maicena. Mézclalo todo. Luego espolvorea la mezcla en la alfombra y déjala por lo menos 15 minutos. Pasa la aspiradora y disfruta del agradable aroma.

Sacude el olor

Puedes vencer los olores en tu alfombra con una mezcla de una taza de bórax y dos tazas de harina de maíz. Sacude bien la mezcla sobre tu alfombra y déjala actuar por al menos una hora antes de pasar la aspiradora.

Si tu alfombra está completamente seca, otra sustancia que quita los olores es el bicarbonato de sodio. Espolvorea un poco en tu alfombra y déjalo por 15 minutos o más. Si tienes olores que no se van, déjalo toda la noche y pasas la aspiradora por la mañana.

Pisos de madera

Reduce al silencio ese chirrido

¿No puedes caminar en tu casa sin que nadie te oiga porque el ruido del piso te delata? Puedes reparar un piso que cruje como si fueras un profesional, siguiendo estos pasos:

▶ Encuentra las vigas del piso que estén más cercanas al lugar donde cruje. Las vigas se encuentran en general a 16 pulgadas de distancia la una de la otra, colocadas desde el frente hacia la parte trasera de la casa.

▶ Taladra colocando un tornillo de madera número ocho de una pulgada y cuarto de largo, a través de la alfombra y hacia las vigas del suelo donde está el lugar que cruje.

Esto debería solucionar el crujido, que en general es causado por las tablas de abajo del piso cuando raspan con las vigas que se secaron y se encogieron.

Detén ese polvo volador

Pasar la aspiradora parece hacer que el polvo vuele de un lado al otro en el piso de madera. Usa un trapeador para polvo en lugar de aspirar. Puedes rociar lo con un poco de aerosol para polvo si así lo deseas para ayudar a atraer el polvo.

Frío polar para las grasas

Si se te cae grasa en el piso de madera, coloca inmediatamente un par de cubos de hielo en el lugar. Esto hará que la grasa se endurezca de modo que podrás quitarla raspándola con una tarjeta de crédito, y tirarla. Luego limpia el piso con un trapo seco y limpio para quitar lo que haya quedado de la grasa.

Barrido limpio

Si cortas el cabello de los niños en casa o tienes una mascota que deja pelos, esto te ayudará a ahorrar tiempo. Ata un paño de tela suave de algodón alrededor de tu escoba y barre el pelo suelto. La tela atraerá el pelo y no dejará que se escape.

No lo escurras debajo de la alfombra

Asegúrate de proteger el piso de madera que está debajo de una alfombra cuando vayas a limpiar manchas en la alfombra. Algunos de los limpiadores diseñados para quitar las manchas también pueden quitar la terminación de tu piso. Quizás crees que tu alfombra es demasiado gruesa para que la solución se escurra a través de ella, pero no te arriesgues. Coloca una toalla de felpa gruesa y blanca debajo del área de la alfombra que vas a limpiar, por si acaso.

Usa calcetines ... en los muebles

Coloca calcetines gruesos en las patas de los muebles pesados antes de moverlos. Esto ayudará a prevenir marcas en tus pisos de madera.

Destierra las muescas

Un esmalte de uñas transparente puede rellenar pequeños rasguños y marcas en pisos de madera barnizados y en superficies de vidrio o acrílico, y nadie lo notará.

Pisos plastificados, pisos de linóleo y pisos entarimados o de parqué

Mantén tu piso brillando

Tus pisos necesitan que los laves pero no quieres que se vaya ese brillo del encerado. ¿Puedes limpiarlo sin que se vaya el brillo? Claro que puedes. Utiliza una mezcla de una taza de suavizante para ropa en medio balde de agua.

A lavar con agua mineral

Quita la cera que se acumula en el piso vinílico o de baldosas con agua carbo- natada. Vuelca un poco en una pequeña sección a la vez. Refriega lo bien, deja que actúe por unos minutos y luego la limpias.

Borra las marcas de los tacos

Las marcas negras de los tacos se ven mucho en tu piso limpio y de color claro. Pero son más fáciles de limpiar de lo que piensas. Simplemente frótalas y bórralas con una goma de borrar tipo ArtGum.

Ilumina el linóleo con esta brillante idea

¿Se te está quedando muy opaco el piso de la cocina que no tiene cera? Para que brille otra vez, lávalo con media taza de vinagre blanco en un galón de agua.

¿Qué hacer con el agua sucia?

Cuando tienes mucha agua sucia y con jabón que te quedó en el piso luego de limpiarlo, no pierdas el tiempo queriendo sacarla con el trapeador. Es más fácil usar un escurridor de vidrios y empujar el agua hasta que esté toda junta. Rápidamente la empujas al recogedor de basura y la tiras por el drenaje. Luego pasas el trapeador limpio y tu piso estará listo.

Ventanas

¡Deja ya de preocuparte de cómo limpiar las ventanas!

Si tus ventanas están realmente sucias con tierra y grasa, será mejor que las limpies con un líquido alcalino como amoniaco, bicarbonato de sodio o soda para lavar. Pero para quitar depósitos de agua dura, algunas tierras, un ácido suave como vinagre será mejor. Evita usar ácidos fuertes porque pueden marcar el vidrio.

Para limpiar y dejar tus ventanas transparentes, mezcla dos cucharadas de vinagre en un litro de agua o dos cucharadas de amoniaco en un litro de agua.

Esta es una mezcla que mantendrá tus ventanas limpias en tiempo frío: mezcla media taza de amoniaco, dos tazas de alcohol, una cucharadita de detergente liquido para lavavajillas, y un galón de agua.

Evita el calor

Evita lavar las ventanas cuando la temperatura esté muy alta. El calor hará que las ventanas queden marcadas.

Devuélveles el brillo

Para hacer que tus ventanas brillen, luego de lavarlas y secarlas, frótalas con un borrador para pizarras, bien limpio. O seca tus ventanas con filtros para café y no dejarás marcas, solo brillo.

No dañes el antepecho de tus ventanas

Un líquido en aerosol puede ser práctico, pero no cuando la solución de limpieza se escurre. Puede dañar las superficies de las pinturas o barniz, especialmente si son alcalinas o contienen alcohol. Es mejor rociar un paño con el líquido para limpiar. Espárcelo bien en el paño hasta que esté casi seco antes de limpiar la ventana.

Para ventanas pegajosas

¡Ya no tendrás que esforzarte cuando quieras abrir la ventana! Tus ventanas no estarán pegajosas si le aplicas una pequeña capa de vaselina en el marco o riel donde se abre. Pásale la vaselina con un a brocha pequeña. Este método también funciona en los placares de la cocina, cajones, etc.

Problemas en las persianas

¿Tienes una rotura en una de las persianas? Intenta arreglarla con esmalte para uñas. Coloca la persiana chata en una mesa, sostén la rotura apretada y aplica el esmalte en finas capas.

Un "ojo" para mirar el mundo que nos rodea

Cuando los noruegos antiguos construían casas, necesitaban un agujero u "ojo" para que saliera el humo de las estufas. Como el viento frío soplaba con frecuencia en esa abertura en el techo, comenzó a conocerse con el nombre de "el ojo del viento" (*the wind's eye*). Los ingleses tomaron prestada la expresión, eventualmente cambiándola a "ventana" (*window*). Hoy en día las ventanas con sus vidrios nos dan una vista hacia el exterior. Pero cuando están cerradas evitan que entre el viento.

Las ventanas y el calor

Si cuentas con tus ventanas como una forma de calentarte con el sol en invierno, asegúrate de mantenerlas bien limpias. El vidrio limpio deja entrar más luz del sol para mantener tu casa calentita.

Las persianas pueden ayudar a que no entre el frío del invierno. Para tener un mejor aislamiento, móntalas del lado de afuera y no adentro del marco de las ventanas. Allí harán un mejor trabajo no dejando que el aire frío se cuele en la habitación.

Paredes, puertas y techos

Limpiador casero

Esta fórmula sirve para limpiar paredes pintadas:

1/2 taza de vinagre blanco	1/4 taza de bicarbonato de sodio
1 taza de amoniaco	1 galón de agua

Ármate con una bocamanga de felpa para impedir que tu ropa se moje al limpiar las paredes.

¡No dejes que esto te resquiebre!

Las rajaduras en el yeso son lo peor. Mezcla pegamento escolar blanco y bicarbonato de sodio haciendo una pasta y pásalo en las rajaduras. ¡Desaparecerán!

Ponte en esta situación: extiendes tu brazo derecho para lavar tus paredes y el agua enjabonada que tratas de aplicar a la pared se chorrea por todo tu brazo. ¿Qué hacer? ¿Cómo puede uno mantener sus brazos y mangas de camisa secas? Es muy sencillo, usa una muñequera de toalla o bocamanga deportiva de felpa para absorber todo el excedente de agua y evitar que tu ropa se moje y estropee.

Yeso intacto

Aquí tienes dos ideas para que el yeso de las paredes no se rajen cuando cuelgas un marco:

▶ Coloca cinta adhesiva formando una "X" en el lugar donde quieres clavar el clavo.

▶ Calienta un poco el clavo con un fósforo o encendedor antes de clavarlo.

Paredes ásperas

Si usas una esponja o una tela de algodón para limpiar paredes ásperas de yeso, dejarás pelusas. Usa viejas calcetas de nylon para limpiar. No se van a deshacer tan rápidamente.

La solución ideal para despegar el empapelado

¡No te rompas la espalda intentando quitar el viejo empapelado que está tan pegado! Hazlo de una manera más fácil con una solución de vinagre blanco y agua caliente. Usando un rodillo, empapa el papel varias veces con esta solución. El papel se saldrá casi solo.

Masa para limpiar empapelado

Utiliza unas rebanadas de pan fresco sin cáscara para limpiar el empapelado que no es lavable u otras superficies delicadas. Cuanto más suave sea el pan, menos abrasivo será para las superficies delicadas.

Norte, sur, este, oeste me dijo mi madre que estaba en este

¿Necesitas encontrar las vigas en la pared? Puedes improvisar un buscador de vigas con una brújula. Sostén la brújula cerca de la pared. Pásala lentamente hasta que

¡Mmmm ... mayonesa!

La mayonesa no es solo para los sándwiches y las ensaladas. Puedes usarla para limpiar marcas blancas de agua en paneles de madera de la pared y los placares. Pásala frotando y déjala por 12 horas, luego la quitas.

un clavo de la viga haga que la aguja de la brújula se mueva. Cuando intentas encontrar las vigas de la pared, te ayudará saber que 16 pulgadas es la distancia entre ellas en general. Los enchufes están colocados en general a un lado de las vigas, y los clavos en las molduras del techo también te podrían indicar la posición aproximada de las vigas.

Resistencia a dedos

Las paredes de los corredores o escaleras atraen grandes cantidades de marcas de dedos y mugre sobre todo si hay niños pequeños. Puedes rociarlas con almidón para ropa, formando una capa fina. Las áreas almidonadas durarán más tiempo y serán más fáciles de limpiar cuando comiencen a ensuciarse.

Paredes coloreadas

Quita las marcas de crayón de una pared pintada frotándolas primero con un trapo limpio y seco. Luego aplica un poco de pasta de dientes en el paño y frotalo en lo que queda de la marca.

Para los dibujos con crayolas en paredes de vinílico, usa pulidor para plata o detergente para platos concentrado.

Quita grasa

No puedes fregar las manchas de aceite en un empapelado no lavable. ¿Qué puedes hacer? Espolvoréalo con talco con un pincel suave. Déjalo por una hora, luego quítalo. Puede ser que necesites hacerlo una segunda vez para que el aceite desaparezca completamente.

Ideas prácticas para colocar el empapelado

Para asegurarte que el papel se pegará, cubre manchas viejas de aceite de la pared, con sellador. Espera a que se seque antes de comenzar a empapelar.

Pinta una tira de una pulgada en la parte de arriba de la pared justo hasta el techo. No tendrás una línea oscura si queda un poquito de espacio entre el empapelado y el techo.

Si usas pasta para empapelar, colócale unas gotas de colorante para tortas. De esta forma podrás darte cuenta si te queda algún lugar sin la pasta.

Para facilitarte las cosas cuando estés mojando papel pre-adhesivo, utiliza una conservadora grande como para que entre todo el papel. Como la conservadora está aislada el agua estará tibia por más tiempo y podrás hacer un mejor trabajo.

Una solución creativa a un problema áspero

¿Las paredes se están poniendo ásperas porque tiene varias capas de pintura o porque quitaste el empapelado? Puedes solucionarlo y darle a tu habitación una apariencia rústica y diferente al mismo tiempo. Mezcla un poco de pasto seco con el revoque que vas a usar, disponible en las ferreterías. Úntalo en la pared cubriendo toda la superficie, tan grueso o fino como lo desees, con una espátula ancha para masilla.

Calienta las paredes

Para conservar energía, cubre las paredes con telas
(resistentes al fuego por supuesto). Cose bolsillos para
varillas en la parte de arriba y de abajo y los colocas en las
varillas de las cortinas o pegando las varillas a la pared.

Puedes mover una estantería llena de libros a una pared
que necesite más aislamiento, por ejemplo una pared que
no reciba el calor del sol.

Cuelga alfombras decorativas u otras decoraciones
hechas en tela, en las paredes que están frías, para no
perder energía.

Soluciones para esos ruiditos

Hay una puerta que chilla cada vez que la abres y te está
volviendo loco, pero no tienes un aceite para ponerle.
Mira en el placar antes de correr a la ferretería. El aerosol
de aceite de cocina eliminará el ruido insoportable. O
inténtalo con crema de afeitar; probablemente funcione
igual de bien.

La chimenea

La humedad de las cenizas

Puedes hacer que la limpieza de la chimenea sea un poco
más prolija. Coloca periódicos alrededor de la chimenea
antes de comenzar. Busca tu rociador para plantas, u otra
botella en aerosol que puedas llenar con agua. Primero
humedece los periódicos. A medida que vas sacando las
cenizas, mójalas también. Verás que no va a haber
cenizas en tu alfombra. Luego lo tiras todo a la basura en
una bolsa grande.

Al humo y las manchas con pincel

Para limpiar la superficie de una chimenea de ladrillos o piedras, mezcla una onza de jabón en polvo, una onza de sal de mesa y suficiente agua para hacer una pasta. Friega la mezcla con un trapo y déjala que actúe por 10 minutos. Quítala con un cepillo duro.

Dale una mano al polvo

Cuando sea el momento de limpiar el polvo de tu araña de luces de cristal, he aquí una forma fácil para que vuelva a brillar. Ponte guantes blancos, moja tus manos en una solución de agua y amoniaco. Exprime bien para que se caiga el exceso de agua. Toma cada uno de los prismas y límpialos con tus manos.

Allá va el hollín

Tira un puñado de sal en la chimenea cada tanto. Ayuda a prevenir la acumulación de hollín y hace que las llamas tengan mejor color.

Pintado de interiores

Idea aromatizada

No te gusta el olor de la pintura a base de aceite ¿verdad? Deja descansar tu nariz. Mejorarás el aroma y harás que el trabajo de pintar sea más fácil y divertido si mezclas una cucharada de vainilla en la pintura.

La manguera agarradera

¡No tires a la basura la vieja manguera para regar! Puede que te ayude a llevar las latas de pintura de modo que no te lastimen las manos. Corta una porción del ancho de tu mano, y luego pártela en dos a lo largo. Colócala cubriendo la manija de metal de la lata y se convertirá en una agarradera muy cómoda.

Quédate con lo divertido que es pintar sin experimentar su cansancio

Pintar la madera que está cerca del vidrio de la ventana es definitivamente agotador. Este truco es tan sencillo que te preguntarás por qué no lo habías pensado antes. Toma un hisopo o un aplicador pequeño y pasa vaselina en el vidrio de la ventana. Las pinceladas perdidas no se van a pegar al vidrio, de modo que puedes limpiar tus errores con facilidad. Esto también sirve para cuando estés pintando cerca de un picaporte u otras manijas.

Noticias para informar y usar

Esta es una forma barata para evitar pintar el vidrio cuando estés pintando el marco de la ventana. Coloca tiras de periódico mojado y apriétalas contra el vidrio junto al marco. Las tiras se pegan al vidrio como si fueran cinta de enmascarar pero son más fáciles de quitar.

Con una ventana limpia ya nada te impedirá ver hasta el infinito en un día soleado

Aunque tengas mucho cuidado al pintar, parece que siempre quedan salpicaduras de pintura en la ventana. Las que recién se secaron saldrán con facilidad si limpias la ventana con un paño con vinagre caliente.

Prohibidos los goteos

Para prevenir las salpicaduras y chorretes de pintura al mismo tiempo. Marca el fondo de la lata de pintura en una vieja caja de cereales. Haz un agujero del tamaño de la lata, cortando el círculo en un lado de la caja. Coloca la lata de pintura en el agujero. Las salpicaduras quedarán en la caja, no en el piso.

Agujeros en el borde

Antes de comenzar a pintar, haz algunos agujeros en la parte de adentro del borde de la lata de pintura. Cuando mojes el pincel y le quites el exceso de pintura en el borde, la pintura caerá para adentro en lugar de ensuciar afuera. No solo será más fácil la limpieza, además ahorrarás pintura. Si no hay pintura en el borde, seguramente la lata se va a cerrar mejor cuando la tapes.

Pintura fresca

Estás pintando una habitación y todavía no terminaste pero necesitas hacer otra cosa para luego retomar la pintura. No necesitas limpiar el pincel o el rodillo, si lo vas a usar en poco rato. Simplemente envuélvelo en papel de aluminio o colócalo en una bolsa de plástico y déjalo en el congelador. Estará húmedo mientras haces otras tareas.

Aluminio para la limpieza

Si estás usando una bandeja para pintura, deja que el papel de aluminio te ayude con la limpieza. Coloca papel de aluminio forrando la bandeja antes de comenzar. Cuando termines de pintar, será fácil volcar la pintura que sobró de welta en la lata. Luego tiras el papel de aluminio y la limpieza está hecha. Cuando estés listo para empezar otra vez, colocas papel de aluminio limpio.

A rodar

Esta es una forma fácil de sacarle el jugo a los rodillos. Quítalos del marco de vez en cuando y dales la vuelta para que se gasten en forma homogénea.

Agente encubierto

El papel de aluminio es práctico para cubrir picaportes y termóstatos cuando estés pintado puertas o paredes. Es flexible y se queda en su lugar hasta que necesites quitarlo.

Fabrica un práctico recipiente para remojar el forro del rodillo. Corta la parte superior de una caja de leche vacía, llénala con solución o agua y coloca el forro del rodillo adentro a remojar.

___

Cuando hayas terminado de usar una manga de rodillo descartable, puedes quitarla con rapidez y prolijidad. Colócale una bolsa por encima. Quítalo mientras sostienes el lado de afuera de la bolsa y puedes ya tirarlo a la basura.

No te me desgonzes

Pintar cerca de las bisagras no tiene por qué ser un problema con este truco. Cubre las bisagras de puertas y placares con goma de pegar, y espera que se seque antes de comenzar a pintar. Se quita con facilidad cuando la pintura se seca. La puedes quitar con tus dedos o con una goma de borrar.

Prolijo y adornado

Cuando estés pintando los adornos de la pared, usa una espátula para que las líneas te queden prolijas y rectas. Con una mano sostienes la espátula justo donde se juntan el adorno y la pared. Con el área de la pared protegida por la espátula, puedes pintar el adorno sin que se te vaya la pintura a la pared. Limpia el borde de la espátula ocasionalmente para prevenir que se escape la pintura.

Manchas al descubierto

Pensaste que ibas a cubrir una mancha con la pintura, pero apareció de nuevo. Debes limpiar aceite y marcas de las manos con agua tibia y detergente antes de comenzar a pintar la pared, pero a veces eso no alcanza. Los pintores profesionales detienen este problema pintando las manchas con sellador blanco antes de pintar. Si no puedes encontrar este producto, puedes usar un sellador líquido o en aerosol para sellar las manchas de modo que puedas pintar por encima sin que se traspasen.

Retoques rápidos

Es simplemente mucho trabajo poner y sacar la brocha para retocar cada lugarcito de una superficie pintada. Cuando termines de pintar paredes, adornos, o placares, guarda un poco de la pintura y te ahorrarás trabajo. Limpia bien un frasco de esmalte para uñas. Llénalo con la pintura y guárdalo en un lugar a mano. O simplemente llena de pintura una botella vieja con tapa y coloca un pincel pegado del lado de afuera con una cinta. Cuando la pared o la madera tenga un rasguño o se le levante un poco de pintura, abres la botella, pintas y la vuelves a tapar. Con esta forma tan fácil de retocar no vas a dudar en arreglar cada rasguño que veas.

Otro atrapa-gotas

Fabrica un atrapa-gotas con un plato de papel o una tapa de plástico de una lata de café. Corta un

Atrapa las gotas de pintura

Sostener la mano arriba al pintar el techo es bastante trabajo y si todavía se te chorrea pintura por el brazo, se transforma en un desastre. Para resolver este problema, usa guantes de goma y dobla un poco el borde para atrapar las gotitas que se caigan.

agujero en el medio justo como para pasar la brocha. Ahora puedes pintar sobre tu cabeza sin que te caiga pintura en la cara.

Cubre el ventilador

Cuando vayas a pintar cerca del ventilador de techo, esta es una forma de hacerlo sin que tengas que quitar las aspas. Guarda los envoltorios de plástico del periódico. Coloca uno en cada aspa y sigue pintando.

Preparación para rodapiés

Mira bien los rodapiés o zócalos antes de pintarlos. Si tienen cera de cuando enceraste el piso, la pintura no se va a pegar bien. Para evitar este problema, límpialos con amoniaco, luego los lijas un poco y ya puedes pintarlos.

No lo muevas si está tan pesado

¿Necesitas pintar detrás de un piano o cajonera? Si no está muy cerca de la pared, quizás puedas evitar romperte la espalda al moverlo. Coloca una esponja fina de plástico en una varilla larga de madera. La esponja podrá contener una cantidad de pintura sin gotear mientras intentas llegar detrás del mueble para pintar.

Forma inteligente de pintar escalones

No dejes que la pintura fresca prevenga que uses los dos niveles de tu casa de dos pisos. Si pintas los escalones intercalados, salteando uno, podrás subir la escalera pisando los que no pintaste. Cuando los que están pintados se sequen, pintas el resto mientras te paras en los secos. Si crees que saltearse escalones es peligroso, pinta la mitad de cada escalón, por ejemplo todas las mitades de la derecha. Cuando se sequen, los usas mientras pintas la mitad izquierda.

Una alfombra con manchas

Aunque tengas mucho cuidado al poner una tela para proteger el piso, muchas veces las gotas terminan en la alfombra. Actúa rápidamente. Si la pintura es de látex, lávala con una mezcla de una parte de detergente y 20 partes de agua. Enjuaga u vuelve a. Si la pintura está seca usa un poco de disolvente para lacas. Pero primero haz la prueba de la mancha porque este tipo de productos a veces disuelven algunos tipos de alfombras.

Tómalo con calma

El aceite para cocinar, aceite de bebé, crema de afeitar o champú ablandarán la pintura de tus manos y cara de una forma más agradable que usando aguarrás mineral.

¿Te olvidaste de cubrirte la cabeza mientras pintabas el techo? El aceite de bebés es una buena idea para quitar la pintura que se goteó en tu cabeza.

Si tienes salpicaduras frescas de pintura a base de aceite o barniz, usa un disolvente específico recomendado en la etiqueta. Si están secas puedes ablandarlas mojando papel de toalla en el disolvente y colocándolos sobre la mancha por varias horas. Luego cepilla la mancha. Puede ser que necesites hacer el tratamiento con el disolvente nuevamente. Luego trabaja el área con una solución de agua y detergente. Quita el exceso. Enjuaga con agua tibia y seca la alfombra.

El almidón hará el truco

Para quitar pintura seca de un piso vinílico o de linóleo, aplica una pasta de almidón y agua caliente. Déjala actuar por 30 minutos y luego límpiala.

Controla las cerdas

Antes de comenzar a pintar, peina un poco el pincel. Usa un peine con dientes de plástico o metal para quitar las cerdas que estén flojas y puedan quedarse en la pared recién pintada.

Si una de las cerdas se pega en la superficie recién pintada, quítala con una pinza, antes de que se seque la pintura. Luego vuelve a pintar sobre el lugar para que la superficie quede pareja y lisa.

Cuidados para pinceles

Antes de comenzar a usar un pincel nuevo con pintura a base de aceite sumérgelo en aceite de linaza por un día. Será más fácil de limpiar y durará más tiempo.

Para devolver la suavidad natural a las cerdas de un pincel luego de usarlo, límpialo con un disolvente y sécalo. Luego moja las cerdas solo un momento en agua caliente con un poco de suavizante para ropas.

Para suavizar brochas endurecidas con pintura, remójalas en vinagre caliente. Luego las lavas con agua y jabón.

Limpieza de brochas sin desastres

Limpiar luego de pintar con una pintura a base de aceite puede convertirse en un desastre. Puedes hacer que la limpieza de las brochas sea más fácil con el "método de la bolsa". Coloca disolvente en una bolsa grande y fuerte de plástico y pon dentro la brocha con el mango para arriba. Con una mano sostienes la bolsa bien cerrada alrededor del mango de la brocha. Usa la otra mano para limpiar la brocha dentro de la bolsa. De esta forma limpiarás la brocha sin ensuciarte las manos.

Gancho casero

Cuando hayas limpiado los pinceles, cuélgalos para que se sequen con las cerdas derechas de modo que no se doblen si se rompan. Puedes hacer un práctico gancho para colgar dos pinceles con un gancho de ropa y dos clips para papel. Dobla las puntas del gancho hacia abajo y levanta la parte del centro. Pasa los clips enganchándolos en las puntas de abajo del gancho de ropa y cuélgalo para que se seque.

Para guardar la pintura que te sobra

Cuando termines de pintar una habitación, tómate un minuto para poner una etiqueta en la lata de pintura. Con un marcador permanente, negro, escribe la habitación que pintaste y la fecha. Si el número del color no está en la lata, asegúrate de anotarlo por si necesitas más pintura. Guarda las latas de pintura con el lado donde escribiste a la vista. La próxima vez que estés ordenando las pinturas y artículos para pintar, de un vistazo podrás saber cuáles deseas botar y cuáles no. Si la habitación necesita un retoque, será fácil de encontrar la pintura que le corresponde.

Usa un marcador para dibujar una línea indicando la cantidad de pintura que queda en la lata. No tendrás que abrirla para saber si tienes suficiente pintura cuando la necesites para un nuevo proyecto.

No se le formará una "telita" si la guardas cabeza abajo, pero ¡asegúrate de taparla bien!

Puedes donar tus sobras de pintura

Considera donar lo que te ha sobrado de pintura (que todavía pueda ser usada, por supuesto) a la clase de actuación del secundario o el departamento de arte para hacer decoraciones en el escenario u otros proyectos artísticos.

Guarda la información en el interruptor

Intentar adivinar cuánta pintura se necesita para pintar una habitación puede terminar en que malgastes la pintura o tener que ir a buscar más a la tienda. Ahora que ya pintaste y sabes cuánta pintura necesitaste para toda la habitación, no anotes esa información importante en cualquier papelito. Escríbelo detrás de la placa del interruptor de la luz en la habitación. Tendrás que quitar la placa cuando pintes de todas formas, y las estadísticas vitales estarán allí.

Cuela los grumos

¡No botes la pintura grumosa! Unas pantimedias estiradas sobre un bote de pintura se transforman en un colador de primera. Vuelca la pintura lentamente y atraparás los grumos para después deshacerte de ellos. Mezcla un poco la pintura filtrada y estará lista para usar.

MUEBLES

En busca de ofertas y gangas

La prueba de calidad

La mejor forma de tener muebles que duren mucho, es comprarlos de buena calidad desde el principio. Cuando estés buscando muebles nuevos, tómate el tiempo para mirarlos bien buscando que sean fuertes y cómodos. Siéntate si es una silla o un sofá, acuéstate si es una cama. Quédate todo el tiempo que necesites para realmente sentir si es cómodo. Aquí encontrarás otros puntos para recordar:

▶ Busca muebles hechos con madera de buena calidad. Leyendo la etiqueta cuidadosamente podrás obtener información sobre los materiales que se usaron. Una etiqueta que diga "terminación en roble" se está refiriendo probablemente al color de la madera pero no quiere decir que la pieza esté hecha de roble.

▶ Mantente lejos de las imitaciones de madera como madera prensada, a menos que estés buscando un mueble barato que no dure mucho. Mantén ese tipo de muebles lejos de las mojaduras porque se hinchan y se arruinan fácilmente.

▶ Mira bien las terminaciones. Asegúrate de que sean lisas y aplicadas en forma homogénea.

▶ Prueba las puertas o cajones para asegurarte de que se deslizan con facilidad, especialmente en un mueble que será usado con frecuencia.

Asuntos pendientes

Para obtener la mejor calidad por cada dólar que estés gastando en comprar muebles nuevos, considera comprar muebles sin terminación. Hoy en día puedes comprar muebles de madera dura ya armados o para armar sin terminación y los puedes terminar tú mismo. Con un poco de lija, pintura, y sellador tendrás muebles que te harán sentir orgulloso por un costo mucho más bajo que el típico costo de los muebles de la tienda. Si no deseas hacer la terminación tú mismo, puedes pedir que te los terminen en la tienda y de todos modos terminarás con un mejor precio. De esta manera podrás pedir exactamente el color y la terminación que desees.

Consejos de la abuela

Unas pocas gotas de aceite de lavanda bien pasado en una estantería de libros, evitará el moho debido a la humedad.

Household Hand Book, 1860

Un asunto de mesas

Las ventas de garaje son maravillosos lugares para comprar, pero algunas veces tienes que pensar "fuera del molde" para obtener lo que deseas. Si estás buscando una mesa ratona grande, sólida para tu sala, probablemente no encuentres la calidad o el tamaño que deseas. Busca entonces una mesa de comedor sólida y le cortas las patas para transformala en mesa bajita para la sala. Quizás hasta tienes una mesa extra en el ático que te puede servir y nunca lo habías pensado. ¡Inténtalo, funciona muy bien!

Arreglos fáciles

Quita esos feos anillos

No importa cuántas veces se lo has dicho, los
niños y los amigos no siempre usan apoya
vasos y sigue habiendo accidentes, lo que causa esos anillos de agua marcados en tus muebles. Para quitar el anillo
usa una lana de acero extremadamente fina (4/0), con un
poquito de aceite mineral. Ten cuidado de no frotar
demasiado, y frota en la dirección del gra no. Si no tienes
lana de acero, puedes intentarlo con pasta de dientes
común, o pulidor para automóvil. Asegúrate de limpiar
bien estas sustancias cuando hayas terminado, con un
paño húmedo. Luego frotas un poco de aceite mineral en
el lugar. Para sellar el aceite en el lugar de modo que la
mancha no vuelva a aparecer, aplica una fina capa de cera
en pasta o cera de abejas sobre la superficie del mueble.

La vaselina es tu aliada

Para quitar imperfecciones en la madera de tus muebles,
como manchas de agua o marcas de calor, pásales una
capa de vaselina y la dejas que actúe toda la noche. La
limpias por la mañana y la frotas.

En su estado original

Si piensas que tus muebles antiguos son una inversión, lo
último que quieres es darles una terminación. "Mejorar"
las terminaciones originales, aunque estén gastadas,
puede quitar hasta la mitad del valor del mueble. Para
cuidar una pieza antigua que tiene marcas y otros
problemas, usa una fina capa de cera en pasta para que
la terminación quede homogénea. También puedes

quitar la cera luego si lo deseas y la terminación original no se dañará o cambiará de una manera permanente.

Todo lo que brilla ...

No descartes un espejo viejo nada más porque tiene algunos rasguños en su capa plateada. Consigue pintura plateada en rociador y le pasas un poco en esos rasguños. Luego lo sellas con un rociador sin color para sellar.

Cura de café

Esconde pequeñas marcas en la madera de los muebles, ¡con café instantáneo! Haz una pasta espesa con un poco de café instantáneo y agua y apriétala en las marcas con un paño limpio y suave. Para que dure más tiempo, mezcla el café con un poco de cera de abejas o cera en pasta y luego la aplicas. También puedes comprar una crayola de cera o crayón barata que sea del mismo color que el mueble, y usarlo para las marcas. A lo mejor, hasta un crayón para niños te sirva para esto.

El yodo: más permanente de lo que te imaginas

Puedes haber oído que el yodo es una buena sustancia para disimular las ralladuras y raspaduras en los muebles de madera. El problema con esta teoría es que si usas una sustancia permanente como el yodo en tus muebles, esta penetra tan profundamente en la madera que ya no sale con un simple retocado, y no te va a quedar otra que limar el mueble para deshacerte del yodo. Por eso, te aconsejamos que uses soluciones menos drásticas y permanentes para disimular estas molestosas raspaduras o marcas en tus muebles de madera.

Rasguñando apenas

Si usas un "cubre rasguños" para tus muebles, úsalo con cautela y límpialo rápidamente. Si dejas este producto mucho tiempo en tus muebles, te pueden dejar marcas oscuras en las terminaciones.

Rejuvenece tus sillas

El tejido de mimbre del asiento de las sillas se hunde con los años de uso, pero no te deshagas de él. Dale un tratamiento rejuvenecedor. Con cuidado quita el mimbre de la silla y colócalo en un baño de agua bien caliente con un poquito de aceite de limón. Una vez que esté bien empapado quítalo del agua y déjalo que se seque al sol. Cuando se seque va a volver a su forma original. Luego frótalo con una capa más gruesa de aceite de limón para que no se arruine el mimbre. Colócalo nuevamente en el marco de la silla, y ¡listo!

El pegamento adecuado

Una varilla de las patas de las sillas de la cocina se salió de lugar. Parece que puedes volverla a su lugar, pero quieres agregarle un poco de pegamento para asegurarla allí. ¿Cuál puedes usar? Si quieres hacerlo rápido puedes usar uno de los "pegajosos". El pegamento amarillo de los carpinteros es un tipo de pegamento pegajoso que está hecho para madera, y va a funcionar muy bien. Si no tienes de ese, usa pegamento común, coloca la pieza en su lugar y sostenla allí por unos minutos. La reparación estará lista sin necesidad de usar otro equipamiento. Asegúrate de limpiar bien cualquier exceso de pegamento con un paño mojado, y deja que la silla se seque durante la noche o hasta 24 horas antes de volver a usarla.

Esmalte para tornillos

¿Se sale la manijita del cajón aunque parezca que el tornillo esté apretado? Esta es una solución rápida al problema. Quita el tornillo y dale una pasada gruesa de esmalte para uñas. Colócalo nuevamente en la agarradera y vuelve a atornillarlo. Cuando se seque el esmalte, la manija se quedará en su lugar.

No tires la ropa vieja

No tienes por qué comprar paños nuevos para limpiar o dar terminación a tus muebles, ¡recicla! Las camisetas viejas de algodón, limpias y cortadas en retazos, se transforman en paños perfectos para pulir o dar terminaciones.

Lo que necesitas es aceite

Para hacer brillar la superficie de los muebles uno de los mejores productos es el aceite mineral, que puedes encontrar barato en la tienda. Es el ingrediente más importante de los limpiadores de muebles con aceite de limón.

Tapicería

Maniobras de colchón

¿Cómo puedes hacer para que tu colchón dure más? Utiliza las estaciones para recordarte cuándo girarlo. La primera vez dale vuelta en primavera. Luego en el verano cambia los pies para la cabeza y la cabeza para los pies, manteniéndolo del mismo lado. En otoño dalo vuelta. En invierno vuelve a rotar cabeza y pies. Al final de año habrás usado el colchón en todas las posiciones, lo cual previene las marcas del cuerpo que se forman en los colchones viejos.

Dale un brillo especial al cuero de tu casa con un masajito de espuma de jabón

Las sillas o sofás tapizados en cuero son muy cómodos y duraderos pero muy difíciles y caros para limpiar. Esta es una forma sencilla de limpiar tus muebles de cuero.

Usando agua tibia y una barra de jabón suave, haz una espuma en un paño suave y limpia una pequeña zona con cuidado. Inmediatamente enjuágalo con otro paño mojado en agua limpia. Con otro paño seca la zona inmediatamente.

Invierte en un protector de telas

Cuando compres un lindo mueble, invierte unos cuantos dólares más en un par de latas de protector para telas. De esta forma, no tendrás que prohibir comidas, bebidas, zapatos, y los niños en tus muebles. La tela lucirá muy bien por años sin importar los accidentes.

Rota los almohadones

Los sofás o sillas que tienen almohadones sueltos durarán más y se verán mejor si los giras con frecuencia. Al final del día, dale la vuelta a los almohadones de los asientos. Esto asegurará que la tela de tapiz no se gaste de un solo lado.

Terminado de muebles

¡Que no se te peguen!

La mayoría de las personas que le dan una terminación a los muebles colocan periódicos debajo del mueble para proteger el suelo de los líquidos usados o la pintura. Luego cuando es el momento de mover la pieza de mobiliario, el periódico se le pega en la parte de abajo. Intenta utilizar un cuadrado doblado de papel encerado o papel plástico debajo de cada pata y encima del periódico. La pintura y otros líquidos no harán que se pegue y tu proyecto estará a salvo.

Una atracción inmediata

Si estás usando lana de acero para finalizar un lijado en un mueble, verás que quedan pequeñitos trozos de metal en la superficie. Para asegúrare de quitarlos todos, pásale un imán lentamente sobre la superficie de la madera para que las partículas de metal se adhieran. Luego repasa la madera con un paño para quitar lo que quede del polvo.

Revitaliza el cedro con papel de lija

¿A quién no le encanta el perfume del cedro? Desafortunadamente, algunos muebles viejos pueden perder parte del fresco aroma a medida que la madera se pone vieja y se seca. Haz que vuelva parte de ese aroma dándole a los muebles de cedro una pasada suave con lija bien fina.

¡Esto sí que está pulido!

El pulidor para madera en aerosol no es una buena idea para usar en muebles de madera que pueden ser re terminados en el futuro. Estas terminaciones en aerosol contienen siliconas, lo que le da esa terminación brillante y pulida pero que en realidad nunca se va. Cuando intentes trabajar sobre la superficie en la cual se han acumulado varios años de siliconas, la terminación que uses no se va a adherir.

Fácil de pulir

Si vas a darle una nueva terminación a un mueble, una alternativa que no ensucia tanto como la lana de acero, es un paño de plástico abrasivo como Scotch-Brite, que puedes encontrar en cualquier ferretería. Estos paños se pueden lavar, no se van a deshacer como la lana de acero y puedes evitarte el problema de los trocitos de metal que pueden pasar a través de los guantes y llegar a tu piel. Si no puedes encontrar uno de estos paños, puedes usar el lado abrasivo de las esponjas para fregar, del tipo que tienen celulosa de un lado y plástico para frotar del otro.

El arte de desarmar

El proceso de desarmar un mueble y aplicar una nueva terminación es un proceso lento; no hay muchas cosas que puedas hacer para apurarlo. Cuando estés trabajando en este tipo de proyecto asegúrate de contar con bastante tiempo. El tiempo requerido para que una capa de pintura se seque está especificado en la lata. Sin embargo, estos tiempos se aplican en las mejores condiciones. Una buena regla es dejar que se seque por el doble del tiempo que lo que dice la lata. De esta forma, estarás seguro cuando coloques la siguiente capa, y terminarás el trabajo con una terminación perfecta.

No juegues con fuego

Debes tener muchísimo cuidado cuando utilices químicos tóxicos o inflamables para cuidar o dar terminaciones a tus muebles. Siempre debes usar guantes de goma especiales cuando uses estos químicos y trata los trapos de forma apropiada. Cuando los trapos estén mojados con solventes o productos para dar terminaciones, ponlos en una superficie chata par que se sequen, lejos de tu casa. No los amontones; se podrían incendiar espontáneamente. Una vez que los trapos estén totalmente secos los puedes tirar a la basura.

Si quieres quitarlo, y luego volver a ponerlo

Cuando estés usando un producto químico para quitar la vieja terminación de un mueble, asegúrate de neutralizar el químico que usaste cuando termines. Si no lo haces, puede interferir con la nueva terminación que estés usando por encima. Si trabajas con un disolvente a base de agua, usa mucha agua. Si trabajas con un disolvente a base de aceite, neutralízalo con aguarrás mineral.

Cuidado y mantenimiento de muebles

No te resbales con el pulidor en aerosol

Ten mucho cuidado cuando utilices un lustra muebles en aerosol. Si el producto cae al piso puede constituirse en un peligro y crear situaciones resbalosas donde la gente camina. No lo puedes ver, pero puedes sentirlo cuando te resbalas y te caes.

No muy caliente, no muy frío

Después de haber invertido en mobiliario de buena calidad, cuídalo dándole un ambiente saludable. La madera se expande y se contrae con los cambios de humedad en el aire, de modo que no le va tan bien con los extremos. Si te sientes bien con la humedad que hay en tu casa, seguramente tus muebles también. S es posible utiliza un aire acondicionado en el verano y un humidificador en el invierno. No coloques los muebles muy cerca de las fuentes de calor como estufas, radiadores, etc. Intenta proteger tus muebles de estar expuestos a demasiada luz del sol, lo cual puede hacer que se decolore la terminación o se resquebraje. Si un mueble está frente a una ventana, recuerda cerrar las cortinas cuando le dé demasiado el sol.

Cuidados y alimentos para muebles

¿Crees que tus muebles necesitas "alimentos" caros para mantener la madera? Si así es, estás creyendo un antiguo mito que simplemente no es cierto, dice Zach Etheridge, un carpintero y fabricante de muebles con mucha experiencia.

"La idea de que aplicar un lustra muebles a la superficie del mueble es "alimentar" la madera, es un mito. Si la superficie de un mueble está sellada con laca, esmalte, pintura o poliuretano, el lustra muebles no llega a la madera. Sólo está trabajando sobre la superficie.

Zach, experto en muebles, da clases sobre cómo hacer muebles, darles terminaciones y repararlos. Recomienda utilizar una pequeña cantidad de aguarrás mineral en un paño limpio de algodón para limpiar la terminación del mueble.

"Esto no dañará una 'buena' terminación, es decir una que no tenga rasguños, o áreas donde se le ha salido la terminación. No compres un disolvente para pinturas, pero mira bien la etiqueta para que sea 100 por ciento aguarrás mineral. Ponte guantes de goma cuando utilices aguarrás mineral y trabaja en un área bien ventilada."

Utiliza siempre posavasos para que los vasos, tazas y floreros no te dejen anillos blancos en tus muebles. De la misma forma, no pongas cuencos, platos o fuentes calientes en los muebles sin poner un apoya fuentes para protegerlo del calor y la humedad.

La canela los detendrá

Si los insectos lepisma, o pececillo de plata se han convertido en un problema, verás que un poquito de canela en los cajones y placares los mantendrá alejados.

No solo para pizarras

Cuando estés colocando telas o papel de contacto en los cajones, un borrador para pizarras es muy útil para que no se formen arrugas y hacer que el papel quede chato en el fondo.

Muebles de jardín o de exteriores

Protege tus muebles del patio

Cuando tus muebles de madera del patio absorben humedad por las patas, la madera se puede debilitar y romper. Evita el problema pasándole una capa de cera en pasta en las patas, especialmente en la parte de abajo. O puedes pincelar dos capas de poliuretano en la parte de abajo de las patas y un par de pulgadas hacia arriba por los lados. Asegúrate de que se parezca a la terminación de la madera, así sea satinada o mate, de modo que el poliuretano no se vea.

Un consejo para las puntas de goma de los muebles

Los pies de metal de los muebles de metal para el patio están normalmente cubiertos con puntas de plástico o goma para hacerlas más suaves. Sin embargo, a medida que se va usando, especialmente si hay hormigón, las puntas se gastan y las patas de metal raspan el suelo, causando ralladuras y hasta marcas de óxido. Para eliminar el problema, quita una de las puntitas de plástico y llévala de paseo a la ferretería. Busca una arandela que entre en la punta de plástico. Coloca arandelas en todas las puntas de todas las patas de tus muebles de jardín, las puntas (y los muebles) van a durar mucho más.

FONTANERÍA (PLOMERÍA), CALEFACCIÓN Y AIRE ACONDICIONADO

Calefones

Enfríalo para ahorrar

Para evitar quemaduras y para ahorrar dinero en la cuenta del gas y la electricidad, baja la temperatura del calentador de agua a 120° Fahrenheit o menos. El único electrodoméstico que puede llegar a necesitar agua más caliente es el lavaplatos, pero la mayoría de los lavaplatos hoy en día tienen un calentador interno para aumentar la temperatura a 140° Fahrenheit para lavar.

¿Gotea el calentador de agua?

Si piensas que el calentador de agua está perdiendo agua, deberías reemplazarlo. Sin embargo, no confundas condensación con una rotura. Durante los meses fríos, el agua fría que entra por la mañana puede causar condensación en el lado de afuera del tanque. Cuando esta agua gotea al piso, puede parecer que el calentador de agua está perdiendo agua. Cuando el agua se calienta, la condensación se evapora. Si el calentador de agua es muy pequeño para la casa, es más probable que tenga

¡Bañándote como un rey!

Tomar un largo baño puede ser lujoso y relajante, pero el agua que usas es en efecto un lujo. Un baño requiere 50 a 60 galones de agua, mientras que una ducha rápida de cuatro minutos es suficiente para la limpieza y requiere sólo ocho galones.

problemas de condensación. Asegúrate de que sea lo suficientemente grande para las demandas cotidianas de limpieza, lavado y baño.

Un buen mantenimiento te evita problemas

Para mantener el calentador de agua en buena forma, desagua dos o tres galones de agua desde la válvula en el fondo para que se vaya cualquier sedimento que se haya formado. Si haces esto cada seis meses, te ahorrarás el problema de reparar una válvula que pierde agua. Quitar el sedimento también ayudará a que el calentador sea más eficiente, ahorrándote dinero cada mes en la cuenta del gas.

Problemas de las tuberías de desagüe

Si el exterior del calefón esta caliente al tacto, esto quiere decir que este aparato esta malgastando energía eléctrica. Cubre el exterior del tanque con una frazada o manga de diseño especial que tenga un material aislante. Las tiendas de mejoras del hogar tienen mangas para calefón de una pulgada y media y de tres pulgadas de espesor y que sirven para cualquier tipo y tamaño de calefón. Simplemente envuelve la manga alrededor del calefón, séllala con cinta adhesiva y recorta las partes sobresalientes para aislar de mejor manera el calefón.

Problemas de drenaje

Tratamiento semanal

El método más simple para mantener los desagües sin que se tapen no requiere químicos dañinos ni trabajo duro. Calienta alrededor de un galón de agua hasta que hierva, vuelca la mitad en el desagüe, espera unos minutos y vuelca la otra mitad. No te arriesgues a que se raje la porcelana de la pileta; vuélcala directamente en el desagüe. Repite el procedimiento una vez a la semana.

Hilo para pérdidas

Si tienes una pérdida en un caño debajo de una pileta u otro lugar al que puedas acceder con facilidad, puedes solucionarlo con un hilo y una taza hasta que tengas tiempo de lidiar con la reparación. Nada más ata el hilo alrededor del caño a la altura de la pérdida, y deja que el hilo cuelgue hasta la taza. Las gotas correrán por el hilo hasta la taza, y el resto estará seco.

Mejora el "aliento" del desagüe

¿Alguna vez notaste una bocanada de aire con feo olor subiendo por el desagüe de la pileta o la bañera? Puedes prevenirlo dándole una dosis de bicarbonato de sodio al desagüe una vez al mes. Enjuágalo bien con agua caliente y lavarás el olor.

Antes de preguntarle al plomero, pregúntale al amigo del plomero

Si tienes una obstrucción en tu pileta, intenta limpiarla primero usando una sopapa. Tapa con tela la abertura que tiene la pileta para cuando está muy llena, y pásale un poco de vaselina al reborde de goma de la sopapa. Coloca la sopapa sobre el desagüe y mueve el mango de la sopapa de arriba para abajo con entusiasmo. Si esto no funciona puedes intentarlo con un limpiador para desagües. No vayas a usar una sopapa en una obstrucción si ya usaste químicos. Sería muy peligroso si los químicos para limpiar el desagüe terminan en toda la habitación o encima de ti.

Antigua receta

Cuando la pileta del baño esté tapada o se desagote con lentitud, utiliza esta receta natural y antigua para que quede funcionando como siempre. Vuelca una taza de bicarbonato de sodio, una taza de sal y luego agrega tres cuartos de taza de vinagre. Deja que los ingredientes trabajen en el desagüe por veinte minutos. Luego con cuidado vuelca un galón de agua hirviendo. El desagüe debería quedar reparado.

Ponle un tapón

Si tienes que hacer una reparación en los grifos del baño, no importa cuán sencilla sea, tómate un momento para tapar el desagüe con el tapón. Si no tienes un tapón, usa una tela. Es más fácil recoger las piezas que se han caído y no tener que pescarlas más abajo en el desagüe.

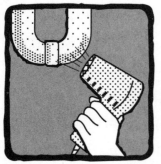

Ayuda del secador

La grasa hace que se tapen los caños más rápidamente que cualquier otra cosa. Esta es una solución simple. Sostén un secador de cabello prendido en aire caliente por debajo de la pileta para calentar la trampa (la trampa es la parte del caño que tiene forma de U y que está debajo de la pileta). A medida que la trampa se calienta, la grasa se va a derretir y la obstrucción cederá. Luego deja correr agua bien caliente para limpiar la grasa completamente.

Lo mejor para el inodoro tapado

Lo que funciona para el desagüe tapado, no funciona para el inodoro. Los limpiadores comerciales para

desagüe, en general no son
efectivos en los inodoros tapados
porque la estructura del inodoro
evita que la solución llegue a
donde está la obstrucción. Lo
mejor que puedes hacer es usar
una sopapa.

La fosa séptica

Mantén la fosa séptica en buenas
condiciones; dale una taza de
bicarbonato de sodio a la semana a través del inodoro.
Esto ayudará a que el pH esté balanceado y todo
funcione como debe.

> ## Ese ruidito
>
> Si los grifos hacen un
> ruidito cuando abres el
> agua, necesitan un
> lubricante. Quita las
> manivelas y la espiga,
> luego aplica vaselina en las
> dos roscas. Esto detendrá
> el ruido y los grifos se
> abrirán con más facilidad.

Una buena regla general para mantener la salud del
sistema séptico es nunca usar un producto que diga
"antiséptico". La lejía y otros productos con cloro
pueden evitar que el sistema funcione apropiadamente.
Estas sustancias matan las bacterias que trabajan
deshaciendo los deshechos en el sistema séptico.

Ten cuidado con lo que se va en el inodoro. Nada de
plástico debe ir. Las colillas de cigarrillos, productos
sanitarios, granos de café, hilo dental, o huesos se
acumulan y pueden causar que tengas que hacer limpiar
el tanque con más frecuencia.

No tires en el inodoro pinturas a base de petróleo o
disolventes, ya que pueden causar problemas en el
tanque séptico y contaminar el agua.

Suministro de agua

Agua para regar

¿Quieres bajar la cuenta del agua de una forma muy natural? Recoge el agua de lluvia directamente del techo conectando los desagües del techo directamente a un barril u otro recipiente grande, como lo hacía la gente hace mucho tiempo. Cualquier barril o recipiente grande de madera o plástico sirve. Puedes usar este recurso natural y gratuito para regar las plantas todo el verano.

Truco del grifo

¿Quieres que parezca que tienes mucha presión en el agua, pero en realidad estás usando la mitad de agua? Instala un aereador de flujo lento para grifos. Uno de estos artículos reducirá el flujo de agua en un 50%, pero la presión del agua parecerá haber aumentado porque se le mezcla aire al agua a medida que sale. Una familia de cuatro típicamente usa 3.300 galones de agua al año. Puedes encontrar aereadores de flujo bajo para grifos en cualquier ferretería. Ten en cuenta que no puedes instalar un aereador de flujo bajo en el grifo de la cocina si tienes un lavavajillas portátil que conectas en ese grifo. La reducción en el flujo afectará el desempeño del lavavajillas.

Conoce tu agua

¿El agua que usas es dura o blanda? Para averiguarlo, agrega 10 gotas de detergente líquido a un vaso de vidrio que tenga dos tercios de agua. Cúbrelo y agítalo. Si hace mucha espuma significa que el agua es relativamente blanda. Una capa de jabón baja y chata significa agua más bien dura. El agua dura cuesta más que el agua blanda: unos $40 por año en detergente y jabón, $60 en reparaciones y reemplazos, $25 más en combustible y

$30 por desgaste y roturas en ropa de cama y vestimenta. Si el agua de tu casa es muy dura, podrías considerar agregar un ablandador de agua a la casa.

No dejes que tu dinero se vaya en el agua del inodoro

Si aún no cuentas con un dispositivo volumétrico para el inodoro, considera instalar uno en el tanque del inodoro. Este artilugio ahorra entre uno y dos galones de agua cada ves que jalas la cadena, al reducir la cantidad de agua que contiene el tanque. Utiliza una pequeña botella de plástico como de jugo o de detergente, para hacer tu propio dispositivo volumétrico. Quita la etiqueta de la botella, pon algunas piedras en el fondo y llénala de agua. Coloca la botella en el tanque del inodoro, teniendo cuidado de que no interfiera con el mecanismo interno. Tendrás que hacer algunos experimentos para decidir cuál tamaño de botella funciona mejor para tu tanque de modo que el agua aún sea suficiente para que funcione correctamente.

Gotas de colorante para el inodoro que gotea

Una pequeña gotera en un grifo hace que pierdas 50 galones de agua al día, pero un inodoro que pierde agua desperdiciará hasta 46.000 galones de agua en seis meses. Para saber si el tanque está perdiendo agua en el inodoro, agrega un poco de colorante en el tanque. Si no le jalas la cadena, pero de todas formas encuentras el colorante en el inodoro, tómalo como un indicador de que tienes una pérdida.

Para que la ducha fluya libremente

Si se te tapa la roseta de la ducha, usa este truco sencillo para que fluya libremente otra vez. Destornilla y quita la roseta, luego colócala en una olla grande con partes iguales de agua hirviendo y vinagre. Hierve a fuego lento la roseta de cinco a siete minutos. La acción química del vinagre disolverá cualquier depósito mineral. Si no puedes quitar la roseta o si la roseta es de plástico, inténtalo con el método de vinagre frío. Llena una bolsa fuerte de plástico con vinagre y sellala con cinta adhesiva. Déjala así toda la noche. Por la mañana la roseta estará fluyendo libremente otra vez.

Calefacción y aire acondicionado

Esta inspección te ahorrará dinero

Ponte en contacto con la empresa de servicios públicos para tener una inspección de energía para ayudarte a saber en dónde se desperdicia energía en tu casa. Muchas empresas de servicios públicos ofrecen estas inspecciones en forma gratuita. Si la empresa con la que trabajas no lo hace, probablemente te puedan ofrecer un manual para que hagas la inspección tú mismo.

Consejos de la abuela

Mantén limpio tu depósito de cenizas. Las cenizas acumuladas interfieren con la maximización de la entrada de aire. Mantén el hogar lleno. No es económico tener un fuego bajo.

1003 Household Hints and Work Savers, 1947

Aire limpio es aire barato

Limpia o reemplaza los sistemas de filtro del aire acondicionado y la calefacción cada mes o cada tres meses. Un filtro sucio hace que el sistema trabaje más duro y utilice más energía que uno limpio. Las tiendas que venden artículos para mejorar la casa o las tiendas de descuentos tienen filtros estándar baratos así como filtros especiales que están diseñados para hacer su trabajo por varios meses. También puedes comprar filtros permanentes de metal que pueden durar por años ya que son lavables. Cualquiera sea el filtro que tienes, mantenlo limpio.

Cuida el aire que te cuida

Para mantener el sistema de aire acondicionado o de la calefacción funcionando eficientemente, debes pedir que lo inspeccionen con regularidad. Las unidades de gas y electricidad deberían ser inspeccionadas cada dos años, y las bombas de calefacción y los quemadores de aceite deben ser inspeccionados cada año. Algunas de las cosas que puedes controlar y que pueden ser señal de problemas son bajo nivel del refrigerante, un interruptor maestro trancado, tubos de aislamiento flojos en los pasajes de ventilación, y distribución despareja del calor en la casa.

Limpieza para el sistema

La inspección de la calefacción o el aire acondicionado debería incluir la limpieza de las ventilaciones de la calefacción y las rejillas. Juntan polvo con el tiempo reduciendo el flujo de aire y manteniendo el polvo flojo en el sistema. Quita los pasajes de ventilaciones y rejillas cada tantos meses para promover eficiencia en la calefacción y el aire acondicionado.

Esquiva la caspa voladora

Si tienes una mascota dentro de la casa, deberías cambiar los filtros de la calefacción y el aire acondicionado con frecuencia, quizás cada mes. De lo

Aislamiento rápido

Para ahorrar tiempo cuando estés instalando sistemas de aislamiento, engrápalos en lugar de clavarlos. Más adelante puedes tomarte el tiempo de clavarlos si lo deseas.

contrario, el pelo o la caspa estarán circulando por toda la casa, bajando la calidad del aire y empeorando cualquier alergia de los humanos.

Ahorro de energía

Puedes reducir los gastos en calefacción y aire acondicionado en un 20 a 30% simplemente cambiando el ajuste del termostato mientras no hay nadie en la casa y durante la noche. En invierno bájalo 15 grados Fahrenheit (de 70 a 55 grados). En verano, súbelo de 70 a 75 ú 80). Para poder ahorrar con facilidad, considera invertir en un termostato automático programable. Hará todo el trabajo de los cambios de temperatura antes de que te levantes por la mañana y antes de llegues a la casa por la tarde. Con el dinero que te ahorrarás, el termostato se pagará solo en unos seis meses.

Alerta de termostatos

Para asegurarte de que el termostato de tus sistemas de calefacción y aire acondicionado está ayudando a que el sistema funcione eficientemente, fíjate que la pared donde está instalado esté bien aislada. Si no es así, el aire caliente y el aire frío que entran de afuera van a alterar la medición del termostato, causando que el sistema trabaje más duro de lo necesario.

No limpies las ventanas este verano

Haz la limpieza de las ventanas en otoño o invierno. Una ventana más limpia dejará entrar más luz y calor, lo cual bajará la cuenta de la calefacción. En el verano, un poquito de polvo no hará ningún daño, desviando un poco la luz del sol y dejando entrar menos calor.

¿Quién dijo que colocar el aislante tiene que ser doloroso?

Durante los meses calientes del verano, baja las persianas para bloquear la luz del sol. Las sombras de los árboles, toldos y aleros también pueden ayudar a que no se acumule calor. En invierno, deja que los arbustos ayuden a aislar la casa del frío. Los arbustos de hojas perennes plantados a una distancia de un par de pies de la casa ayudan a bloquear el viento impidiendo que se cuele por las aberturas o rajaduras.

Ideas para mejorar el aire acondicionado

Si la unidad del aire acondicionado está expuesta al sol directo, puedes mejorar su desempeño construyendo un cerco o enrejado detrás para darle sombra y ventilación, además de protección de la lluvia y la nieve. Sin embargo, ten cuidado de que no se acumulen hojas, o crezcan arbustos o pasto demasiado cerca de la unidad. Cortarán la circulación de aire alrededor de la unidad y harán que trabaje más duro.

No dejes que la secadora ventile sus frustraciones sobre ti

Si la unidad externa del aire acondicionado central está localizada cerca de la ventilación de la secadora, tendrá que trabajar más duro para enfriar la casa. Busca la forma de mover la ventilación de la secadora para que el aire caliente y húmedo sea dirigido hacia otro lugar.

Manejar la humedad

No dejes que la humedad invada tu casa. No solo huele mal, sino que arruina la ropa, libros, papeles, muebles, paredes y techo, y puede hasta hacer que se pudran la madera de las paredes, pisos y vigas. Si no tienes aire acondicionado central, considera comprar uno. Es una gran inversión, pero puede salvar a toda la casa de enmohecer completamente. Si el problema de la humedad está localizado en sólo una parte de la casa, puedes comprar un deshumidificador. Las unidades portátiles se pueden mover para dónde sea necesario.

Aclara el aire

Si tu humidificador huele a moho, agrega una cucharada de lejía al agua y déjalo correr por un momento. Esto eliminará cualquier germen en el humidificador, y una vez que se vaya el olor a lejía, el vapor del agua será más fresco.

Protección total para las unidades en la ventana

Los aparatos de aire acondicionado que se colocan en la ventana necesitan atención también, de otra forma no funcionan con total eficiencia. Cuando comience la temporada de usarlo, toma tu manual de funcionamiento y aprende cómo limpiar las aspas del ventilador y la bobina de eva-poración. Controla la masilla y el cerramiento alrededor de la unidad. Aceita el motor y el ventilador. Luego limpia el filtro cada mes durante el verano.

Evita el sol

Cuando estés instalando una nueva unidad de aire acondicionado en una ventana, elige bien la ventana.

Intenta colocarlo en una ventana en el lado norte de la casa o en una pared donde no reciba mucha luz del sol. Colócalo lo más alto posible en la ventana. Como el aire frío cae, hará que circule el aire en la habitación lo mejor posible.

Prepara el aire acondicionado para el invierno

Si la unidad que está en la ventana va a quedarse allí, asegúrate de cerrar bien los pasajes de ventilacion. Cúbrelo con una cobertura comprada para unidades de aire acondicionado, o toma la forma económica y cúbrelo completamente con plástico sellándolo alrededor con cinta adhesiva resistente.

_____

Si quitas el aire acondicionado de la ventana, no lo coloques directamente en el suelo del garaje para guardarlo si es que viven en un lugar donde durante el invierno se hecha sal en las calles. La sal de las llantas de tu carro puede arruinar el metal del aire acondicionado.

Seguro desperdicio de energía

No enciendas el aire acondicionado con el termostato en una temperatura más baja que lo normal pensando que va a enfriar la casa más rápido. No lo hará, y además desperdiciará energía.

Ventiladores y ventilación

Mantén la cabeza fría

Si la ventilación del altillo es mala o inexistente, te costará dinero todo el año. En verano hace que sufra el aire acondicionado, porque el calor que se acumula en el alti-llo eventualmente se filtra al resto de la casa. Un altillo puede alcanzar una temperatura de hasta 150° Fahrenheit lo cual puede causar que se abomben las tejas.

En invierno, la ventilación apropiada evita que se acumule la humedad en las vigas y el material de aislamiento, y además ayuda a prevenir que el hielo quede atrapado en el techo. Los ventiladores para altillos como extractores, turbinas pasivas y eléctricas, ventilación del alero y ventilación de cumbrera te ayudarán a conservar el techo evitar daños por agua bajar los costos de aire acondicionado y mantener la casa más agradable.

Agita el aire

Para ayudar a circular el aire en tu casa, tanto en invierno como en verano, considera instalar ventiladores de techo. Especialmente en habitaciones con techos altos o en las escaleras, el aire caliente puede quedar atrapado arriba causando que tanto la calefacción como el aire acondicionado funcionen por más tiempo de lo que debieran.

Bajo en verano, alto en invierno

En verano regula los ventiladores de techo para que empujen el aire hacia abajo para que sientas el aire fresco. En invierno, dales la vuelta para que empujen el aire hacia arriba, lo cual evitará que se formen capas de aire frío contra el suelo. Las dos formas de regularlo harán que el aire se mueva, lo cual te hará sentir más a gusto. Encontrarás el botón que da vuelta la dirección en que se mueven las aspas en el lado del motor.

Ventila toda la casa

Si deseas realmente bajar los costos del aire acondicionado, considera instalar un sistema de ventilación para toda la casa que se desagota en el altillo. La idea es hacerlo funcionar por la tardecita, cuando la temperatura de afuera está bajando, pero la casa todavía está caliente adentro. Abriendo algunas ventanas, puedes hacer que entre el fresco aire de la noche y forzar que el aire caliente acumulado se vaya por el altillo. En algunas áreas, puede ser usado en lugar del aire acondicionado para ahorrar costos. En climas realmente calientes puede ser usado además del aire acondicionado.

Necesitas ventilarte

Asegúrate de que tu casa tenga una adecuada "ventilación natural". Esto significa que hayan suficientes ventanas y puertas colocadas en todos los lados de la casa; ventilaciones en la zona debajo del suelo, ventilaciones en aleros, y en el altillo. Instala extractores de la cocina, el lavadero y el baño si es que no los tienes. Hacen un excelente trabajo quitando el calor, la humedad y los olores de la casa. Asegúrate de que estén ventilando bien hacia fuera, no simplemente dentro del altillo o debajo del piso.

LAVANDERÍA

Organización del cuarto de lavado

Decida ordenar el cuarto de lavado

Los miembros de su familia pueden ordenar su propia ropa sucia si usted organiza su cuarto de lavado para hacer esto más fácil. Compre tres canastas de lavandería o contenedores de basura de cocina económicos. Use un marcador indeleble para etiquetarlos con letras grandes: "ropa oscura", "ropa clara", y "ropa de color". Permítale a los miembros de su familia saber qué espera de ellos al poner su ropa sucia en el contenedor apropiado. Usted puede necesitar hacer arreglos adicionales, pero una gran parte del trabajo ya estará hecha.

Aunque usted ponga énfasis en la importancia de vaciar los bolsillos antes de poner la ropa en el contenedor de ropa sucia, las personas pueden aún olvidar hacerlo. Así que tenga dos contenedores a la mano, uno para basura y otro para objetos de valor que se quedaron en los bolsillos. Usted sabrá dónde buscar cambio extra o aquélla navaja de bolsillo sin tener que sacarlos de entre los hilos y montones de tela.

Etiquételo por organización

Mantenga una bolsa en el área de lavado para artículos que están listos para irse a una nueva casa. Si usted ha notado que los jeans que usa su hijo están dos pulgadas arriba de sus tobillos, póngalos directamente de la secadora a la bolsa. Ropa que nunca más va a estar a la medida, o está fuera de moda, o no se necesita más por la razón que sea, está lista para irse a la casa de alguien que pueda usarla. Y usted puede ahorrar valioso espacio en roperos y cajones para cosas que usted realmente usa.

Prepare su lavada

Atracción mutua

Lave ropa de hilado similar junta: cosas como camisetas, franelas, toallas de baño (especialmente las nuevas), sábanas y cobijas, y batas de baño. Manténgalos lejos de artículos que no requieren planchado y de pana, los cuales atraen pelusa difícil de remover.

Secretos de la organización

¿Recuerda cuando fue al colegio y tuvo que hacer su primera lavada? Todo se volvió de ese color monótono grisáceo. Pero en algún punto usted descubrió que si se separa la ropa oscura de la clara, su guardarropa podría lucir tan brillante como su futuro. Separar la ropa por colores es solo el principio. También es buena idea lavar grupos de artículos que necesitan similar jabón o detergente, ciclos de lavado, y temperatura del agua.

Para mantener la ropa blanca siempre brillante, lávela por separado. Está bien lavar colores pastel y colores medios juntos. Pero los colores brillantes y oscuros necesitan ser lavados por separado. Los blancos y claros pueden tomar tinta de ropa más colorida.

Y la ropa oscura puede opacarlos. Separe sus lavadas dependiendo de la suciedad de la ropa. Artículos ligeramente sucios pueden ensuciarse más solamente con el agua del lavado. Artículos claros se volverán grisáceos o amarillentos, y los colores se opacarán si la ropa se pone con artículos muy sucios. También separe la ropa por tipo de tela. Telas de tejido suelto y artículos delicados pueden ir juntos en un ciclo de lavado suave.

Seleccione una variedad de tamaños y pesos para sus lavadas, como sábanas de tamaño *king* con blusas o toallas de mano. Los artículos grandes pueden moverse libremente, y así usted obtiene una lavada más limpia.

El neón sabe cómo hacerlo

Es divertido resaltar un guardarropas aburrido con alguno de aquellos colores realmente brillantes: rosados fuertes, anaranjados tipo neón, y azules eléctricos. Pero esta ropa podría desteñir, así que lave cada prenda de color por separado la primera vez, siguiendo las instrucciones de la etiqueta. Esta ropa podría perder algo de su brillantez con cada lavada durante algún tiempo. Si la ropa se mancha, usted podría necesitar tratar toda la pieza de forma que el color sea uniforme.

Proteja su ropa en la espuma

Esté seguro de vaciar los bolsillos de cada artículo que ponga en la lavadora. Aquí hay algunas cosas más que usted hacer para proteger su ropa de las lavadas.

▶ Cierre cremalleras y otros cierres, tales como ganchos y hebillas de cinturones, que puedan atorarse en las telas.

▶ Si hay alguna pequeña rasgadura o rotura en la ropa, cósala antes de lavarla. Estas pueden convertirse en grandes agujeros durante el lavado.

▶ Cepille la suciedad suelta o barro seco de la ropa antes de ponerla en la lavadora. De otra forma, la suciedad puede depositarse en las demás prendas durante el lavado.

▶ No sobrecargue la lavadora. La ropa necesita circular libremente. Si usted no detectó un pequeño hueco o rasgadura o hay alguno que no pudo ser remendado, es más probable que se agrande durante una lavada sobrecargada.

Productos de lavandería

Conozca sus jabones

Jabones y detergentes ayudan a limpiar la ropa al remover la suciedad y mantenerla en el agua de lavado, de forma que no regrese a la ropa. Los jabones son hechos de grasa, lejía, y otros pocos ingredientes. Los jabones de lavandería generalmente vienen en cajas de escamas o gránulos. Ellos son usados para lavar ropa de bebé, lencería u otros artículos delicados. Los jabones sólo deben ser usados con agua suave. En agua dura pueden formar una capa de suciedad que permanece en la ropa. Podría acumularse y hacer que la ropa luzca gris, lúgubre y grasienta. Algunas veces esta capa de suciedad puede permanecer en la superficie de las lavadoras.

Hoy en día los detergentes son usados para la mayoría de los quehaceres de lavado de ropa, sea en máquina o a mano. Tienen ingrediente que pueden rápidamente penetrar y aflojar la suciedad y mantenerla suspendida en el agua de lavado mientras es enjuagada. Los detergentes están disponibles en forma líquida o en polvo. La forma líquida es especialmente buena para usar en agua fría ya que se disuelve más fácilmente. Usted puede elegir entre detergentes para suciedad fuerte o ligera. Los detergentes para suciedad ligera son buenos para lavar a mano ropa delicada.

La medida del detergente

El recipiente del detergente da una medida recomendada. Pero ésta está basada en una carga promedio de cinco a siete libras de ropa moderadamente sucia, usando agua medianamente pesada. Use más detergente si: la ropa está muy sucia, el agua es pesada, o si la carga es más grande que una carga promedio y es lavada en una lavadora de gran capacidad. Si, por otra parte, el agua es suave, su ropa está ligeramente sucia, o la carga es más pequeña, usted puede reducir la cantidad de jabón o detergente a usar.

Un buen consejo para ahorrar dinero

Los detergentes se disuelven mejor en agua tibia o caliente. Pero algunas telas son más propensas a encogerse o desteñirse en agua caliente. Un consejo es agregar el detergente y suficiente agua caliente para disolverlo. Luego fije el control de agua a agua fría y comienza a agregar la ropa hasta que se llene la lavadora. Enjuagar con agua fría es casi siempre una buena idea. No solo ahorra energía, sino que previene la formación de arrugas en ropa de planchado permanente y hace que la demás ropa sea más fácil de planchar.

Piense en la etiqueta "Suave"

Si la etiqueta de cuidado dice "use un detergente suave", esté seguro de que está usando uno para suciedad ligera. De otra forma usted podría terminar con puntos claros en la ropa. Si esto ocurre, trate de remojar la pieza completa en una solución fuerte de detergente regular y agua. Esto aclarará la pieza, pero el color estará uniforme.

Un poco de sal en esa camiseta, por favor

Los blanquadoes con protección de color están diseñados para mantener los colores de la ropa brillantes. Pero no hay necesidad de gastar dinero en esos productos innecesariamente. Pruebe añadiendo un par de pizcas de sal en la lavadora. Su ropa mantendrá sus vívidos colores. Y durará más, también. Eso pasa porque el blanqueador es más duro que la sal en la tela.

Haga rendir el jabón

Si usted tiene una carga más de lavado, y su jabón se está acabando, hágalo rendir al añadirle un cuarto de taza de soda de hornear. Como un bono adicional, su ropa olerá a fresco y se sentirá suave también.

Listos, apunten y pinten

Pretratar partes de ropa fuertemente sucia con detergente líquido de lavandería es buena idea. Pero puede causar suciedad y algunas veces desperdicio si su objetivo no está exactamente en la mira. En lugar de verter el detergente, use una brocha vieja (de una y media a dos pulgadas de ancho). Sólo sumérjala en el líquido, y "pinte" la zona sucia sin generar más suciedad y desperdicio.

Elija el blanqueador correcto

Los blanqueadores trabajan con el agua y los detergentes para remover suciedad y manchas, y puede ayudar a restaurar la brillantez y blancura en algunas telas. También desodorizan y desinfectan. Si se usan correctamente, los blanqueadores no romperán las telas ni las desteñirán. Sin embargo, lea cuidadosamente las etiquetas. Hay dos tipos de blanqueadores: cloro y oxígeno. Los de tipo cloro vienen en forma líquida y seca. No los use en fibras sintéticas elásticas, lana, seda, o fibras como mohair, angora y casimir. Se pueden usar en otras telas que no se destiñen.

Si usted no está seguro acerca de una prenda, pruebe un área oculta como la tela junto a una costura complementaria o interior. Mezcle una cucharadita de blanqueador con un cuarto de taza de agua. Ponga una gota en la zona que está probando. Si no hay cambio de color, la tela estará a salvo en el cloro añadido al agua de lavado. Pero si la etiqueta dice "no usar blanqueador", entonces no lo use.

Alerta con el blanqueador

Cuando lave o haga otros quehaceres, ¡nunca mezcle vinagre, amoniaco, o cualquier otra cosa con cloro! Esto puede producir vapores tóxicos que lo pueden enfermar.

Los blanqueadores de oxígeno no son tan fuertes como los de cloro y trabajan mejor cuando son usados frecuentemente como prevención. Usualmente vienen mezclados con acondicionador de agua y abrillantador. Ambas formas, la líquida y la de polvo, son generalmente seguras para todas las telas. Cuando use blanqueador, póngalo junto con el agua, en la lavadora, antes de agregar la ropa.

Blanqueador imbatible

Mantenga una botella roceadora con una mezcla de blanqueador y agua (al menos cuatro partes de agua por una parte de blanqueador) a la mano en la lavandería. Aplíquela directamente en zonas muy sucias en ropa blanca lavable que pueda tener blanqueador. Tenga cuidado de mantener la mezcla lejos de ropa de color y oscura, incluyendo la ropa que usted esté usando.

Suavice sin manchar

Cuando use suavizantes para telas en forma líquida dilúyalos antes de verterlos en la lavadora. Nunca los vierta directamente en la ropa. Esto puede dejar zonas que lucirán grasientas. Si usted comete ese error, aquí está cómo se puede deshacer de las manchas. Humedézcalas si están secas. Frótelas con un jabón en barra, enjuáguelas y lave como es costumbre. Si las manchas permanecen, empápelas con alcohol de frotar, enjuague completamente y lave de nuevo.

Ahorre centavos en suavizantes

Hojas de suavizantes de telas pueden tener un doble uso. Úselas dos veces, una vez en la secadora, y de nuevo en el ciclo de enjuague de la siguiente carga de lavado.

Usted también puede usar suavizante líquido en la secadora. Esto es un poco más complicado, pero éste es más económico que las hojas suavizantes, y funciona de igual forma. Sólo humedezca una toalla vieja u otra tela, y vierta encima de ella una pequeña cantidad de suavizante. Asegurese de que se empape, y arrójela dentro de la secadora.

Regalos

¿Tiene usted pequeñas piezas como medias de bebé o listones de cabello que son difíciles de mantener sujetas en la lavada? Solo ponga unos pocos de estos artículos en una media alta de mujer. Haga un nudo flojo en la parte de arriba y póngala en la lavadora. Esté seguro de lavar junta sólo ropa que no se destiñe. No empaque la ropa muy apretadamente, especialmente si usted planea secarla de la misma forma.

Para un suavizante de telas natural y removedor de carga estática, pruebe añadiendo una taza de vinagre blanco al ciclo de enjuague final en su lavada. Esto es suficientemente suave como para no dañar su ropa. Pero es suficientemente fuerte como para disolver el álcali de los jabones y detergentes.

El vinagre se deshace de los depósitos extras de espuma y jabón, y deja su ropa suave y fresca. Además, el vinagre descompone el ácido úrico, un extra si usted está lavando ropa de bebé. Añada dos tazas de vinagre a un tanque lleno de agua de enjuague, y usted tendrá sábanas suaves y sedosas para el pequeño.

El ciclo de lavado

Sobrecargado con tentación

Puede ser muy tentador añadir sólo una toalla o pieza de ropa a una carga llena de lavado. Sin embargo, para lograr ropa realmente limpia, no sobrecargue la lavadora. Usted necesita tener suficiente espacio para que se muevan las prendas. Y ellas necesitan suficiente agua para remover la suciedad, así que elija el nivel de agua apropiado para la cantidad de ropa. Cuando lave prendas grandes como sábanas, revíselas de vez en cuando para asegurarse de que ellas no están atrapadas alrededor del poste agitador.

Una ayuda contra la alergia a los ácaros

¿Alguna persona de su familia sufre de asma o alergias? Si es así, usted sabe cómo lo hacen sentir mi-serables residuos de ácaros en la ropa y en el juego de cama. Usted puede deshacerse de los residuos y de los ácaros al añadir aceite de eucalipto a su lavado. La *Revista de Alergias e Inmunología Clínica* reportó que esta "receta" puede eliminar hasta un 95% de los ácaros.

Una parte de detergente

De 3 a 5 partes de aceite de eucalipto

Asegúrese de que el detergente se disuelve en el aceite. Si no, cambie de detergente. Añada esta mezcla a la lavadora después de que esté llena con el agua. Ponga los artículos a ser lavados y remójelos de 30 minutos a una hora. Lave normalmente.

Refresque su lavada (junto con su memoria)

¡Oh no! Usted olvidó aquella carga de ropa que lavó hace un par de días. Ahora huele agrio. ¡Rápido! Lávela de nuevo con un poco de amoniaco agregado al agua. Su lavada deberá estar "dulce" de nuevo.

Consejos de la abuela

Como camino corto para lavar ropa, primero hiérvala con kerosene en un hervidor viejo.

Ladies Home Journal circa 1920

Tirar la toalla

Toallas de baño, especialmente las nuevas, pierden un montón de pelusa que se puede adherir a la demás ropa, así que lávelas por separado. Y ellas estarán más frescas cuando estén humedecidas al usarse si usted añade un cuarto de taza de soda de hornear con el detergente.

Rápido, ¡justo como nueva!

Si usted está cansado de reemplazar su cortina de baño cada vez que se ensucia, sólo póngala en su lavada con un par de toallas grandes y su detergente regular. Añada una taza de vinagre en el ciclo de enjuague, y su cortina aparecerá fresca como nueva. Luego póngala en la secadora en bajo por unos pocos minutos y cuélguela mientras está tibia. Las arrugas se desvanecerán.

Cuidado de primera para su lavadora

Cuidar a su lavadora la hará más duradera y funcionará más eficientemente. Proteja la parte de arriba de su lavadora limpiando residuos de productos de lavandería de una vez. Algunas superficies y partes plásticas pueden ser dañadas por el amoniaco, blanqueadores de cloro, abrasivos y solventes. Use removedores de suciedad y manchas en el tanque. Siga cuidadosamente las instrucciones de limpieza.

———————

Asegúrese de que las mangueras de la máquina no están dobladas o enroscadas. Las mangueras durarán más si usted cierra los grifos de agua caliente y fría entre los días de lavado. La presión del agua aplica presión en las mangueras.

———————

El vinagre puede ayudar a mantener las mangueras limpias. Este también remueve residuos de jabón y

---

Una situación explosiva

Si el agua caliente no es usada por un tiempo prolongado, el gas hidrógeno se puede formar en el calentador de agua o en las tuberías de agua caliente. Este gas puede causar fuego o explotar. Así que cuando usted esté fuera de casa por más de dos semanas, tome esta medida de seguridad cuando usted regrese. Permita que el agua caliente de todos los grifos corra por varios minutos antes de usar la lavadora u otros electrodomésticos que puedan estar conectados al agua caliente. No fume o permita alguna llama cerca de los grifos que están abiertos.

reduce la formación de depósitos minerales en la máquina. Añada de una a una y media tazas de vinagre a un ciclo de lavado normal (sin ropa) cada par de meses. Pero esté seguro de continuar hasta el ciclo de enjuague. Usted no va a querer dejar vinagre en la superficie de la tina de esmalte de porcelana. El vinagre contiene ácido que puede grabar la superficie si éste permanece en contacto durante mucho tiempo. Esto puede causar superficies oxidadas y ásperas que pueden dañar su ropa.

Cuando usted lave ropa muy sucia o con pelusas, pueden quedar residuos en la tina de la lavadora. Límpielos con un trapo humedecido, y deje la lavadora abierta para que se seque al aire.

El ciclo de secado

Ahorre $$$ en su secadora

Cada vez que usted use su secadora, trate de usarla más de una vez. La segunda vez, la secadora ya estará caliente por la primera carga, y no tendrá que trabajar duro para secar la ropa. Usted logra más eficiencia al secar varias cargas de ropa consecutivamente.

Usted ahorrará dinero en electricidad y su presupuesto de ropa si usted no seca excesivamente la ropa. A no ser que usted necesite usar una prenda inmediatamente, sáquela de la secadora mientras está ligeramente húmeda, especialmente en áreas gruesas tales como bolsillos o pretinas. Usted encontrará menos encogimientos, arrugas y carga estática. Prevenga la formación de moho, permita que la ropa se seque completamente en un área abierta antes de colgarla en el closet o ponerla en cajones.

Asegúrese de que no está sobrecargando la secadora. La ropa que da vueltas libremente tendrá menos arrugas, y de esa forma usted no tendrá que calentar su plancha. Y use el ciclo de planchado permanente con su período de enfriamiento. Eso también reduce las arrugas.

Tratamiento de primera categoría para su secadora

Asegúrese de limpiar el atrapa-pelusa de su secadora antes de usarla. Para cargas de ropa que tienen mucha pelusa, pare y limpie el filtro en medio del ciclo de secado. Usted ahorrará dinero, mejorará la eficiencia de la máquina y eliminará el riesgo de fuego.

Limpie el sistema de ventilación al menos una vez al año. Asegúrese de que nunca se obstruya. Nunca dirija la ventilación hacia adentro de la casa. Debería siempre estar dirigida hacia el exterior.

Nunca seque piezas que han sido usadas con solventes o ceras o que llevan una etiqueta de advertencia diciendo que podrían causar fuego.

Consejos de la abuela

Cuando la ropa deba mantenerse húmeda por un rato antes de plancharla, prevenga el orín al conservarla en su refrigerador.

1003 Household Hints and Work Savers, 1947

Si está usando la parte superior de la secadora para tratar manchas, asegúrese de protegerla con una cubierta plástica gruesa. La pintura del esmalte y las partes plásticas pueden ser corroídas por el blanqueador de cloro, el amoníaco, los solventes y otros químicos.

Separe las cargas pesadas

Seque las cargas ligeras y las pesadas en cargas separadas. Los artículos de peso ligero se secan más rápido. Y los artículos pesados como blue jeans pueden dañar nylon delicados y otros.

Tome nota

Si usted estuvo realmente cansado cuando lavó esa última carda de ropa justo antes de irse a dormir. Desafortunadamente usted olvidó su blusa delicada y arrojó todo dentro de la secadora en la mañana.

Muy tarde para salvarla ahora. Pero para un futuro uso, ponga un cuaderno y un lápiz en el cuarto de lavado. La próxima vez hagase un recordatorio por escrito, y déjelo en la lavadora, en donde usted no lo ignore sin importar que tanta prisa o sueño tenga.

Olvide las cosas felpudas

Es mejor lavar la ropa al revés para evitar que la pelusa se pegue. También secarla al revés para prevenir que la pelusa se quede en los pliegues. Cuando la seque en las cuerdas esto no es un problema. Así usted puede colgarla adentro para prevenir que se destiña.

Si usted tiene un problema con una mancha en su lavado, considere qué piezas de ropa está lavando juntas. Las telas hechas por el hombre como el poliéster, nylon, y acrílico, tienden a atraer pelusa. Evite lavar ropa hecha con dichas fibras con piezas que produzcan pelusa, hechas de felpa u otras telas felpudas.

Desastres en la secadora

Algunas cosas como crayones y lapiceros de tinta van a la basura sin causar problema. Pero cuidado si ellos llegan a la secadora. Las vueltas de una carga de ropa con un crayón derretido o un lapicero con tinta que gotea pueden realmente manchar las prendas. Estas sustancias pueden cubrir el tambor de la secadora y pasar a la ropa de la siguiente carga. Si esto pasa, es importante limpiar el interior de la secadora completamente antes de secar algo más. Remueva todo lo que pueda el crayón derretido con un limpiador no inflamable y para todo propósito como *Top Job*, *Mr. Clean*, o *Soft Scrub*. (Lea la etiqueta para asegurarse de que no es inflamable). Aplíquelo con una esponja o trapo limpio. No lo vierta o esparza directamente dentro de la secadora. Limpie con trapos o toallas de papel. Ponga varios trapos viejos en la secadora y hágalos girar hasta que no salgan más residuos.

Para remover tinta de marcador de bola o de punta sensible del tambor de la secadora usted puede necesitar un limpiador de casa que contenga un solvente inflamable como *Fantastic*, *Formula 409*, o *Pas*. Asegúrese de que el tambor está frío antes de limpiarlo. Ponga un poco de limpiador puro en un pedazo de tela o almohadilla de papel de toalla, y úntelo. No esparza o vierta el limpiador en el tambor de la secadora. Limpie el tambor con un paño húmedo o toallas de papel. Asegúrese de remover toda la solución. Deje la puerta de la secadora abierta durante varias horas para asegurarse que todos los vapores del solvente se han evaporado.

La secadora también puede mancharse con artículos de almidón o entintados. Humedezca un paño con una solución blanqueadora pura y limpie el interior. Remueva el blanqueador con una esponja o trapo espumoso, luego enjuague y seque.

Cuídese de las manchas azules luego de lavar *blue jeans* nuevos. El exceso de tinta puede cubrir la secadora y su siguiente carga de ropa blanca quedará azul. Para asegurarse de que esto no ocurra, después de lavar *blue jeans* nuevos, limpie el interior de la secadora con agua jabonosa hasta que no salga más color. Remueva los residuos jabonosos con un trapo limpio y húmedo.

Apueste su dinero

Hoy en día, la mayoría de la gente mayoría de no piensa que ellos tienen el tiempo para colgar cargas de ropa a secar. Pero si usted quiere ahorrar dinero, o solo disfrutar del aire fresco y ropa con olor fresco, entonces es tiempo de poner una cuerda de tendido. Si usted es estricto con respecto de colgar regularmente la ropa afuera, usted puede pensar en colocar una serie de cuerdas permanentes en postes de metal que estén anclados al suelo con concreto. Usted puede encontrar los materiales que necesite y probablemente las instrucciones para construir el soporte de su línea de cuerdas en una ferretería bien surtida. Usted puede encontrar cuerdas de algodón o plástico a un precio bajo, pero éstas se pueden descolgar bajo el peso de una carga pesada de lavado. Para mejor apoyo, compre cables galvanizados de calibre 12, más costosos pero más duraderos.

Consejos de la abuela

Lave las pinzas en una solución de agua salada antes de usarlas. Ellas duraran mucho más y no se congelarán cuando haya hielo en el aire.

1003 Household Hints and Work Savers, 1947

Ubique su línea de tendido en donde el viento sople a través de los cables. No de poste a poste. Si es posible, ubíquela en donde parte de la línea esté en la sombra durante el medio día. Usted puede colgar colores brillantes lejos de los rayos del sol en donde ellos se desteñirán menos. Pero evite ponerlos directamente debajo de árboles en donde excremento de pájaros pueda ensuciar una línea completa de ropa limpia. Ubique un sitio en donde sople el viento y la ropa no se enganche en las ramas o cercas.

Consejos para colgar ropa

La que podría ser su única preocupación acerca de usar una línea de tendido es que usted no tenga que usar más una plancha. Una lección rápida de cómo tender la ropa le ayudará. Es verdad que la ropa colgada en una línea de tendido se endurece más que aquella arrojada en una secadora. Pero usted puede evitar la mayoría de esas arrugas extras si usted sigue los siguientes consejos:

► Siempre cuelgue la ropa tan pronto como la lave. Si usted la lava en una lavandería, dóblela y colóquela en un cesto de ropa en lugar de amontonarla en una bolsa o cesto.

► Para que haya menos arrugas, cuelgue las faldas desde la pretina pero los pantalones (incluyendo los *jeans*) desde las botas. Las camisas volarán en la brisa y se secarán más rápido y más suavemente si usted las cuelga por las faldas. Cuelgue vestidos lívianos por los hombros, pero doble los más pesados y cuélguelos por la cintura. (Los vestidos usualmente requieren algún toque con la plancha).

► Las medias se secan más rápidamente cuando se cuelgan por los dedos. Y la ropa interior se beneficia al ser colgada al revés al sol. Los sostenes y fajas, sin embargo, deben secarse a la sombra.

► Las toallas de baño se secarán más rápidamente si usted las cuelga del lado superior (más corto). Cuelgue las sábanas dobladas por la mitad.

Cuando sea tiempo de recogerlas, usted puede doblar las piezas directamente en la línea. Y mientras usted lo hace, tome tiempo para oler la frescura de sus sábanas y toallas limpias. Usted estará entusiasmado con el secado en línea de ahora en adelante.

Artículos de cuidado especial

Esperanza para el suéter encogido

Lea las instrucciones de cuidado en los suéteres antes de lavarlos. Ellos están hechos de una variedad de fibras, desde algodón a lana. Y ellos algunas veces tienen partes decorativas delicadas que requieren especial cuidado para que luzcan lo mejor posible.

Si usted lavó un suéter de lana y se encogió, trate lo siguiente: Sumérjalo en agua tibia mezclada un poco de un buen shampoo de cabello. Esto puede suavizarlo suficientemente para que usted le pueda dar forma. Séquelo en un gancho para suéteres o sobre una toalla doblada y seca.

Un baño caliente y relajante: Para su cobija

Muchas cobijas, aún las de lana, pueden ser lavadas en máquina y secadas. Pero telas diferentes y tipos de tejido requieren temperaturas y ciclos diferentes. Otras requieren lavado en seco. Así que siempre verifique la etiqueta y siga las instrucciones cuidadosamente. Lave a máquina solo una cobija grande de lana a la vez. Y mídala primero para que pueda ser estirada de nuevo hasta llegar al mismo tamaño después del lavado. Llene la tina con agua fría o tibia y disuelva el detergente en el agua. Pare la máquina antes de colocar la cobija. Colóquela suavemente alrededor del agitador. Sumérjala por 10 o 15 minutos. Avance el ciclo de la máquina de forma que el agua sea drenada. Permítale girar por un minuto y párela de nuevo. Avance al ciclo de enjuague final y permítale continuar hasta los giros finales.

Si su cobija de lana puede ser secada en máquina, colóquela junto con dos o tres toallas secas en alto calor por 10 o 20 minutos. Caliente las toallas en la secadora por unos minutos antes de colocar la cobija. Ellas absorberán la humedad mucho más rápido de esta forma. Remueva la cobija antes de que esté completamente seca para evitar arrugas y encogimiento. Termine secando por completo suspendida sobre dos líneas de tendido. Si alguna ropa se encoje, estire hasta el tamaño original.

Suéteres bien moldeados

La lana tejida no debe secarse dando vueltas. En su lugar, antes de lavar, trace el contorno sobre un pedazo de papel. Después de lavar, llévela a su tamaño original empujando suavemente con sus dedos hasta ajustarse al contorno y deje secar.

No deje que esta solución lo escandalice

Lavar una cobija eléctrica es tan fácil como lavar cualquier otra cobija. No la lave en seco o con blanqueador. Para mejores resultados, siga las instrucciones del fabricante. Usted puede lavar a mano una cobija eléctrica con detergente y agua tibia. Deje en remojo durante 15 minutos. Retire suavemente la espuma a lo largo de la cobija. Enjuague al menos dos veces en agua fría. No retuerza o exprima. Si está usando una máquina, disuelva el detergente antes de añadir la cobija en la lavada. Limite el ciclo de lavado a menos de 5 minutos.

A no ser que las instrucciones del fabricante digan lo contrario, usted puede parcialmente secar una cobija eléctrica en la secadora. Precaliente la secadora en calor medio, luego deje que la cobija de vueltas por 10 minutos. Remuévala de la secadora, alísela y déle forma. Finalice el secado sobre dos líneas de tendido paralelas.

Haga un buen lavado de almohadas

Si la etiqueta dice que son lavables, usted puede lavar almohadas de plumas o de relleno de poliéster en la lavadora. Usted puede lavar dos almohadas al tiempo, o balancear una con algunas toallas grandes. Si ellas están particularmente sucias, permítales estar en remojo por 15 minutos antes de lavarlas.

Almohadas grandes

Las almohadas pueden ser secadas afuera en los rayos del sol en un día con buen viento. O secarlas a calor bajo en la secadora. Ellas toman un largo tiempo en secarse completamente, pero puede haber problemas de moho si se dejan húmedas. Sacúdalas unas pocas veces para secarlas más parejo y hacerlas más grandes.

Para este trabajo es mejor usar una lavadora de ventana frontal. Ésta les permite moverse más libremente lo que resulta en menos apilamiento. Y habrá menos fricción, así las almohadas lavadas de esta forma durarán más. Si usted usa una máquina de carga por arriba, las almohadas tenderán a flotar en la superficie. Lo siguiente ayuda a empujarlas hacia abajo hasta que la máquina esté llena con agua. Pare la máquina y gire las almohadas y empújelas hacia abajo de nuevo, una o dos veces, mientras está lavando. Lave de cuatro a ocho minutos en el ciclo de lavado regular. Enjuague tres veces.

Use "guantes de niño" sobre guantes de cuero

Siempre lea y siga las instrucciones del fabricante para el cuidado de sus guantes de cuero. Aún si la etiqueta dice que son lavables, no los lave si usted los ha lavado en seco antes. El proceso de lavado en seco remueve los aceites naturales. Lavarlos los dañará. Los guantes de cuero con forro de piel no deben ser lavados. Lo mismo es cierto para guantes de gamuza. Para guantes de cuero que pueden ser lavados, use agua tibia espumosa. Trabaje el cuero suavemente con sus manos teniendo cuidado de no jalar las costuras. Enjuague la espuma con agua fría y seque el exceso de humedad con una toalla. Seque sobre una toalla tendida lejos de cualquier fuente de calor. Mientras el cuero esté aún mojado, trabájelo con sus dedos. Los aceites de sus manos ayudarán a suavizarlo. Haga esto al menos tres veces antes de que el cuero se seque. Si el cuero se secara antes de que termine de trabajar con el, rehumedézcalo y vuelva a trabajarlo.

El amor de la mano de obra no se pierda en colchas

Los edredones hechos a mano, sean comprados nuevos o heredados de su bisabuela, representan un gran esfuerzo de manos cariñosas. Éstos merecen el mejor cuidado pero deben ser lavados lo menos posible. Si usted tiene los suyos colocados en una pared o en un perchero, usted puede aspirarlos ligeramente de vez en cuando. Use el cepillo suave del limpiador de su aspiradora.

El caso de un lavado delicado

Para lavar una pieza antigua o delicada que está muy sucia, colóquela en una funda de almohada y use puntadas largas para cerrar la entrada. Lave en la lavadora con otras prendas de similar color usando jabón suave. Luego retire las puntadas de la entrada de la funda y seque al aire la pieza delicada.

Si usted usa su edredón sobre una cama, éste podría necesitar un lavado suave de vez en cuando. Si usted no está seguro si ha sido lavado antes, comience por determinar si no destiñe. Humedezca una pequeña zona, una parte roja si tiene ese color, ya que esa es la más propensa a sangrar. Frótela con papel secante. Si sangra, usted puede querer llevar el edredón a un buen lavado en seco. Usted podría desear preguntarle a un curador textil de un museo cercano para que recomiende alguno.

Sea justo con las telas delicadas

Blanqueador libre de preocupaciones

Cuando sus prendas lavables hechas de lana o seda se han puesto amarillentas con el tiempo, pruebe blanquearlas con esta solución. Mezcle una cucharada de vinagre blanco con una pinta de agua. Aplíquela con una esponja en las áreas amarillas y enjuáguelas. Lave como está sugerido.

La seda, la lana y algunas fibras hechas por el hombre requieren especial cuidado. La etiqueta puede indicar que usted puede lavar a mano o usar el ciclo de lavado suave. (la ropa de lana fina, generalmente, se lava mejor a mano). Lave en agua tibia o fría, y enjuague en agua fría. Disuelva el detergente en polvo o líquido completamente antes de colocar las prendas delicadas en el agua.

Si está lavando a mano, exprima suavemente el agua espumosa de la ropa. Evite frotarla o retorcerla. Enróllela en una toalla seca para remover el exceso de agua. Seque completamente lejos de la luz directa del Sol.

Batallando con las manchas

Una simple estrategia

Si usted pudiera simplemente prevenir la aparición de las machas, la vida sería más simple. Desafortunadamente, los accidentes ocurren. De esa forma, aquí hay algunas reglas básicas para lidiar con las manchas antes de que usted intente limpiarlas. Esté seguro de haber leído la etiqueta de la ropa primero, y preste atención a cualquier advertencia del fabricante.

▶ **Actúe rápidamente.** Mientras más rápidamente usted trate una macha, es más probable que la pueda remover completamente sin dañar la tela. Esto es porque la oxidación (el proceso que hace que el corte de la superficie de un banano o una manzana se vuelva de color café) causa que la sustancia que mancha interactúe con las fibras de la tela.

▶ **Identifique la mancha.** Esto es fácil cuando usted lo nota inmediatamente. Pero algunas veces usted puede encontrar una mancha que no puede identificar. Si usted no está seguro qué es, enjuague o humedezca los artículos lavables en agua fría antes de tratarlos o lavarlos. Pero échele un ojo a dichas prendas. Remojarlos mucho puede afectar el color de la tela.

▶ **Pruebe la sustancia removedora de manchas.** Aplíquela en un lugar oculto primero, quizá en una extensión de una costura, antes de usarla en la mancha. Déjela de dos a cinco minutos y enjuague. Si la sustancia daña la tela o cambia el color, no la use en el resto de la prenda. Y nunca mezcle sustancias removedoras de manchas. Si usted prueba una que no funciona, enjuague completamente la pieza de ropa antes de intentar con otra.

Fuera, fuera malvada mancha

Nunca frote una mancha. Hacer eso puede romper las fibras de la superficie de la tela y puede causar que la mancha se esparza. Esto también puede causar otras manchas y desteñimiento. Use una tela limpia, una esponja o quizá un cepillo suave. Haga un movimiento de borrón o de pluma (trazos cortos y suaves) para remover la sustancia tanto como se pueda. Si la sustancia ha empapado la ropa, séquela por ambos lados, si es posible, con una tela limpia y suave. Trabaje desde el fondo para remover la mancha.

Cuando use la esponja o frote una sustancia removedora de manchas, coloque la tela sobre una paño absorbente o una toalla de papel. Al trabajar desde el fondo, usted empujará la mancha hacia fuera, no hacia adentro. Trabaje desde el borde exterior de la mancha hacia el centro para prevenir su agrandamiento. Sea paciente. Permita que el agente trabaje suficiente tiempo antes de enjuagar o lavar.

Peleando con las manchas hasta el fin

Lave toda la prenda después de tratarla contra las manchas. Revísela para asegurarse que las manchas se han ido. Si no, repita el tratamiento, luego lávela de nuevo. Mientras lo hace, revise el resto de la ropa para ver si usted localiza otras manchas que no había notado antes. Usted puede tratarlas y lavarlas de nuevo antes de ponerlas en la secadora en donde podrían fijarse permanentemente.

Seque al aire la prenda, pero no al Sol. Luz caliente y brillante acelera el proceso de oxidación, lo que hace difícil de remover la mancha si no se ha quitado por completo en la primera vez. (Por esta razón nunca presione una prenda manchada). Inspeccione la prenda seca cuidadosamente para ver si la mancha se ha quitado completamente. Usted puede tratarla de nuevo si es necesario.

Aférrese a un experto

Cuando usted descubra manchas en una prenda no lavable, llévela a la tintorería tan pronto como sea posible. Ubique el sitio de las manchas. De otra forma, se hará un lavado general y el calor podría fijar permanentemente la mancha. Usted ayudará al tintorero

a hacer un mejor trabajo si usted puede explicarle qué
tan viejas son las manchas y qué sustancia las causaron.
Y si el contenido de fibras de la tela no está en la
etiqueta, provea la información también si usted puede.
Si la prenda está casi nueva, usted podría tener la
etiqueta que indica el contenido de fibras. Si es así,
llévela consigo.

Claramente esto aún necesita atención

No asuma que un líquido claro no necesita atención nomás porque
no se ve. Si el líquido contiene azúcar, éste se oxidará y se tornará
de color café si es dejado en la prenda. Así, si usted derrama una
bebida clara en su blusa, cuídela inmediatamente. Usted sabe el
dicho "ojos que no ven, corazón que no siente". Cuando usted vea
la mancha, será demasiado tarde para removerla.

Removedores de manchas rápidos (y baratos)

Para un removedor general de manchas para prendas
lavables, pruebe uno de éstos:

▶ Aplique una pasta hecha de detergente en polvo y un
poco de agua.

▶ Sumérjala en harina de maíz y agua, soda de hornear
o jugo de limón.

▶ Para manchas fuertes, mezcle jabón de lavaplatos in
una cubeta con agua. Sumerja la prenda en la
solución jabonosa. Si ésta flota, húndala con un
objeto pesado como una botella llena de agua.

Aclare sus manteles

Después de que usted use sus manteles de mesa, siempre
revíselos cuidadosamente buscando motas y manchas.
Trátelas tan pronto como sea posible. Si se dejan fijar,

éstas serán más difíciles de remover completamente. Sumerja manchas de comidas proteínicas, como huevos, carne y pescado, en agua fría. (El agua caliente fijará las manchas). Si se necesita algo más, pruebe una pasta ablandadora de carne y agua. Frótela y déjela actuar de 15 a 30 minutos, y lave la prenda con agua fría.

"Masca" el mejor removedor de goma de mascar

Para remover gomas de mascar de telas, primero pruebe congelando el material. La goma se volverá frágil y se romperá, o se despegará. Si usted aún tiene algunas manchas, use vinagre de vino blanco.

Limpie el vino de una vez

Puede ser difícil dejar la conversación estimulante en la mesa de cena, pero si usted derrama vino rojo en su blusa, sus invitados entenderán cuando usted se excuse. Esta es una situación que debe cuidar mientras la mancha está aún húmeda. Pase por la cocina y tome el salero, o tómelo de la mesa de cena. Seque tanto como pueda el vino con un trapo limpio. Cubra la mancha con sal. Lave en agua fría.

Y el orín es historia

Para las manchas de orín en ropa blanca, salpique con jugo de limón caliente, dé unas palmaditas, luego enjuague con agua tibia. O use jugo de limón y sal, y ponga la ropa al sol. No use blanqueadores de cloro sobre manchas de orín. Puede hacer peor la decoloración.

Hierro en las tuberías de agua o en el calentador de agua puede llevar a oxidar las manchas en una carga completa de lavado. Si este es un problema, correr el agua por unos pocos minutos antes de lavar ayudaría a limpiar las líneas. Drenar el calentador de agua de vez en cuando puede ayudar de igual forma. Si se vuelve un problema recurrente, considere instalar un filtro de hierro en el sistema de abastecimiento de agua.

Pruebe un poco de ternura

Para remover manchas de sangre, sumerja la ropa en agua fría. Cambie el agua cuando se ponga rosada. Haga una pasta espesa de ablandador de carne y agua fría. Use una esponja húmeda para aplicarla de 20 a 30 minutos. Cuando se seque, enjuague con agua fría.

Quizá usted sea vegetariano y no tenga un ablandador de carne a la mano. Usted puede blanquear esas molestas manchas de sangre en tela blanca con peróxido de hidrógeno. Viértalo en ella, luego limpie la espuma con una tela seca. Repita el proceso hasta que la mancha se vaya. Enjuague, luego lave como es costumbre.

Uñas que manchan

Usted se está haciendo el manicure cuando su gato decide ponerse amistoso golpeando el esmalte en el proceso. Ahora, ¿Cómo puede remover esa mancha de esmalte fuera de su falda? Rápidamente limpie el exceso. Luego, a menos que la tela sea de acetato o triacetato, tome el removedor de esmalte. Coloque la mancha hacia abajo sobre toallas de papel. Luego use una esponja moderadamente empapada de removedor de esmalte. Sumérjala en agua fría. Aplique detergente a la mancha, y lave.

Consejos claves para el chocolate

¿Tiene una mancha de una bebida de chocolate en una camiseta blanca? O quizá una pequeña persona disfrutó un gran pedazo de pastel de chocolate, pero sus manos pegajosas encontraron su camino hacia su falda. Remueva las manchas al remojar con soda de hornear antes de lavar.

El verdadero removedor

¿Encontró una mancha de cola en su camiseta deportiva favorita en la mañana después de una noche divertida? Quizá en la emoción de un juego de basquetbol agitado usted ni siquiera notó que la salpico. ¿Es muy tarde para quitar la mancha? No si usted aplica agresivamente el vinagre blanco directamente a la mancha antes de que pusen 24 horas. Después, lave como de costumbre. Esto debería dejar la camiseta libre de manchas para su próxima salida.

Otras bebidas suaves y alcohólicas contienen azúcar que se carameliza y vuelve difícil de remover si no se trata de una vez. Mezcle un cuarto de galón de agua tibia, una cucharadita de detergente, y una cucharada de vinagre blanco. Sumerja la prenda en esta solución durante 15 minutos. Enjuague con agua fría. Si la mancha no se ha ido, frote con una esponja que tenga alcohol isopropilo (desnaturalizado). Enjuague completamente y lave; usando blanqueador de cloro si este es seguro para la tela.

Lleve las manchas de frutas al agua caliente

Usted le pidió prestado a su tía Betty un mantel blanco muy bonito. Pero un invitado lo salpicó con compota de frutas. Todo lo que usted necesita es algo de agua hirviendo para que usted se mantenga fuera de problemas. Para remover manchas de frutas de la tela, sumerja la prenda varias veces en el agua hirviendo. Si las manchas están en un artículo muy grande como un mantel, coloque un recipiente debajo de la mancha y vierta el agua a través de la mancha y dentro del recipiente. Si la mancha es persistente, pruebe frotándola con jugo de limón.

Si usted prefiere no lidiar con agua hirviendo, trate este método. Empape la mancha por 15 minutos en una mezcla de un cuarto de galón de agua caliente, una cucharadita de detergente y una cucharada de vinagre blanco. Enjuague en agua fría. Si la mancha está aún ahí, frote con una esponja empapada de alcohol, y enjuague completamente, luego lave. Si la tela lo permite, use blanqueador de cloro.

Quizá sea una prueba de Rorshach

La mancha de tinta en su camisa puede lucir como algo para un test de personalidad, pero usted probablemente no quiere tenerla ahí permanentemente. Usted puede remover manchas de tinta de la ropa al aplicar un *spray* (o rociador) de cabello con contenido de alcohol. El alcohol descompondrá la tinta. Seque la mancha con un trapo para absorber el exceso antes de lavar. Pruebe en una zona oculta primero ya que algunas telas pueden dañarse con el *spray* de cabello.

No te desportilles

¿Llegaron a casa sus hijos de un día de campo con más pegamento en su ropa que lo que ellos suelen usar en sus proyectos de arte creativo? No tema. Solo remoje la ropa en agua tibia con tres cucharaditas de vinagre. Enjuague bien, y todos los signos de pegante desaparecerán.

Las cremas dentales y la leche son alternativas que usted puede usar. Aplique pasta dental a la mancha antes de lavar, pero remoje la mancha si usted usa leche. La leche fresca funciona, pero la agria es más rápida.

Esto debe ser mostaza

Su perro caliente del almuerzo ha dejado su marca, usted ahora tiene una mancha amarilla brillante en el frente de su camisa. Así como con todas las manchas, actúe tan rápidamente como sea posible para removerla. Mezcle una solución de un cuarto de galón de agua tibia, media cucharadita de detergente de manos líquido y una

Las manchas no son *cool*

Las manchas de Kool Aid están entre las más difíciles que sus hijos traen de un día de campo. Pruebe frotar con una esponja empapada de una solución de una cucharadita de amoniaco con media taza de agua. O si usted necesita algo un poco más fuerte, pruebe aplicarle peróxido de hidrógeno.

cucharadita de vinagre. Frote con una esponja la mancha y permítale secar. Luego siga los siguientes pasos: Aplique detergente líquido en la mancha, o humedezca la mancha con una esponja húmeda, y aplique una pasta de detergente en polvo y agua. Lave como es costumbre, usando blanqueador, si se puede, en la tela.

Persuada a la grasa a irse

Es costoso lavar en seco las prendas de gamuza. Pero quizá esto no sea necesario. Usted puede remover una mancha de grasa de una prenda de gamuza al frotarla con una esponja previamente sumergida en vinagre. Séquela y use un cepillo para gamuza para restaurar el contrapelo.

Frescura desde el botiquín de medicinas

Un jovencito retorciéndose con una cortada o raspadura puede causar que usted derrame el yodo, cromato de mercurio o mertiolate. Rápidamente remoje las manchas en una solución de un cuarto de galón de agua tibia, una cucharadita de detergente y una cucharada de amoniaco por 30 minutos. Luego lave como es costumbre.

El beso de la muerte para la ropa

Bailar mejilla con mejilla puede ser muy romántico. Pero tratar de remover el labial de su mejor camisa formal blanca puede bajarlo de las nubes muy rápido. Pruebe este proceso:

▶ Primero ablande la mancha con un poco de gelatina de petróleo (Vaselina).

▶ Frote suavemente con alcohol desnaturalizado o peróxido de hidrógeno.

▶ Lave como es costumbre.

Ahora usted debería estar listo para el siguiente baile formal. Pero usted podría considerar tomar a la dama con el brazo estirado.

Hay hongos entre nosotros

El moho es una de las manchas más difíciles de quitar. Es un hongo que puede crecer, y en sus etapas avanzadas, debilitar y destruir algunas telas. Si esto ocurre, trátelas tan pronto como sea posible con alguna de estas soluciones:

▶ Remójelas en vinagre blanco.

▶ Frótelas suavemente con jugo de limón y sal, y póngalas al sol.

▶ Seque repetidamente con peróxido de hidrógeno.

▶ Deje en remojo toda la noche en suero de leche o en leche agria.

Use las argollas alrededor de un cuello grasoso

Su baño tiene la respuesta para remover esos anillos grasosos en el cuello de los camisas. El champú disuelve los aceites del cuerpo, de esta forma éste trabajo es natural para él. Vierta el champú en una botella si no viene en una. Aplíquelo directamente en la mancha, déjelo reposar, y luego lávela.

Trate otras manchas aceitosas o grasientas de su ropa con una pasta de harina de maíz y agua. Aplíquela, déjela secar, y remuévala con un cepillo.

Golpee después de que la plancha esté caliente

Manchas de quemaduras, si no son muy severas, puede algunas veces ser removidas de prendas de 100% algodón o una combinación de algodón, con un detergente líquido. Si una prenda es de 100% poliéster, llévela a la tintorería para ver allá pueden salvarla.

Si usted se viste con su café

Si usted derrama té o café en su camisa o mantel favorito, póngalo en la siguiente solución durante 15 minutos más o menos: un cuarto de galón de agua tibia, una cucharadita de detergente y una cucharada de vinagre blanco. Enjuague. Si la mancha permanece, frótela con una esponja que tenga alcohol, enjuague y lave usando cloro si la tela lo permite.

¿Qué tipo de mancha dijiste?

Es mejor tratar inmediatamente con manchas de orina, vómito y mocos, así que no esté tentado a aplazarlas. Aplique o remoje estos tipos de manchas en agua fría. Luego aplique el detergente de lavandería directamente a la mancha y lávela. Si ocurre un cambio de color, puede ser posible restaurar el color al frotar con una esponja con amoniaco sobre las nuevas manchas o con vinagre sobre las manchas viejas.

No transpire manchas

Las manchas por transpiración usualmente se irán si usted las humedece con agua fresca y las frota con una barra de jabón. Si la tela se descolora, frote las manchas frescas con una esponja con amoniaco o las manchas viejas con vinagre blanco. Enjuague. Lave con el agua más caliente que la tela pueda soportar.

Solución que desafía a los años

Cuando las telas de algodón blanco o de juegos de cama se ponen amarillas con los años, use agua caliente con el doble de la cantidad usual de detergente. Lave en el ciclo de lavado normal durante cuatro minutos, luego detenga la lavadora y deje en remojo los artículos durante 15 minutos. Reinicie la máquina, déjela funcionando 15 minutos, y complete el ciclo de lavado. Repita si es necesario. Para *nylon* amarillento, remoje la prenda toda la noche en una solución de agua y blanqueador de oxígeno. Luego lave con agua caliente usando blanqueador de oxígeno y dos veces la cantidad normal de detergente.

No llore sobre los crayones

Siempre revise los bolsillos de sus hijos antes de que ponga la ropa en la lavadora. ¿Qué pasa si lo olvida? Usted podría terminar con una carga completa de lavado manchada con cera de crayón. Lo mejor por hacer, en este caso, es remover el exceso de crayón con un cuchillo desafilado y llevar la ropa a la tintorería. Explique lo que ocurrió y solicite una limpieza masiva. O usted podría probar hacerlo usted mismo con una lavadora de monedas.

Congélelo

Algunas veces una prenda de ropa se mancha, pero usted no tiene tiempo de lavarla inmediatamente. Póngala en una bolsa plástica y póngala en el congelador. Luego, lávela cuando sea conveniente, y la mancha aparecerá como si recién hubiera ocurrido.

Si las manchas no salen con la limpieza en seco, lávelas durante 10 minutos con agua caliente. Use la cantidad normal de jabón, no de detergente, correspondiente a una carga normal y una taza de soda de hornear. Si usted tiene agua pesada, use un suavizante de agua también. Si las manchas permanecen, use una pasta de jabón en las manchas, regrese a la solución de agua caliente por cinco minutos más, luego lave como es costumbre.

Cera poética, pero no por mucho

La luz de las velas puede crear el ambiente de una noche romántica. Pero se regresa a la vida cotidiana cuando es

Humo en el agua

Hay veces en las que usted simplemente no puede evitar estar en un cuarto lleno de humo. Desafortunadamente, el humo puede penetrar y dejar olores en su ropa. Para remover ese olor desagradable, cuelgue la ropa sobre una tina. Llene la tina con agua caliente y añada una taza de vinagre blanco. El vapor hará que la ropa huela a fresco de nuevo.

tiempo de quitar la cera de su mantel preferido. Comience endureciendo la cera con hielo. Luego use un cuchillo desafilado para remover tanta cera como sea posible. Luego, coloque el área manchada entre dos toallas de papel limpias y planche con una plancha tibia. Reemplace las toallas de papel varias veces a medida que absorban la cera. Ahora coloque la mancha hacia abajo sobre toallas de papel frescas y aplique un removedor de manchas de prelavado o un fluido de lavado en seco. Seque con toallas de papel limpias y deje en reposo. Lave como es costumbre. Si alguna mancha permanece, lávela de nuevo usando un blanqueador que sea apropiado para el material.

Muéstrele al betún quién es el que manda

Si usted derrama líquido de embetunar zapatos en su ropa, pre-trate las manchas con una pasta hecha de detergente seco y agua. Luego lave como es costumbre.

Si es una pasta de embetunar la que estropea su ropa, primero raspe todo lo que pueda los residuos con un cuchillo desafilado. Luego trate con anticipación las manchas con un fluido limpiador o un removedor de manchas de prelavado. Luego enjuague y aplique el detergente a las manchas mientras éstas están húmedas. Lave con blanqueador de cloro si la tela lo permite. De otra forma, lave usando el blanqueador de oxígeno suave.

Retos de la lavanda de ropa a la inerperie

No enturbie el agua

Los jardineros sureños, quienes hacen muchas excavaciones en la arcilla roja de Georgia (o Alabama), han aprendido a no manchar la ropa con esa sustancia roja. Cuando ellos han pasado la mañana cavando en el jardín y tienen algo de barro pesado en sus *jeans*, ellos prelavan su ropa con una manguera de jardín antes de ponerla en la lavadora. Esto es una buena idea sin importar de donde venga el barro.

Si usted salpica barro en el dobladillo de un buen vestido o en las botas de su pantalón favorito, trate esta solución. Permita que el barro se seque completamente. Remueva el barro con un cepillo tanto como sea posible. Ponga un cuarto de taza de detergente en un recipiente con suficiente agua como para introducir el dobladillo o botas enlodados. Deje en remojo por una o dos horas, luego lave como es costumbre.

Otra forma de deshacerse del barro es cepillando el exceso, y luego remojando por 15 minutos en un cuarto de galón de agua tibia, una cucharadita de detergente y una cucharada de vinagre blanco. Enjuague con agua fresca. Si la mancha sigue estando ahí, frote suavemente con alcohol, enjuague, y lave como es costumbre. Si usted aún tiene una mancha rojiza, trátela con un blanqueador de oxígeno.

Las manchas de pintura son un dolor de cabeza

Usted ha sido cuidadoso cuando ha estado pintando, pero de alguna forma usted goteó pintura en su ropa. No gaste su tiempo preocupándose por eso. Usted necesita actuar rápidamente antes de que la pintura se seque. Si la pintura es a base de agua, frote con una esponja mojada o remoje en agua fresca. Ponga detergente directamente sobre la mancha, luego lave como es costumbre. Usted podría desear añadir un poco de blanqueador de cloro si el material lo permite. Si es pintura a base de aceite, frote con una esponja untada de trementina y luego enjuague. Use algo de detergente en la mancha. Lávela con agua tibia usando blanqueador de cloro a menos que la etiqueta de la ropa indique lo contrario.

La forma razonable de limpiar la ropa

Escalar árboles puede ser divertido para los niños, a menos que ellos se resbalen y se raspen sus rodillas. Pero quitar la resina de pino es lo que más causa dolor de cabeza a los adultos que hacen el lavado de ropa. Eso no es fácil, pero puede ser hecho. Disuelva la resina con trementina, disolvente de pinturas o bebidas minerales. Enjuague completamente y lave como es costumbre.

Déjelo en la carretera, donde pertenece

Remueva residuos de alquitrán o asfalto de la ropa con un cuchillo sin filo. Sature la mancha con aceite de ensaladas y déjelo actuar por 24 horas. Vierta un poco de detergente de lavandería líquido sobre la mancha. Espere unos minutos y lave como es costumbre. Para prendas lavables, si esto no remueve todas las manchas, use gelatina de petróleo (vaselina) en la mancha. Deje en reposo durante media hora, y lave en agua jabonosa caliente.

Ataque las manchas de pasto

¡Deslizarse en la base, justo bajo la mira del receptor, hace el juego de *softball* emocionante! Pero ahora, ¿Qué va a hacer usted con las desagradables manchas de pasto en sus pantalones? Aplique alcohol desnaturalizado a la mancha, y lave con agua tibia. En el siguiente juego, usted estará listo para regresar a la base limpio y reluciente.

ROPA

Planchado de la ropa

El planchado importa

Junto con su plancha y su mesa de planchar, una de las herramientas más útiles es una "tela de planchar". Ésta le permite a usted eliminar arrugas de la tela más delicada sin quemarla o derretirla. Usted puede comprar una en una tienda de telas, o simplemente crear la suya propia con un pañuelo o un gran pedazo de muselina. Sólo asegúrese de que usted usa una tela de algodón de color blanco o de marfil de aproximadamente 12 pulgadas cuadradas o más grande.

Para usar su tela de planchar, alise el artículo que usted quiere planchar en su mesa, luego coloque la tela encima de ella. Use el nivel de calor apropiado para la tela delicada. El calor se transferirá a través de la tela de planchar para alisar la tela que está debajo. Simplemente mueva la tela de planchar a otra área a medida que usted planche.

Demasiadas planchas en el fuego

Las marcas de quemaduras ligeras en la tela causadas por una plancha muy caliente pueden ser arregladas rápidamente. Humedezca una tela con vinagre blanco, y colóquela sobre el área a ser reparada. Planche usando una temperatura baja y las marcas desaparecerán.

Hace demasiado calor

Una pieza de ropa que muestra una gran marca de
quemadura con la forma de una plancha probablemente
se convertirá en otro trapo más. Pero podría ser posible
quitar esa mancha, especialmente si la prenda está hecha
de fibras naturales tales como algodón o lino. Aquí está
una técnica que usted puede probar cuando no hay nada
que perder. A una cubeta de agua tibia, añada ocho
onzas de peróxido de hidrógeno al 3%. Mezcle bien y
sumerje la pieza manchada. Deje en remojo la pieza toda
la noche, luego remuévala y lávela por separado. Usted
podría ahorrar tiempo, dificultades y gastos al
reemplazar la ropa.

Consejos de la abuela

Guarde las cajas de galletas que tienen capas de cera
por dentro ya que ellas son excelentes pulidores para
las planchas, en lugar de los pequeños bloques de
cera de parafina que son generalmente usados.

Household Hand Book, 1860

Planche mientras la plancha está caliente

Cuando planche varias telas que requieren diferentes
temperaturas, planche primero las que requieren más
bajas temperaturas. No le toma mucho a la plancha
calentarse, pero le toma más enfriarse.

Ahorre electricidad y dinero cuando planche. Apague la
plancha cinco minutos antes de que usted termine de
planchar y use el calor retenido para terminar el trabajo.

Movida suave

Bajarle el dobladillo a una prenda puede ser una forma de extender la vida de ella. Sin embargo, el viejo dobladillo deja un desagradable pliegue en la tela. Pruebe humedeciendo una esponja limpia con vinagre blanco y plancha a lo largo de la línea del doblez. Luego plancha con una plancha caliente y el pliegue desaparecerá.

Recicle la plata

Su mesa de planchar con reflector de calor puede haberse desgastado, pero aún tiene vida. Córtela, y use las partes menos desgastadas para hacer agarra-ollas, protectores de calor para la mesa o guantes de horno. Solo combínela con otras telas y rellenos para hacer artículos que resistan el calor.

Recicle su botella deportiva

Mantenga agua a la mando para su plancha de vapor al almacenarla en una botella deportiva de agua o de agua mineral con tapa. El pequeño pico tiene el tamaño correcto para verter agua en el tanque de la plancha.

Arrugas

Usted va rumbo a una importante reunión, pero cuando usted saca su blusa del closet encuentra una fea arruga en el cuello. No hay tiempo para poner la plancha, ¿Qué puede usted hacer? Tome su secador de mano y póngalo en calor máximo. Apunte el secador hacia la arruga estirando el cuello con su otra mano. Sostenga la boca del secador a unas pocas pulgadas hasta que la arruga desaparezca. Continúe sosteniendo el cuello estirado hasta que la tela se haya enfriado y la arruga se haya ido.

Cociendo y remendando

Bienes materiales

Haga un pequeño libro de muestras pequeñas de las telas que usted tiene en casa, y llévela consigo cuando usted compre ropa u otras telas. Pegue o engome pequeñas tiras de sus telas a una tarjeta de índice (algunas cabrán en una tarjeta), junto con la cantidad que usted tiene. Engrape las tarjetas juntas con una tarjeta de tapa y llévela en su bolso. La próxima vez que usted vaya de compras, usted puede elegir una nueva tela o tipo de ropa que coordine con lo que ya usted tiene invertido. Usted probablemente usará esa tela si ésta va con algo más.

Ahorre tiempo con un equipo de costura

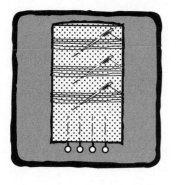

Prepare usted un equipo de costura de buena calidad así usted estará listo para aquellas reparaciones inesperadas. Corte una tira de 3x10 pulgadas de fieltro, tela gruesa o papel, y dóblela en dos para hacer un rectángulo. Enhebre una aguja con un hilo blanco o marfil, otra con un hilo gris oscuro o negro, y otra con un hilo marrón claro u oscuro. Anude los extremos de cada hilo y envuélvalos alrededor del rectángulo de tela o papel, clavando las agujas para mantener la tela en su lugar. Clave cuatro alfileres en la tela o papel. Ponga el equipo en una cajonera o en un estante del clóset, y ponga unas tijeras con él. La próxima vez que usted necesite una reparación rápida, en lugar de hurgar para encontrar un hilo específico y una aguja, usted puede arreglar el problema en un par de minutos.

Una diferencia medible

Mida su tela antes de almacenarla, y escriba la cantidad y ancho de la tela en una tarjeta de registro cortada en dos longitudinalmente. Meta la tarjeta en los dobleces o rollo de tela. La próxima vez que usted desee una pieza específica, usted sabrá si usted tiene suficiente tela sin necesidad de medirla de nuevo.

La ley de los promedios

Examina tus moldes y descubra la cantidad de tela que usted necesita para hacer un par de sudaderas, una falda, una blusa, un vestido corto, un vestido largo, y otras piezas de ropa que usted haga para su familia. Escriba estas cantidades promedio en una tarjeta de registro, y llévela en su cartera. Entonces, cuando usted vea la tela adecuada, usted puede comprar exactamente la cantidad que usted necesita.

Telas a primera vista

La mejor forma de almacenar tela que espera ser usada para fabricar ropa o artículos del hogar es enrollándola. Un estante o librero abierto o una caja girada es el lugar perfecto para almacenar la tela. Doble y enrolle la tela para que se ajuste a la profundidad de sus estantes o cajas, luego asegure cada pieza con una banda de hule o goma. Usted sabrá a simple vista si tiene el verde correcto o esa sombra perfecta de rosa.

Sobre los alfileres y agujas

Guarde residuos de jabón y envuélvalos en tela para hacer una almohadilla de alfileres. La lubricación extra ayudará a que los alfileres se deslicen fácilmente en la tela.

Vaya al grano

¿Tiene problemas enhebrando una aguja? Estos dos consejos le ayudarán:

▶ Esparza un poco de laca de cabello en sus dedos, y alise el extremo del hilo entre sus dedos. La laca se secará inmediatamente y endurecerá el hilo lo suficiente como para hacerlo firme.

▶ Trate de sostener el hilo entre su índice y su pulgar trayendo el ojo de la aguja al hilo, en lugar del hilo a la aguja. Este truco de bordado le permite sostener el hilo más firmemente a medida que éste hace contacto con la aguja.

Consejo de reciclado de hombreras

Usted puede reciclar hombreras sobrantes al darles un buen uso. Doble una por la mitad, y cósala a lo largo del borde curvo para formar una envoltura para pequeñas tijeras o cortadores de rotación. O fabrique rodilleras para usar en su jardín al coser o asegurar las hombreras con alfileres a ambos extremos de una cinta elástica estrecha.

Embobinando

Para cambiar el color del hilo de la bobina de su máquina de cocer, hágalo de la forma más fácil. Coloque la bobina en su bolsillo, y jale el hilo hasta que haya sido removido de la bobina. ¡No hay oportunidad para perderlo de esta forma!

Ropa en oferta

Falsos descuentos

Obtenga las mejores gangas en ropa visitando las ventas de garaje, tiendas económicas, y tiendas de ropa de segunda. Usted puede a menudo encontrar ropa ligeramente usada, o ropa de marca nueva con la etiqueta puesta, por una fracción del precio original. La calidad de tales telas puede ser sorprendentemente buena. O considere hacer un intercambio de ropa con amigos y vecinos que usen ropa similar a la que usa usted y su familia.

Recorte el lavado en seco

Hágase un favor usted mismo al comprar poca ropa que requiera lavado en seco. Con excepción de trajes y gabardinas, la mayoría de artículos de ropa tienen alternativas de lavado que usted puede elegir. También, muchos artículos que indican que "solo pueden ser lavados en seco" pueden ser suavemente lavados a mano.

Eso es comprar en el viejo *Bean*

Considere comprar parte de su ropa por catálogo en una compañía que ofrezca una buena política de devolución o reparación. *L.L. Beans* gana muy buena apreciación de sus clientes por su garantía de satisfacción 100% en sus productos, sin importar qué tan viejos estén. En primer lugar, los artículos son resistentes y están bien hechos, y la compañía los reparará o reemplazará sin cargo alguno. Un abrigo de invierno de buena calidad comprado en una compañía confiable costará más en el mostrador pero puede ahorrar dinero con el paso de los años. Asegúrese de investigar las políticas de servicio de cualquier compañía antes de comprar.

No solo ponga la ropa en la lavadora y la secadora. Recortando los gastos de el lavado en seco le hará ahorrar mucho dinero y lo mantendrá saludable al evitar los químicos de las soluciones de lavado en seco. Algunas personas tienen reacciones alérgicas a éstos químicos mientras se están evaporando.

Abotone su abrigo

Para mantenerse tibio y confortable en un clima frío, elija ropa de telas que son naturalmente tibias. La lana, por supuesto, es la más famosa por su calor. Pero el algodón es un competidor, también, especialmente si tiene una textura rugosa como la pana o la franela. Las telas con más de una capa hacen un mejor trabajo al mantener su cuerpo caliente.

Cuidado de la ropa

Consejos útiles para vestirse sabiamente

Aquí hay tres cosas que usted puede hacer para obtener el mejor rendimiento en su ropa:

▶ Asegúrese de que su ropa está limpia cuando usted se la quite. Una mancha que se deja en una prenda puede volverse permanente. Limpie manchas y salpicaduras tan pronto como sea posible.

▶ Repare pequeñas rasgaduras, roturas y jalones cuando éstos ocurran. Entre más desgastada esté la ropa, el maltrato será peor, y su reparación puede ser mucho más difícil posteriormente.

▶ Almacene su ropa en la forma correcta. Manténgala lejos de la luz solar, y de zonas húmedas y mohosas.

Mantenga las polillas lejos de las prendas de lana. No cuelgue ropa que se estira en ganchos que pueden deformarla.

Póngale clavos a su guardarropa

Aquí hay una alternativa dulce y picante para las bolas de naftalina: ¡Clavos de olor enteros! Los bichos los odian tanto como a la naftalina. Haga un sobre de clavos de olor con una estopilla para colgarla en el closet, o simplemente ponga clavos de olor sueltos en los bolsillos

Cedro barato

Un sustituto económico para un clóset de cedro se encuentra en los pasillos de su tienda de mascotas local. Busque una bolsa de virutas de cedro que es usada en las jaulas de mascotas pequeñas. Llene varias bolsas de papel con las virutas, luego engrape la boca de las bolsas. Haga huecos en las bolsas para permitir que el aroma salga, y colóquelas dentro de su clóset o cajones.

Secador de manchas

¿Tiene manchas grasosas en su vestido o camisa de algodón? Tome una almohadilla de maquillaje o una bola de algodón, y métala en polvos para bebé o maicena. Frótela suavemente en la mancha. Remueva el exceso de polvo cuando la mancha desaparezca. Para manchas insistentes, repita el proceso.

Vestido para el éxito (limpieza total)

Cuando usted tenga un trabajo pesado que hacer, vístase adecuadamente. Tenga vestimenta de "trabajo" para actividades sucias, y manténgalo en un sitio conveniente. Aquélla ropa que ha sido manchada o pintada es la perfecta elección. Cuide su ropa buena de estropearla accidentalmente y usted la tendrá lista para usar cuando quiera lucir bien.

Ciérralo ya

Cuando sus cierres se rehúsen a deslizarse suavemente, pruebe frotando sus pequeños dientes con una vela, una mina de lápiz, o una barra de jabón. Los dientes se deberán deslizarse por su camino.

Revitalice sus puños

Si su suéter favorito tiene las puños caídos, no asuma que éste debe ser relegado a la sección de "ropa de trabajo" de su closet. Sumerja los puños en agua caliente, y séquelos con una secadora de pelo para darle al suéter su aspecto original.

Lo ves, ahora no lo ves

Notó usted un mar de pelusa en su falda negra favorita? Usted no necesita un sofisticado cepillo o rollo para quitar la pelusa. Solo envuelva un poco de cinta adhesiva alrededor de su mano, péguela a la ropa y remueva la pelusa.

Déle brillo a sus botones

Actualmente los botones listos para usar son cosidos con la menor cantidad de hilo posible; algunas veces están flojos cuando la ropa se usa por primera vez. Para evitar la pérdida de botones de su nuevo atuendo, aplique un poco de *Fray-Check* o esmalte de uñas claro al hilo en frente de cada botón. Tenga cuidado de no untar la tela. Esto refuerza el hilo para mantener el botón en su lugar.

Arreglo rápido para los tejidos

Su nuevo saco tejido tiene un hilo suelto en la manga, y usted necesita una forma rápida y fácil de reparar las cosas. Consiga un enhebrador de aguja de metal o de plástico y metal, del tipo que se encuentra en cualquier departamento de costura, cerca de los hilos. Desde el interior de la manga, empuje la aguja hiladora al lado derecho de la manga justo junto al jalón. Enrolle el hilo suelto en la aguja hiladora, luego jale la aguja hacia el lado contrario. El hilo suelto permanecerá en el lado contrario de la manga y será invisible desde el exterior.

Alambrado contra la adherencia estática

La fastidiosa adherencia estática es a menudo un problema durante los meses fríos y secos de invierno. Si su falda se está pegando a su fondo, pruebe esta táctica divertida. Pase un gancho de ropa metálico entre su falda y su fondo. La energía estática se transferirá al alambre. Esto también funciona en el cabello cargado eléctricamente.

Zapatos y medias

Mida la situación

Si usted está buscando un par de zapatos y el ajuste no es exacto, pida otro par del mismo tamaño. Cada par, aún de la misma medida, puede sentirse y ajustarse diferente.

Ahorrador de cordones de zapato

Enhebrar el extremo deshilachado de un cordón de zapato es casi imposible. La próxima ves, sumerja el extremo deshilachado en esmalte de uñas y déjelo secar antes de tratar de enhebrarlo de nuevo.

Buenas noticias para los zapatos

¿Temeroso de acercarse a los tenis olorosos de su hijo adolescente? Deje que el papel periódico absorba el olor. Amontone periódicos y métalos en cada zapato. Déjelos toda la noche. En la mañana, el aroma habrá mejorado.

Consejos de la abuela

Aquí está como hacer que sus zapatos sean a prueba de agua y se alargue su vida: mezcle juntos un aderezo de dos partes de cera de abejas con una parte de oveja. Aplique en la noche, y en la mañana, limpie con un trozo de franela. Usted ahora tiene zapatos a prueba de agua, casi sin costo alguno para usted.

1003 Household Hints and Work Savers, 1947

Si el zapato se ajusta

¿Qué hacer con los zapatos atléticos que se han quedado chicos o desgastados? Si su adolescente ha dejado los zapatos antes de que ellos se hayan desgastado mucho, vea si el tiene un amigo más joven o más pequeño que pueda usarlos. Si los zapatos están completamente desgastados, envíelos al programa especial de reciclado de Nike, en donde ellos los convierten en pisos de hule que son do-ados para instalarse en canchas de basquetbol de barrios pobres de una ciudad. La dirección es:

Centro de Reciclado Nike
Programa "Reuse los zapatos"
26755 SW 95th St.
Wilsonville, OR 97070

Bríllelos

▶ La gelatina de petróleo es un excelente "brillador" de zapatos de charol.

▶ Para sus zapatos de cuero normales, use un poco de cera de abejas o cera para carro que haya quedado.

▶ El pulidor para muebles también puede darle un brillo agradable y limpio a sus zapatos de cuero.

Repare su gamuza

Las manchas en sus zapatos de gamuza pueden ser removidas con un borrador de goma de dibujo, disponible en tiendas de suministros de arte o tiendas de dibujo. Luego lije ligeramente la mancha con una lima de uñas o una lija de acero muy fina para restaurar la textura de la gamuza.

Otra buena forma de remover grasa de la gamuza es con vinagre. Sumerja un cepillo limpio y seco en vinagre blanco y cepille la mancha. Ésta deberá estar limpia cuando el vinagre se haya evaporado.

Un consejo de cáscaras

¡No arroje esa cáscara de plátano! Usted puede usar el interior de la cáscara de plátano para pulir sus zapatos de cuero. Luego saqueles brillo con un paño seco.

Menos estrés

Cuando usted compre unas pantimedias, elija una talla ligeramente mayor en lugar de una menor. El tejido durará más si hay menos estrés al usarlas.

Dedos en formación

Las pantimedias con dedos reforzados tienden a durar más que las de tipo sandalia, debido a que en el área de los dedos no se forman tantos huecos, ni se engancha. Si usted compra mallas de tipo sandalia, rocíe los talones y los dedos con laca para lograr una mayor duración.

Peligro adelante

Antes de que usted se ponga sus medias o pantimedias, revise los riesgos. Anillos y brazaletes pueden causar enganchones, tal como lo hacen los padrastros o aun la piel áspera de sus manos y pies. Quítese su joyería, y póngase un poco de loción de manos para librar a sus pantimedias de enganchones y tirones.

Paletas de pantimedias

Usted pudo haber escuchado esto antes y haber reído. Pero deje la broma a un lado, esto realmente ayuda a prolongar la vida de sus pantimedias. Lave y escurra sus medias, colóquelas en una bolsa plástica y póngalas en su congelador. Después de que se congelen, descongélelas y cuélguelas para que se sequen.

Pare esa rasgadura

Usted tiene una rasgadura en sus medias que, por ahora, es cubierta por su falda. Párela antes de que tenga una apariencia avergonzarte debajo de su dobladillo. Un toque de esmalte de uñas transparente en el fondo de la rasgadura detendrá su avance. Si usted no tiene esmalte, use laca.

Un consejo para sus pantimedias

¡Déle a sus pantimedias gastadas un nuevo uso en su vida! Después de lavarlas y secarlas en máquina, córtelas en tiras anchas, remueva las bandas elásticas, y úselas para rellenar almohadas, muñecas blandas, o juguetes.

Guarde las bandas elásticas de la cintura para amarrar y almacenar sus cobijas y edredones de invierno.

Accesorios

Alambrera para aretes

Para almacenar aretes de perforación, compre una pequeña lámina alambrera rígida en una ferretería. Redondee las esquinas y use cinta adhesiva para cubrir los bordes. Presione el poste del arete a través de un hoyo en la lámina y ponga la parte de atrás del arete en el otro lado, de forma que el arete esté asegurado. Ponga la lámina en un cajón o cuélguelo en un sitio apropiado.

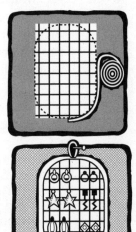

Ponga los aretes en hielo

Si usted tiene un gran número de aretes de perforación chicos pruebe almacenarlos en una bandeja de cubos de hielo. Cada espacio cúbico guardará varios pares de aretes. Usted puede agruparlos por color, si así lo desea, de forma que a simple vista se vea si hay algún par que se ajuste a un atuendo en particular. Las bandejas entran fácilmente en un tocador o un cajón de un neceser, y pueden apilarse en varias capas en un cajón profundo.

Elimine los desastres de los aretes

Si usted pierde la parte de atrás de un arete en su trabajo, como reemplazo, corte un borrador de un lápiz. Quítese el arete y empuje el poste en el borrador para hacer un hoyo. Luego use su arete con el sujetador temporal. ¡Esto durará mientras usted llega a casa!

Revitalice su guardarropa

Si la mayoría de su ropa es de tipo clásico y durable, usted puede estar cansado de usarla año tras año. En lugar de comprar ropa nueva, compre nuevos accesorios. Una bufanda económica, aretes, broches, un par de zapatos, o un sombrero, pueden darle a su ropa una nueva presentación al minuto sin mucho gasto. Compre en tiendas de descuento accesorios modernos a bajos precios.

Póngase su sombrero de pascuas ...

Si usted quiere llevar sombreros de paja pero no está seguro cómo limpiarlos, siga los siguientes consejos:

▶ Cepille las pajas frecuentemente para mantener la suciedad y el polvo fuera.

▶ Limpie las pajas de color claro con peróxido de hidrógeno diluido.

▶ Use una solución débil de amoniaco y agua en pajas oscuras.

▶ Blanquee las pajas blancas con una pasta casera hecha del jugo de dos limones y dos cucharadas de sulfuro. Aplique la pasta con una tela suave y déjela secar. Luego cepille el polvo seco con un cepillo rígido.

ARTÍCULOS DE VALOR

Pinturas y obras de arte

Sus obras de arte finas necesitan un toque suave

¿Se pregunta usted cómo mantener sus obras de arte en perfectas condiciones? Sea cuidadoso con ellas. Las pinturas y las esculturas deberán ser desempolvadas ocasionalmente con cepillos suaves de pelos de camello o de animales pequeños. No use desempolvadores de tela o plumeros, los cuales pueden atrapar partículas de suciedad y rayar las obras de arte.

No deshaga las pinceladas del maestro

Resista la tentación de limpiar una pintura de óleo o de acrílico con cualquier tipo de limpiador o solvente, incluido el aceite de linaza, del cual se decía algunas veces que era bueno para las pinturas de óleo. Si su pintura necesita algo más que una desempolvada, llévela con un profesional. En una pintura valiosa, usted ahorrará más a largo plazo por tenerla con una limpieza apropiada y segura. Llame al museo de arte local o a la tienda de suministros para artistas para encontrar a la persona que limpia y restaura pinturas.

Protegiendo su Picasso

Para evitar que el medio ambiente entre silenciosa y lentamente, y deteriore una pintura original, coloque una

Cuide sus trofeos

Si usted es un cazador o pescador entusiasta, usted podría estar preocupado por mantener sus trofeos de pared en las mejores condiciones. El taxidermista profesional Larry Reese de Centreville, Maryland, ofrece las siguientes sugerencias.

La mejor forma de limpiar monturas de animales peludos es usando una aspiradora, Larry dice. "Éstos pueden ser limpiados con el aditamento tipo cepillo de la aspiradora, o usted puede usar un trapo de algodón y un limpiador de muebles en aerosol como *Endust*. Limpie desde la cabeza hacia la cola".

Para pescados y pájaros, Larry recomienda usar un plumero. Cualquier vidrio o parte de madera pueden ser limpiados con un limpiador regular para ventanas o muebles.

tabla en la parte trasera del bastidor del lienzo (el marco de madera en el cual el lienzo esta estirado), no el marco de la pintura. Cartones de calidad de archivo, los cuales no causarán deterioro en la pintura, son adecuados para este propósito. Éstos mantienen libres de polvo a la pintura y le darán más estabilidad si usted necesita moverla o volverla a enmarcar. El cartón de archivo deberá ser cortado al tamaño del bastidor y atornillado cuidadosamente para sellar la pintura contra el polvo y otras suciedades. Usted puede conseguir este cartón en una tienda de suministros de arte o en una tienda de marcos.

Tres buenos consejos para colgar cuadros

► No cuelgue pinturas o fotos en donde estos estén directamente expuestos a la luz del sol. Se van a desteñir los pigmentos y se decolorará el barniz con el tiempo.

► Ponga pequeños separadores de plástico o de goma en las esquinas inferiores de la parte trasera del marco de la obra de arte, para incrementar la circulación del aire y proteger las paredes.

► ¡Nunca cuelgue pinturas sobre la chimenea! Aunque este es el lugar favorito para colocar un paisaje o el retrato familiar, este no es un ambiente saludable. El calor y el hollín dañaran y harán estragos en la obra de arte. Asimismo, no cuelgue piezas valiosas cerca del aire acondicionado o de los conductos de la calefacción.

Papeles invaluables

Los recuerdos deben ser vistos, no tocados

Antes de desempolvar el viejo álbum de fotos familiares o libros de recuerdo para comenzar a mejorar su preservación, mire sus manos. La suciedad visible puede hacer mucho daño a los objetos de papel, pero los aceites y ácidos invisibles de su piel pueden hacer mucho más. Siempre lávese bien las manos antes de manipular sus tesoros y consiga algunos guantes blancos económicos de la tienda fotográfica local. Ellos están hechos para manipular fotos y negativos, pero también funcionan bien con cualquier material sensible

Tómese su tiempo antes de laminar

Usted quiere proteger el documento familiar de la histórica guerra civil para podérselo pasar a sus hijos. ¿Debería usted laminarlo para mantenerlo seguro? ¡Absolutamente no! El laminado puede acelerar el proceso de deterioro esperado debido a su alto calor y pegamento. Aquí están algunos buenos consejos para mantener el tesoro familiar en buenas condiciones.

► Haga una copia para mostrar, pero guarde el original.

► No use un proceso irreversible (como el laminado) en el documento.

► Guarde el documento en las mejores condiciones posibles. Evite la luz solar directa, la alta humedad y el almacenamiento cerca del piso o cerca de una pared que este hacia el exterior, donde la humedad podría ser un problema.

Use productos de archivo para guardar sus preciosas fotos y documentos. Los productos de archivo son hechos de papel libre de ácidos o libre de aditivos plásticos que no reaccionaran químicamente con los documentos que usted esta almacenando. Usted puede comprar productos de archivo en tiendas especializadas ordenándolos por correo, tiendas de artículos fotográficos, tiendas de artículos de arte, tiendas de artesanías, y tiendas de marcos.

Una alternativa segura a laminar sus documentos es usar dos láminas de película de poliéster (*mylar*). Cierre los bordes con cinta doble cara, tal como el producto número 415 de *3M*, tómelo con cuidado, no permita que el pegamento toque el documento adentro. Luego el documento estará seguro para mostrarse y manipularse.

Una buena lectura, se lee y se lee

¿Usted sabe que el típico libro esta hecho con papel que durará solamente cerca de 50 años? Las colecciones de libros necesitan especial cuidado para protegerlas contra los estragos del tiempo. Si es posible, mantenga los libros en un área con un porcentaje de humedad constante de 45 a 60 y una temperatura de 60 a 70 grados. Estas condiciones eliminan el almacenaje en sótanos y áticos.

¡Noticia! ¡Noticia! Recortes de periódico requieren especial cuidado

Los periódicos no fueron diseñados para soportar la prueba del tiempo, pero la mayoría de nosotros no podemos resistir recortar algo ahora y después, especialmente si es algo acerca de un amigo o de un miembro de la familia. La mala noticia de estos recortes es que no durarán almacenados en el típico libro de recuerdos o en un sobre. Pueden incluso dañar otros papeles y fotos que estén guardados junto con ellos. Para mantener sus recortes en una excelente forma, póngalos en carpetas de lámina de poliéster (*mylar*) y ponga hojas de papel alcalino detrás de cada recorte.

Guarde las carpetas de lámina de poliéster en una caja libre de ácido, en un cuarto fresco, seco y lejos de la luz directa. Entonces algún día sus bisnietos podrán disfrutar mirando estos papeles.

Salve sus libros de la humedad y del agua

Si un libro valioso o apreciado llega a estar húmedo, muévalo a un lugar aireado en donde puedan secarse gradualmente. Pare el libro en un extremo y abra las páginas de forma que el aire les llegue. Si el libro está muy húmedo, usted puede espolvorear talco de bebé entre las páginas. Déjelo ahí por varias horas y después barra las páginas con un trapo limpio y suave.

Si un libro o un papel valioso adquieren mal olor por estar mojados, séquelos primero; después séllelos dentro de una caja hermética junto con un tazón de arena higiénica para gato o de bicarbonato de sodio. Déjelos ahí por varios días para que se absorba el olor.

La luz baja es correcta

La luz del sol es una de las cosas peores para el papel: daña rápidamente las tintas y los colorantes, y lo hace frágil. Pero no es siempre práctico almacenar tesoros de papel valiosos en la oscuridad. Para ayudar a protegerlos contra los rayos UV de la luz del sol y de la luz fluorescente, mantenga sus libros y papeles fuera de la luz directa, y use cortinas gruesas en los cuartos en donde ellos están guardados. Mantenga sus papeles individualmente en carpetas de archivo libres de ácido y lejos de la luz directa.

Mate el moho con luz brillante

Algunas veces, almacenar cosas en la oscuridad puede permitir el desarrollo de moho. Si usted encuentra moho seco y disperso en un artículo de papel valioso, remuévalo muy suavemente con un cepillo de pelos de camello o un trapo suave. Luego, déjelo expuesto a la luz del sol alrededor de una hora para matar cualquier moho que este saliendo.

Mantenerse lejos del polvo es un deber

Cuando enmarque documentos valiosos, cerciórese de que éstos están completamente sellados dentro del marco. Esto mantendrá los agentes contaminadores lejos y protegerá el papel del polvo.

Enmárquelo para la posteridad

Usted podría querer exhibir algunos de sus valiosos documentos en marcos. Esto no solo les permite ser sacados a donde ellos pueden ser disfrutados, sino también le da a usted la oportunidad de cubrirlos con los materiales apropiados para mantenerlos seguros. Los cartones libres de ácido pueden ser usados para colocar bordes de papel, y montar documentos y obras de arte. Usted puede incluso conseguir *plexiglás* especial o materiales de acrílico que filtran la luz UV (ultravioleta). Sólo asegúrese de que estos materiales no toquen el papel que usted está preservando. Deberá haber pequeños separadores de espacio entre el papel y el vidrio. Pregunte a los expertos en las tiendas de marcos por las últimas herramientas para la preservación de documentos.

Mantenga su frescura, salve su página

Si un libro apreciado se empapa con agua, no se rinda y no lo tire; ¡simplemente póngalo dentro del congelador! Use capas de papel de cera para separar las páginas, así éstas no se pegaran unas con otras, y envuelva el libro en papel de cera. Esto le dará un poco de tiempo mientras usted llama a un especialista o restaurador de papel por teléfono para preguntarle qué se debe hacer.

Platería y otros metales

Los diez mandamientos del estaño

El estaño es a menudo colocado sobre otros metales para prevenir la oxidación. Si usted ve óxido sobre el estaño, es posible que el estaño haya sido removido, exponiendo el metal que esta debajo. Usted puede abrillantar objetos cubiertos de estaño con brillametal de plata normal, pero sea cuidadoso. Frote muy suavemente para evitar la remoción de la capa de estaño.

¿Oxidado o no oxidado?

Antes de tratar de limpiar el óxido de sus recuerdos de hierro, evalúe si el objeto mantendrá su valor si es limpiado. El óxido muy avanzado debe ser evaluado cuidadosamente. Si la oxidación es realmente severa, es posible que convenga dejar el artículo como está. Una vez la limpieza ha empezado, no puede ser deshecha, así que asegúrese de lo que está haciendo.

Usted puede remover el óxido del hierro con un abrasivo suave. Use una estopa de bronce y líquidos minerales, o un papel de lija fino para remover el óxido ligero. Una vez el objeto esté libre de óxido, usted necesitará hacer algo para proteger la superficie expuesta. La cera de abejas o la silicona puede ser usada para cubrir los objetos de hierro previniendo la formación futura de óxido. Las herramientas de agricultura y maquinaria de hierro puede ser limpiada y pintada con pintura antioxidante.

El hule le roba a la plata su brillo

Un enemigo silencioso de su vajilla, bandejas y tazones de plata es cualquier cosa hecha de caucho. El caucho puede realmente corroer la plata a través de una reacción química, algunas veces tan fuerte que requiere reparaciones. No porte guantes de caucho cuando esté limpiando o puliendo la plata; éstos a menudo dejan una huella de sus dedos. No almacene artículos de plata en un estante recubierto de caucho o en el mismo gabinete en donde haya bandas o sellos de caucho.

La plata es sensible

Una taza o bandeja de plata que contenga frutas o una jarra de plata que tenga un ramo de flores pueden añadir un toque de elegancia a su mesa. Pero si usted quiere mantener sus piezas de plata luciendo bien, tenga cuidado con lo que les pone adentro. Los alimentos que contienen ácidos, tales como las frutas, aderezos de ensaladas, o vinagre, pueden dañar la superficie de la plata. De igual forma pueden ser dañinos los huevos, comidas saladas tales como las aceitunas, y aún las flores frescas. Si usted va a servir cualquiera de dichos alimentos en plata, asegúrese de usar un recubrimiento plástico o de vidrio. Las bandejas y tazones de plástico económicos pueden ser usualmente encontrados en una tienda de suministros para fiestas o en una papelería. Si su florero o jarra es suficientemente grande, pruebe recubriéndola con una jarra de vidrio más pequeña o una taza plástica antes de poner las flores.

Quítele la sal a su salero para cuidar su platería

Si usted quier usar su salero y pimentero de plata en ocasiones especiales, asegúrese de remover la sal del salero antes de guardarlo. Si usted deja la sal en el salero de plata, ésta causará empañamiento y daño eventual a la plata.

Cubiertosy vajilla fina

Para lograr mejores resultados cuando lave sus cubiertos o su vajilla de plata, lávela a mano con jabón suave y séquela con una toalla suave. Si su vajilla está chapada en plata, no la ponga en el lavaplatos. El acabado será afectado, y puede ser quitado completamente después de un cierto número de lavadas. Sin embargo, usted puede lavar con seguridad su vajilla de plata esterlina en su lavadora de platos si se siguen los siguientes consejos:

▶ Ponga sus utensillos plata en una sección separada de la zona de la vajilla, lejos de sus platos o utensilios de acero inoxidable, asegurándose de que no se tocan unos con otros. La plata podría dañarse al ser expuesta a otros metales, especialmente bajo condiciones de calor extremo.

▶ No lave cuchillos con mango hueco con frecuencia en la lavadora de platos. El calor y el detergente puede aflojar los mangos.

▶ Cuando usted llene la lavadora de platos con detergente en polvo, no lo deje caer encima de su vajilla o cubiertos de plata. Esto puede causar manchas negras en la superficie de la plata.

Puliendo manchas

Las piezas de plata deben ser pulidas suavemente después de tres o cuatro usos. Si ellas no están empañadas completamente, sólo pula las áreas que están opacadas y deje el resto de la pieza sin pulir.

Aligere su esfuerzo físico

Aún el brillador de plata normal que usted compra en la tienda puede ser muy abrasivo, así que úselo suavemente. Usted podría fabricar su propia pasta de pulir con alcohol desnaturalizado y tiza cernida muy fina, disponible en joyerías y farmacias. Sólo entienda que no importa que tan cuidadoso sea usted, una pequeña cantidad de plata es removida con cada pulida. Las áreas delgadas en piezas de plata viejas pudieron ser causadas por las pulidas frecuentes con el paso de los años.

Precauciones luego de la pulida

Siempre enjuague bien sus piezas de plata con agua
después de usar su pulidor de plata, luego frótelas con un
paño seco. Esto ayuda a remover cualquier residuo del
pulidor de plata que puede causar daño si no es removido.

La protección de la plata está en la envoltura

Después de que usted limpie y pula su platería, tenga
una onza de prevención también: envuelva sus artículos
de plata en papel de seda libre de ácido. Asegúrese de
que las piezas están limpias y secas, luego ponga la
platería recubierta en una bolsa plástica.

Como prevención extra para la prevención del óxido en
sus utensilios de plata y demás piezas, usted puede cubrir
su cajón de platería con tela tipo Pacífico. La cual está
especialmente fabricada para absorber los químicos del
aire que favorecen la oxidación. Cómprela por yardas en
la tienda de telas y córtela para que quepa en su área de
almacenaje. Cumpra suficiente tela para tener un pedazo
donde poner su platería, también.

Otra forma de prevenir la oxidación es envolver sus
piezas de plata apretadamente en plástico de envolver
como el de tipo Saran Wrap.

¿Marca por vejez o por belleza?

Como en muchos metales, el peltre forma una "pátina", que
es un recubrimiento exterior que resulta de reacciones
químicas con otros elementos. Antes de intentar de remover
la pátina de sus valiosas piezas de peltre, tome el consejo de
un profesional. El objeto podría mantener su valor si la

pátina es dejada quieta como signo de su edad. Si se sugiere la limpieza, usa un abrasivo muy fino, tal como la combinación de *rottenstone* (trípoli) y aceite mineral.

Elija cuidadosamente sus limpiadores de cobre

Evite usar limpiadores que contengan amoníaco en sus piezas de cobre y latón; éstos pueden co-rroer dichas superficies. Así como con otros metales preciosos, consulte con un experto antes de remover el óxido en piezas viejas, ya que eso puede disminuir su valor.

Los contaminantes del peltre

El peltre, el primo hermano de la plata en la familia de los metales, es vulnerable a las mismas sustancias que la plata. Adicionalmente, puede ser dañado por los aceites y el queso. Asegúrese de usar recubrimientos de vidrio o de plástico para sus piezas de peltre. Mantenga los artículos de peltre lejos de objetos calientes o llamas, ya que el peltre tiene un bajo punto de fusión.

¿Su laca carece de brillo?

Algunas de sus piezas de latón pueden estar laqueadas, o pudieron alguna vez haberlo estado. La laca es un acabado protector brillante que previene el deslustre. Si la laca está aún en buena forma, no use un brillador sobre la pieza. Simplemente lávela suavemente en agua jabonosa tibia, enjuáguela en agua tibia, y séquela completamente.

Si el acabado laqueado en sus artículos de latón está escamoso o lleno de puntos y necesita ser retirado, pruebe remojando la pieza en agua tibia por 15 minutos, luego enjuáguela con agua caliente. Frótela con una tela suave hasta que lo que quede de la laca empiece a pelarse. Usted también puede usar alcohol desnaturalizado aplicado con un paño suave. Recuerde que una vez usted haya removido completamente la laca, la superficie expuesta se puede oxidar más rápidamente, así que requerirá de cuidado más frecuente.

Échele aire a sus metales

Cuando limpie plata, cobre o latón, use un secador de cabello en la temperatura más baja para ayudar a secar los puntos más difíciles de alcanzar.

Reliquias de vidrio

Evite una experiencia hecha añicos

Créalo o no, el vidrio sí reacciona al medioambiente en el cual está almacenado. Podría parecer que la luz, el calor y la humedad no afectan al vidrio, pero ellos sí lo hacen. Sea particularmente cuidadoso en proteger sus antigüedades de vidrio de cualquier cambio brusco de temperatura: el vidrio es frágil y puede romperse como respuesta.

Consejos de la abuela

Brille su cobre o latón al humedecer tierra *rottenstone* (trípoli) con aceite dulce, aplique con un paño seco y frote vigorosamente. Pula con una franela o gamuza. Frote con carbonato de calcio seco (tiza blanca molida) o tierra de *rottenstone*.

1003 Household Hints and Work Savers, 1947

Proteja sus antigüedades de vidrio del sol

Algunos vidrios reaccionan químicamente a la luz
ultravioleta excesiva cambiando de color. El vidrio claro
de hace un siglo puede tornarse rosado o violeta por su
contenido de dióxido de manganeso. Las piezas de vidrio
de la Primera Guerra Mundial hasta la Gran Depresión
pueden contener selenio, el cual causa que el vidrio se
torne color ámbar cuando es expuesto demasiado a la
luz. Estos cambios son permanentes, así que la
prevención es el único remedio. Mantenga los vidrios
antiguos alejados de la luz solar lo más que se pueda.

¡No la mojes!

Las piezas de vidrio que han sido reparadas no deben ser
sumergidas en agua cuando están siendo lavadas. Esto
podría suavizar o aflojar el pegamento que mantiene las
piezas juntas. Usted lo haría mejor simplemente
limpiándolas con un trapo húmedo.

Calgon, llévate esas manchas de agua

Si usted vive en un área en donde el agua es pesada,
usted necesitará tomar precauciones para evitar que se
formen manchas de agua pesada en reliquias de vidrio
cuando usted las lava. Añada un poco de suavizante de
agua, tal como *Calgon*, para que el agua del enjuague
haga el milagro.

Quite la suciedad de sus antigüedades de vidrio

¿Encontró una botella medicinal de vidrio antigua?
Aquí está cómo la debe limpiar. Remójela durante un
día completo en una solución de agua, detergente y
suavizante de agua. Después de remojarla, deje la
mitad del agua en la botella y añada un par de
cucharadas de granos de arroz crudo o arena fina.

Seguro contra dedos resbaladizos

Cuando lave sus valiosas posesiones de vidrio, cubra el fondo de su lavaplatos con una toalla gruesa. Esto suavizará el golpe si usted suelta una pieza. Además, si una pieza se rompe, todos los vidrios caerán en la toalla.

Sacuda la botella durante unos pocos minutos para ayudar a restregar la superficie interior.

Para remover las manchas interiores de viejos recipientes de vidrio, pruebe una solución de agua, amoniaco y jabón desionizado, tal como *Orvus*. Usted también puede remojar los recipientes en una solución de una parte de peróxido de hidrógeno por cuatro partes de agua.

Frágil, tenga cuidado

Cuando almacene sus artículos de vidrio antiguos durante mucho tiempo, envuélvalos cuidadosamente con papel de seda libre de ácido. Si éstos deben ser apilados en cajas o en estantes, ponga capas de envolturas de burbujas entre las piezas apiladas.

Envuelva las tapas o tapones separados de sus recipientes. Si usted encuentra que una tapa o tapón se ha atorado, ponga el recipiente en el refrigerador. El vidrio se contraerá muy lentamente, permitiéndole remover el tapón. Después de tomar ambas piezas fuera del refrigerador, envuélvalas en una toalla de forma que regresen a la temperatura ambiente lenta y seguramente. Un cambio rápido en la temperatura podría causar que el vidrio se despedace.

Descubra el secreto de la porcelana china

Usted no lo creerá hasta que usted lo vea por sí mismo, pero ¡hay una cura de leche para la porcelana china!

216

Haga una solución de leche y azúcar, mucho azúcar, en una cacerola grande. Sumerja la pieza de porcelana en la solución láctea. Caliente gradualmente la leche y déjela llegar lentamente al punto de ebullición. Mantenga el calor en bajo durante 45 minutos. La solución curará y endurecerá la grieta.

Joyería

Anillos en sus dedos

Algunas personas son alérgicas a algunos de los metales baratos usados en la fabricación de joyería, especialmente el níquel. Si usted nota que una pieza de joyería de oro blanco u oro de 10 kilates deja una marca o anillo oscuro en su piel, reemplácela con una pieza libre de níquel. Su joyero puede mostrarle piezas que no contienen níquel, aunque éstas podrían ser más costosas. Usted también puede pintar el interior del anillo con una o dos capas de esmalte de uñas transparente, y usted podrá usarlo de nuevo sin causar una reacción.

Extraño efecto secundario de un medicamento

Los medicamentos prescritos que usted toma pueden realmente decolorar su joyería. Los antibióticos, en particular, pueden cambiar las propiedades químicas de su sudor y causar empañamiento. Así usted querrá quitarse sus anillos mientras está en tratamiento con antibióticos.

Salida en limpio

¿Se le atoró el anillo en su dedo? Rocíe su dedo y el anillo con limpiador de ventanas. El anillo será limpiado y saldrá más fácil al mismo tiempo.

Ponga su joyería en donde está su boca

Aquí está un limpiador de joyería que usted podría desconocer: tabletas para dentadura. Ponga sus anillos en un vaso con una tableta para limpieza de dentaduras. Después de estar en remojo por una hora o dos, frótelos suavemente con un cepillo de dientes, de igual forma como cepilla sus dientes. Luego enjuáguelos bien y séquelos con un paño suave.

El platino lo mantiene bien agarrado

Si usted tiene un diamante familiar u otra piedra que es una reliquia, y usted quiere pasarlo a sus descendientes, considere reubicarlo en una base de platino. Aunque es más caro que el oro, es muy resistente al desgaste y es hipoalergénico. Para mayor seguridad, usted puede reajustar los dientes de la base regularmente. Su anillo de diamantes favorito aún lucirá hermoso en la mano de su bisnieta.

Sudar y soldar

¿Sabía usted que su sudor corporal es perjudicial para su joyería de plata y oro? Los ácidos del sudor realmente debilitan las soldaduras de plata, y pueden causar grietas en algunos tipos de oro. Lave estas piezas de vez en cuando con un jabón o detergente alcalino suave para remover los ácidos.

Cuide sus ópalos con aceite para bebé

Para proteger sus ópalos de resequedad exterior y agrietamiento, límpielos cada semana con una pequeña cantidad de aceite de bebé o aceite de oliva.

Cuidado especial para sus esmeraldas y ópalos

¡Nunca limpie sus esmeraldas u ópalos en un limpiador de joyería ultrasónico! El líquido puede filtrarse dentro de estas piedras y romperlas. En lugar de eso, lávelas con agua tibia jabonosa y límpielas suavemente con un cepillo de dientes suave.

Un diamante limpio es el mejor amigo de una chica

Los diamantes pueden durar para siempre, pero éstos se pueden ensuciar. Mantenga su joyería de diamantes resplandeciente limpiándola bien, ahora y siempre.

▶ **Remojo en amoniaco**: Mezcle media taza de agua fría con media taza de amoniaco para casa. Sumerja las piezas de diamante en la mezcla por media hora. Luego frótelas muy suavemente con un cepillo de dientes suave. Déles un enjuague adicional con la mezcla y déjelos secar sobre un paño seco.

▶ **Baño con detergente**: Agite un poco de líquido lavaplatos en agua tibia dentro de una taza, y cuidadosamente sumerja su joyería en él. Después de remojar su joyería por media hora, frótela suavemente con un cepillo de dientes suave. Luego enjuague completamente con agua limpia y permítale a sus diamantes secarse sobre un paño seco.

▶ **Limpieza ultrasónica**: Usted puede comprar uno de esos aparatos de limpieza de joyería o hacer que un joyero use uno. Ondas de alta frecuencia pasan a través de agua y quitan la mugre de sus joyas, esto es como un tipo de lavado a presión para sus diamantes.

Protección para perlas mimadas

Para evitar que sus perlas pierdan su brillo natural, nunca las lleve puestas cuando usted esté rociando laca para cabello o perfumes. Aún pequeñas cantidades de productos químicos opacarán su brillo y nunca se quitarán. Después de quitarse las perlas, limpie la cuerda con un paño húmedo para remover cualquier aceite de la piel u otros residuos. Déjelas secar completamente antes de guardarlas. Si usted porta sus perlas a menudo, encordelas anualmente.

Consejos de la abuela

Los hombres piensan que las cuentas son sólo una trampa. Las mujeres saben lo que ellas pueden hacer para embellecer el escote. No se arriesgue a perder sus cuentas al romper la cuerda. Una buena idea es re-encordar las cuentas con seda dental. Sus cuentas estarán más seguras y lucirán bien.

1003 Household Hints and Work Savers, 1947

Un problema lleno de nudos

Para deshacer un nudo muy apretado de su cadena de oro, pruebe este método. Ponga la cadena en un pedazo de papel de cera, y ponga una gota de aceite (de ensalada o casero) en el nudo. Luego use dos alfileres para jalar y aflojar el nudo hasta que se deshaga.

Cuidado con el blanqueador

Tenga cuidado de no untar su joyería de oro blanco con blanqueador de cloro. Éste puede volverla amarilla. Portar la joyería de oro blanco en una piscina de natación que tenga agua con cloro podría ocasionar el mismo efecto.

Limpie su joyería de plata en un parpadeo

Aquí se describe cómo limpiar joyería con una reacción química. Ponga algunas tiras cortas de papel aluminio en un bote pequeño, llénelo con agua fría y agregue una cucharada de sal. Deje a sus artículos de plata dentro de esta solución por unos minutos, luego enjuáguelos y déjelos secar. Mantenga la tapa sobre el bote entre usos. Una palabra de precaución: Asegúrese de que la joyería no está enchapada en plata, y que no tenga algún área oscura y oxidada que hagan parte de un adorno. Esta técnica puede quitar el enchapado de plata o aclarar las áreas oscuras.

No deje que su ayudante maltrate su joyería

El puede ser muy bueno usando los alicates, pero su querido esposo podría destruir accidentalmente su collar favorito si él trata de arreglarlo. Cada vez que una pieza de joyería necesita ser remendada llévela a un joyero de reputación que garantice su trabajo. No vaya a una de esas joyerías de centro comercial: estas joyerías suelen enviar joyas rotas a otras joyerías para que sean reparadas. Busque un joyero local que pueda contactar si necesita que algo sea reparado.

Evite un enredijo de cadenas

Para evitar que las cadenas se enreden en el joyero, deshaga la cadena y pase un extremo a través de una pajilla plástica; luego reabróchela. Usted podría necesitar cortar la pajilla en secciones para que quepa en su joyero.

Limpieza rápida

Limpie su joyería mientras que se viste. Para la joyería de oro, añada un poco de pasta dental o champú a un cepillo de dientes suave y frote suavemente. Para plata esterlina, espolvoree un poco de soda para hornear sobre una toallita y púlala hasta que brille.

Una historia con el anillo de la verdad

¿Alguna vez se ha preguntado cómo nació la tradición de dar un anillo de diamantes como un anillo de compromiso? Bien, aquí está la historia. Al parecer en 1477, Maximiliano, el Archiduque de Austria, se comprometió con Mary de Burgundy. Para mostrar su amor hacia ella, el le dio un anillo de bodas con un diamante en él. Y el resto, como ellos dicen, es historia.

Cámaras

El aire comprimido hace el truco

Una de las mejores cosas para tener a la mano durante su rutina de limpieza es una lata de aire comprimido o dióxido de carbono. Primero limpie el interior de su cámara con aire comprimido o una brocha suave para limpieza de cámaras. Luego limpie el exterior y luego los lentes. Haga esto cada vez que cargue un nuevo rollo de película.

Tome fotos no difusas

Recuerde que un lente sucio producirá una foto difusa. La película realmente toma la mugre que está sobre el lente como si estuviera en la escena que usted está fotografiando. Así que mantenga sus lentes limpios al aplicar aire comprimido o al limpiarlos con líquidos especiales y un paño para lentes, antes de tomar sus fotos.

Las buenas baterías hacen daño

Las baterías de cámara pueden dejar depósitos invisibles de químicos dentro de ella. Limpie las baterías y los contactos regularmente, y reemplace las baterías una vez al año.

Métala en una bolsa o en una caja

El mejor sitio para guardar su cámara durante mucho tiempo es la caja original en donde venía. Si usted ya no la tiene, use una caja de cartón maciza o una funda para cámara. Quite las baterías y almacénelas en un recipiente para películas, y marque la fecha en él. Remueva las baterías del flash también. Cuando usted saque su cámara si ha estado almacenada por un largo tiempo, límpiela primero y luego póngale las baterías.

Electrodomésticos y accesorios eléctricos

Los rayos solo necesitan golpear una vez

Si usted tiene una selección típica de electrodomésticos y aparatos electrónicos, usted es vulnerable a dos pequeños accidentes muy costosos que pueden ocurrir, uno natural y otro hecho por el hombre. El primero son las descargas eléctricas y el segundo es una descarga fuerte de energía que venga de su servicio eléctrico. Cualquiera de los dos puede costarle cientos de dólares y muchos dolores de cabeza. Para protegerse en contra de ambos accidentes, usted necesita conectar todos sus electrodomésticos básicos y electrónicos costosos en protectores de voltaje. Aún su refrigerador puede convertirse en una víctima.

Haga una purga de voltaje

 Los protectores de voltaje vienen en varios tamaños y con múltiples características opcionales. Ellos están diseñados para detener cualquier tipo de incremento de energía eléctrica a los aparatos que estén conectados a él. Estos protectores pueden costar $100 o más, pero ellos valen la inversión. Algunos tienen garantías en las cuales los fabricantes reemplazaran el protector de voltaje y cualquier cosa que estuviera conectada a él, y que haya sido arruinada por una descarga eléctrica o variaciones de voltaje. ¡Eso es un buen reclamo! Pero si usted valora su computador, su televisor de pantalla ancha o su máquina de fax, por mencionar algunos aparatos, usted debería mantenerlos a salvo de descargas incontrolables de energía.

Si no se prende, no funciona

Si usted quiere que su protector de voltaje mantenga sus aparatos electrónicos seguros, éste tiene que ser encendido. Tener solamente un aparato conectado a un protector de voltaje no es suficiente para protegerlo. Es usual que los protectores de voltaje vengan con un interruptor y una luz indicadora para mostrarle que están trabajando bien. Verifique su protector de voltaje mensualmente para asegurarse de que la luz está encendida y que éste está haciendo bien su trabajo.

Protección profesional

La mejor forma de proteger sus aparatos eléctricos y electrónicos de las descargas de luz es desconectándolos. Pero esto no siempre es una opción conveniente, particularmente cuando se trata de refrigeradores o congeladores. ¿Y qué hay de las tormentas que ocurren cuando usted no está en casa? Hay una solución. Algunas compañías locales proveen un servicio de protección contra descargas eléctricas para todos sus aparatos electrodomésticos y electrónicos. Por una pequeña cuota

Tenga en cuenta todas las descargas de energía

No se olvide de su teléfono cuando planee la protección contra las variaciones de voltaje. Las descargas eléctricas pueden viajar a través de sus líneas telefónicas y el módem de su computador, y anular su teléfono y computador al mismo tiempo. Para proteger su teléfono y su módem, consiga un protector de voltaje para teléfonos.

mensual, estas compañías instalan un protector de descargas para toda la casa en su medidor de energía. Estos sistemas no tienen que ser encendidos o apagados, y usted no tiene que preocuparse de desconectar todo durante las tormentas eléctricas.

Un mensaje a los ladrones: ¡Esto es mío!

Para hacer que sus artículos de valor sean más fáciles de encontrar si éstos son robados, póngales su marca personal. Contacte su estación de policía local para averiguar qué números usar para marcar sus cosas. Es posible que la marca sea su número de licencia de conducir precedido por un código de identificación estatal. Su estación de policía debe tener un lápiz eléctrico de grabar, que le pueda ser prestado para poner el número en sus pertenencias tales como herramientas eléctricas o equipos electrónicos. Ponga los números en un sitio obvio de forma que puedan ser vistos sin ser quitados, y póngalos en una sección permanente que no pueda ser removida.

Computadoras

Defienda sus discos

Para mantener segura su información, no deje que sus disquetes estén muy calientes o muy fríos. Si así están, déjelos regresar a la temperatura del cuarto antes de introducirlos en el computador.

Mantenga sus disquetes en cajas para almacenamiento de discos, lejos de cualquier cosa magnetizada como televisores o monitores de computador. Un imán puede dañar la información de su disco.

El disco duro de su computador puede ser afectado si la unidad es empujada o sacudida. Siempre mantenga su computador en una mesa o escritorio robusto.

Ayude a su computador a mantenerse fresco

Las salidos de aire de los lados y de arriba de los componentes de su computador son muy importantes debido a que permiten que el calor generado escape, cuando el computador está funcionando. Si su computador se sobrecalienta frecuentemente, es probable que vaya a tener una vida más corta y la aparición frecuente de datos corruptos. Así que siempre deje suficiente espacio para que el aire corra alrededor de las ventilas o salidos de aire de forma que ésta puedan trabajar apropiadamente. Deje al menos un pie entre un computador y una pared cercana o gabinete.

Elimine los excesos de polvo

¿Qué cree que encontrará al abrir la CPU (Unidad central de procesamiento) de su computador una vez al año? ¡Un montón de polvo acumulado! Los computadores atraen el polvo y la acumulación de éste puede causar una variedad de problemas. La acumulación excesiva de polvo adentro de la CPU puede producir sobrecalentamiento; si nunca ha sido limpiada, podría causar fuego. Así que limpie su CPU regularmente con una botella de aire comprimido y limpie las ventilas con un paño suave y limpio. Solo tenga cuidado de no alterar alguno de los componentes del interior de la unidad.

Consejos para limpiar un computador

El teclado de su computador puede albergar toda clase de mugre y gérmenes si no es limpiado regularmente. El polvo excesivo puede causar que las teclas se peguen y no funcionen más, lo cual significa que usted tendrá que llamar a un profesional. Limpiarlo usted mismo es riesgoso, ¡usted no puede simplemente remojarlo en el lavaplatos! Usted no debe mojar el teclado con ningún tipo de limpiador. En su lugar, use un paño ligeramente húmedo para remover la mugre, y use una botella de aire comprimido para forzar todo el relleno de polvo de entre las teclas. Si usted derrama una bebida sobre el teclado, desconecte el teclado y saque los tornillos de la parte de abajo. Retire la cubierta y use un paño ligeramente húmedo para secar el líquido. Permita que el aire seque la cubierta y póngala de nuevo.

Videocasetes

Cómo conservar sus videocasetes

Aunque es muy fácil grabar a los miembros de su familia y amigos, tenga presente que el videocasete tiene una vida corta comparada con otros medios. Aún en las mejores condiciones, no va a durar más de 20 años. Para

Algunos lo prefieren caliente, los videocasetes no

¡Nunca guarde sus videocasetes en el ático! Los videocasetes deben ser almacenados en un sitio fresco con baja humedad, fuera de la luz directa del sol. Si éstos se calientan mucho, la cinta interior se puede pegar a sí misma y arruinarse.

conservar sus imágenes para la posteridad, copie sus grabaciones en nuevos videocasetes cada cinco años, y esté alerta de las nuevas tecnologías en el futuro.

Clasifíquelos para un mejor almacenaje

Siempre almacene sus videocasetes como si fueran libros. Asígneles su propio estante, lejos de campos magnéticos producidos por televisores u otros aparatos.

Mantenga la cabeza limpia

Para mantener su VCR funcionando bien, póngale una cubierta antipolvo, y manténgalo cubierto cuando no lo esté usando. El uso frecuente de un limpiador de cabezas evitará la acumulación de mugre en las partes internas delicadas de su VCR. Si estas partes se ensucian mucho, su VCR y sus videos se pueden arruinar.

Afloje los casetes vírgenes

Para lograr mejores grabaciones, rebobine hacia delante y hacia atrás sus casetes antes de grabar en ellos. Esto ayuda a estirar la cinta un poquito, permitiéndole grabar con mayor precisión.

Protéjalos con plástico

Mantenga sus valiosos videos caseros en bolsas plásticas individuales de almacenaje. Las cuales protegerán las cintas mucho mejor que las cajas originales.

Textiles antiguos

Tenga en cuenta las bolas de naftalina

Para evitar que insectos tales como polillas y escarabajos se coman sus textiles antiguos, usted puede usar cristales antipolillas o bolas de naftalina. Póngalos en una media vieja y cuélguela en el clóset. Use este método solo para almacenaje de corto plazo. Estas sustancias repelentes de polillas contienen paradiclorobenceno, un químico fuerte que no debe tocar textiles valiosos. Éste debe mantenerse fuere del alcance de los niños y mascotas, también. Los cajones y gabinetes de cedro proveen una solución natural, aunque éstos no repelen todo tipo de insecto.

Cómo almacenar telas antiguas

Almacene las telas y la ropa antigua extendiéndolas, si es posible. Los edredones pueden ser fácilmente almacenados al extenderlos en un grupo de varios edredones de profundidad, si es necesario. Si los artículos deben ser guardados doblados, tome su tiempo, una vez al año o algo así, para desdoblarlos y volverlos a

---

Mantenga sus tesoros en la oscuridad

La luz, la humedad, y las temperaturas extremas son los enemigos de todos sus tesoros textiles. La ropa clásica, los edredones, los artículos con adornos, los juegos de cama, los encajes de aguja, y encajes en general, debes ser protegidos de cualquier temperatura o humedad extrema; siendo las condiciones ideales 50% de humedad y de 60 a 65 grados Fahrenheit de temperatura. La luz fluorescente o ultravioleta desteñirá y dañará las telas, así que tome su tiempo para almacenar sus valiosos textiles fuera de la luz.

---

doblar en un lugar diferente. Ponga papel de seda entre los dobleces antes de que los almacene de nuevo.

Otra forma de almacenar sus textiles antiguos es usando un tubo de cartón, como el que se usa para guardar planos. Primero envuelva el tubo con papel de seda libre de ácido o muselina lisa no blanqueada. Luego envuelva el artículo alrededor del tubo recubierto con el diseño o decoración hacia el interior.

Un baño para un viejo amigo

Los edredones viejos deben ser manejados con mucho cuidado para conservar sus colores y costuras, así que nunca los lave en lavadora. En lugar de eso, lávelos en una bañera. Sumerja el centro de una sábana blanca limpia en una tina de agua para que actúe como soporte debajo del edredón cuando éste se ponga muy pesado por el agua. Luego lave el edredón encima de la sábana con un jabón de lavandería suave como *Ivory Snow* o un jabón especial para edredones, tal como la pasta *Orvus*. Después de lavar y enjuagar bien, use la sábana para sacar el edredón de la tina. Colóquela en una superficie plana. De palmaditas al edredón con toallas y póngalo en su forma original. No lo seque en la secadora o en la línea de tendido ya que la tela se puede estirar y las costuras se pueden romper.

Desempolvado suave en edredones colgados

Los edredones antiguos lucen preciosos como artículos decorativos colgantes, pero acumulan polvo como cualquier otra cosa que esté en su pared. Limpie suavemente el polvo al aspirar con una pieza de calcetería de nylon sobre el cepillo de la aspiradora. La parte de arriba del edredón probablemente estará más sucia, así que enfoque sus esfuerzos allí.

Secretos del almacenaje seguro

El sitio en donde usted elija almacenar sus textiles valiosos hará una gran diferencia en lo que ellos van a durar. Algunas cosas que nunca deberían entrar en contacto directo con sus textiles son madera, cartón, plástico y papel de seda coloreado para envolver regalos.

———————

Usted puede almacenar sus textiles en cajones de cedro; sólo asegúrese de que sus textiles no toquen la madera desnuda. El interior del cajón puede ser sellado con poliuretano de forma que los textiles puedan ser almacenados en forma segura.

———————

Las cajas plásticas de almacenamiento no proveen un ambiente saludable para los textiles. Éstas pueden atrapar la humedad, la cual promueve el enmohecimiento; además, estas cajas pueden descomponerse químicamente con el tiempo y liberando gases.

———————

Las cajas de almacenaje y el papel de seda, ambos libres de ácidos, son apropiados para almacenar textiles antiguos delicados. Reemplace los artículos libres de ácido cada tres años, más o menos, para asegurar la continuidad de la protección.

———————

La tela de muselina no decolorada, que ha sido lavada para remover los químicos excesivos, es una excelente y estable envoltura para proteger textiles viejos.

EL EXTERIOR DE LA CASA

Protegiendo el exterior de la casa

Seleccione la pintura exterior correcta

¿Está seleccionando una pintura para embellecer el exterior de su casa? El color es una cuestión de preferencia, pero el tipo de pintura es importante, también. Las pinturas de látex son casi siempre la mejor opción para el exterior. Es fácil de aplicar, se seca rápido, y la limpieza es simple. Y a causa de flexibilidad, las pinturas de látex son realmente durables. Su mejor opción es látex de 100% acrílico, no látex de vinilo.

Esa rebelde primera mano de pintura

Las nuevas pinturas de base aceitosa o de plomo pueden pasar a través de la nueva pintura de látex, especialmente si usted está tratando de cubrir un color oscuro con uno claro. Pruebe en una pequeña área y deje secar por 24 horas antes de que invierta mucho tiempo pintando. Si la nueva pintura no cubre bien, cubra la vieja pintura con una sellante antes de pintar. Asegúrese de que usted está usando un sellante apropiado para este propósito.

Una forma fácil de evaluar sus necesidades de pintura

Para estimar cuánta pintura usted necesitará para pintar el exterior de su casa, mida el perímetro y la altura desde la cimentación hasta la línea del techo. Multiplique las dos cifras. Si su casa tiene un gablete de forma triangular sume dos pies a la altura total de la casa. Si usted está pintando una superficie de ladrillo, usted necesitará más pintura que para madera. Anote sus número y las condiciones de la superficie y lléveselos a su vendedor de pintura. El o ella podrán entonces determinar exactamente cuánta pintura usted necesitará.

Pies limpios en zapatos

Para proteger sus zapatos de salpicaduras mientras usted está pintando, deslice un par grande de calcetines viejos sobre ellos. Cuando usted termine de pintar usted puede tan sólo botarlos o guardarlos para su próximo trabajo de pintura.

Es tiempo de pintar

La temperatura puede hacerlo sudar o temblar de frío mientras usted está pintando su casa, pero ¿sabe usted cómo también afecta su trabajo de pintura? Las pinturas de látex generalmente necesitan alrededor de 24 horas a una temperatura aproximada de 50 grados Fahrenheit para secarse. Las paredes que están expuestas a exceso de sol pueden absorber calor en el verano y causar que su pintura se llene de burbujas. Su mejor opción es pintar cuando está fresco o templado en el exterior, y evitar pintar cuando hayan temperaturas extremas.

Nada de pintura vieja

El primer paso para volver a pintar su casa es lavarla completamente. Pintar sobre suciedad sólo causará que la pintura se descascare fácilmente. Si el exterior de su casa está particularmente sucio, usted podría ahorrar tiempo y esfuerzo rentando una lavadora a presión.

Además de dejarla con una superficie limpia para pintar, esto le ayudará a despegar la pintura vieja y descascarada.

———————————

Raspar la pintura suelta es una parte importante de su preparación para pintar, pero no raspe ninguna pintura que todavía esté firmemente adherida a la superficie. Un abrelatas de punzada estilo antiguo es ideal para pelar pintura vieja o resanes en grietas difíciles de alcanzar.

———————————

Adelante con lo nuevo

Pintar una superficie limpia y plana es muy fácil; son las esquinas y ángulos divertidos los que le causan a usted problemas. Unas pocas cosas por recordar:

▶ Use brochas de un tamaño correcto; tomará más de una. Usted no puede llegar a grietas muy pequeñas con una brocha gruesa y ancha. Usted necesita una pequeña y delgada. Para zonas más anchas que un rodillo no pintaría bien, use una brocha mediana o grande.

▶ Para un acabado estilo profesional, use lija para alisar cualquier borde áspero que se forme cunando usted raspe.

▶ Si usted usa un rodillo de alta calidad, no tendrá problemas de pelusa, que se queda atrapada en la pintura. Para estar seguro, envuelva cinta de enmascarar alrededor de su mano con el pegante hacia fuera, y de toques sobre todo el rodillo antes de pintar.

Cómo evitar goteos

Para mantener su área de pintado limpia, pegue un plato de papel al fondo de su tarro de pintura. Esto atrapará goteos desviados, y cuando usted mueva su pintura, el plato se moverá con ella.

Ponga la pintura en su lugar

¿No quiere pasearse con motas de pintura de casa en sus manos? Para lavar la pintura de sus manos más fácilmente, pruebe frotar un poco de vaselina antes de empezar.

———

Cuando esté pintando ventanas, no se preocupe de pintar accidentalmente los vidrios. La pintura se limpiará más fácilmente con una navaja de raspar y un poco de limpiador de ventanas. Al pintar a lo largo de los bordes entre la madera y el vidrio, usted probablemente sellará la humedad que podría dañar sus ventanas con el tiempo.

Pintar la pared es mejor que estar en los arbustos

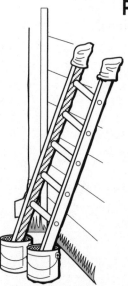

Nada arruina más rápidamente un trabajo de pintura agradable que un sólo brochazo en forma de arco, hacia abajo sobre la pared de la casa, causado porque uno de las patas de su escalera se hundió en el suelo blando y lo envió a usted volando entre los arbustos. Eso no es bueno para los arbustos, tampoco. Tome un par de latas de café vacías o viejos botes de pintura y póngalos bajo las patas de su escalera como si fueran zapatos. Sus fondos planos pueden darle un poco más de estabilidad y mantenerlo lejos de los arbustos.

Riegue con manguera su propiedad

Para mantener su trabajo de pintura brillante y luciendo fresca, lave su casa una vez al año. Mezcle una taza de detergente extrafuerte y un cuarto de galón de blanqueador de cloro en tres galones de agua. Use un trapero de mango largo para refregar el revestimiento, y enjuague bien con su manguera de jardín.

Estilo de recubrimiento e inteligencia

A través de lentes cubiertos de pintura

Si usted usa lentes, protéjalos de salpicaduras y usted podrá seguir viendo lo que está pintando. Sólo cúbralos con una capa de una envoltura plástica transparente; ésta se adherirá a los lentes sin usar cinta pegante. Reemplace la envoltura cuando sea necesario hasta que todo su trabajo de pintura haya concluido.

Cuando elija su recubrimiento, recuerde que los diferentes tipos tienen diferentes ventajas. Los recubrimientos de madera lucen más natural, pero deben ser pintados regularmente. El color del recubrimiento de aluminio ya está pintado, pero si se daña, el metal puede ser expuesto. Los recubrimientos de vinilo son del mismo color completamente, de esta forma las rasgaduras no revelan un color diferente. Pero los recubrimientos de vinilo pueden sellar el exterior tanto que la humedad puede avanzar debajo de ellos y dañar la madera. Antes de elegir un recubrimiento, analice todas las opciones y decida cuál tipo durará más en su casa.

Cómo reparar su recubrimiento

Usted eligió una casa con recubrimiento de vinilo o de aluminio porque usted no quería nunca levantar un bote de pintura en una escalera. Sin embargo, ahora su recubrimiento está mostrando algunos signos de desgaste, o quizá usted se ha cansado del color. Usted no tiene que quitar su recubrimiento y empezar de nuevo. Aunque usted odie la idea, usted puede pintar el recubrimiento de

vinilo o de aluminio. Como en cualquier trabajo de
pintura, el primer paso es lavar el recubrimiento. Si usted
ve signos de oxidación o de residuos calcáreos, use una
estopa de acero de grado fino o medio para removerlos.
Si usted usa sellante, elija el sellante y la pintura del
mismo fabricante, ya que éstos están diseñados para
trabajar conjuntamente. Para asegurarse de que su trabajo
de pintura dure, use pintura de látex para exteriores de
acrílico de alta calidad.

Use las herramientas correctas para las cercas

Aún desde los tiempos de Tom Sawyer, la gente ha
reconocido que pintar cercas no es muy divertido. Pero
usar una herramienta que aplica la pintura
eficientemente puede hacer el trabajo menos doloroso.
Para pintar una cerca de estacas, use un rodillo de pintar.
Usted cubrirá la superficie en la mitad del tiempo que
tomaría usando una brocha. Para pintar cercas de
alambre, use una esponja. Ésta pondrá una delgada capa
de pintura justo en donde usted la quiere.

Usted habla el habla, pero ¿puede usted enmasillar la masilla?

Usted quiere que su casa esté acogedora y cálida en el
invierno, y fresca en el verano. Usted también quiere
pagar lo menos posible en energía. Una forma de ayudar
a lograr esas metas es asegurándose de que su casa está
bien sellada. Enmasillar alrededor de ventanas, puertas,
recubrimientos y cenefas, ayudará. Aquí se describe
cómo enmasillar su casa:

▶ Antes de añadir nueva masilla, remueva la vieja todo
   lo que pueda. Lave el área con jabón y agua. Use
   blanqueador de cloro si hay moho. La masilla se
   adherirá mucho mejor en una superficie limpia y seca.

▶ Amontone trozos de aislante en grietas anchas o profundas antes de enmasillar.

▶ Presta atencion al pronostico del tiempo antes de empezar. Si llueve dentro de las 24 horas siguientes al enmasillado, todo tu trabajo se perderá.

▶ Corte la boquilla de su tubo de masilla en un ángulo de 45 grados, y use un gancho de ropa o clavo para perforar el sello. Aplique una presión uniforme, sosteniendo la pistola de enmasillado a un ángulo de 45 grados de la superficie de trabajo.

▶ Alise la masilla con un dedo mojado o una esponja húmeda, pero no presione demasíado mucho. Esto puede causarle a la masilla un encogimiento cuando ésta se seque y no llene la grieta.

Cúbralos

Si su escalera no tiene tapas plásticas, envuelva los extremos, que descansan en contra de la casa, con trapos. Esto evitará que dañen el recubrimiento mientras usted trabaja.

Moho y cosas que no hayque hacer

¿Ha dejado alguna vez algo en el refrigerador mucho tiempo, y eso empezó a producir una cosa verde? El moho en su casa es similar. Es un hongo que prospera y crece en un medio ambiente húmedo. Aparte de hacer que su casa luzca fea, éste también puede dañar la superficie en donde crece. El moho necesita nutrientes para crecer, y puede obtenerlos de la mugre que se acumula en su casa. Así que en las áreas que están propensas al moho, mantenga las cosas limpias. Un poco de detergente de lavandería, un balde con agua, y un cepillo de restregar pueden hacer maravillas frustrando el esfuerzo que hace el moho para crecer.

Secretos de un buen escalado

Una buena escalera es una herramienta esencial para la reparación y mantenimiento exterior de una casa. Ésta también puede ser una fuente potencial de peligro, así que use su escalera con buen sentido cuando trabaje en su casa. Si su escalera es vieja y desvencijada, invierta en una nueva. Usted puede salvarse de una herida dolorosa.

Una escalera de aluminio es más ligera y dura más que una de madera. Sin embargo, tenga en mente que el aluminio conduce la electricidad, así que no la use cuando haga reparaciones eléctricas o cuando hay descargas eléctricas en la zona.

Firme cuando es usada

Mantener su escalera nivelada y firme es su prioridad número uno. Para mayor seguridad y firmeza, use barras estabilizadoras que se añaden a su escalera.

Ponga un tablero u otro objeto plano y firme debajo de las pataso los apoyos de su escalera antes de subirse. Esto ayudará a mantener la escalera nivelada y previene su hundimiento en suelos blandos.

El techo

¿Qué hay en un techo?

Cuando construya un techo nuevo, recuerde que las más importantes características son protección y apariencia. Considere cuidadosamente el estilo de su casa, la cantidad de techo que tendrá, y aún los colores de otros techos en el vecindario. Tenga cuidado con los colores claros si usted vive en un área con muchos árboles frondosos. Los árboles pueden causar manchas antiestéticas en un techo claro. Trate de poner todas las ventilas y tiros en la pendiente trasera de su techo, si es posible. Píntelas del mismo color del techo así no serán muy visibles.

Cuidado con el peso extra

Tenga cuidado de colocar un techo pesado, como los de cemento o arcilla, en una casa construida en los 40s o antes. Asegúrese de que la estructura soportará el peso adicional.

Recomendaciones para el techo

¿Tratando de decidir si arreglar el techo existente o colocar un nuevo? Tomar la decisión es más fácil si usted observa la vida de su techo en las siguientes cuatro etapas:

Etapa 1: Las piezas pequeñas de su techo que lucen como grava fina se acumulan en canaletas y codos de bajantes.

Etapa 2: Los refuerzos descubiertos de alquitrán negro se vuelven visibles a medida que el techo libera las pequeñas piezas.

Etapa 3: Las lengüetas de las tablillas se enroscan y se vuelven frágiles.

Etapa 4: Las tablillas enroscadas se rompen, los refuerzos de alquitrán se desgastan, y las cabezas de las puntillas y las uniones quedan expuestas.

Si su techo está en las etapas 1 o 2, arreglarlo será probablemente la mejor solución a corto plazo. Ya en la etapa 3 y ciertamente en la 4, la solución más efectiva económicamente es colocar un nuevo techo.

Cuando más cuesta menos

Si usted tiene solamente una o dos capas de techo sobre su casa, considere añadir una tercera capa sin remover las otras dos. En la mayoría de zonas, es permitido tener hasta tres capas de techo. Añadir una nueva capa cuesta aproximadamente la mitad de lo que cuesta remover las capas viejas y empezar de nuevo.

Localice la gotera

Una gotera en su techo lo puede enloquecer. Localizar la fuente de la gotera puede ser casi exasperante. Tenga en mente que la gotera no está usualmente localizada directamente sobre la marca de goteo en su techo. El agua entra en su techo, luego corre hacia abajo antes de caer en su cielo raso. Durante una lluvia continua, vaya a su ático y busque el goteo. Luego siga el "camino del goteo" hasta que usted encuentre el punto de entrada del agua. Marque ese punto empujando una puntilla hacia arriba a través del techo. Cuando el Sol brille de nuevo, usted y su ayudante de reparaciones serán capaces de ver la ubicación precisa de la gotera en la puntilla salida del techo.

Inspección y detección

Inspeccionar su techo regularmente puede ayudar a evitar algunos desastres lluviosos. Preste especial atención al brillo cerca de chimeneas y ventilas del techo porque en esos sitios es donde la mayoría de goteras comienzan. Si usted no se siente cómodo caminando sobre un techo, inspecciónelo desde una distancia segura usando binoculares.

Verifique la condición de su techo

Mientras usted está arriba, divirtiéndose sobre su techo, usted podría de igual forma tener la oportunidad de asegurarse que todo lo demás está sujeto y en buena condición. Lo más probable es que no tenga que subir allá por un tiempo. Aquí hay algunas cosas adicionales por revisar:

▶ Verifique la estabilidad de antena de televisión, veletas, tragaluz, y cualquier cosa que sobre salga.

▶ Inspeccione las tablillas de su techo buscando daños. Las tablillas sueltas o rotas pueden obviamente causar goteras, pero ellas también se pueden romper y crear barreras en sus canaletas.

▶ Examine las juntas y esquinas de su techo. La corona del techo, las esquinas alrededor de la chimenea, y los bordes son áreas que se pueden debilitar fácilmente.

▶ Observe los árboles que están alrededor de su casa. Si es posible, quite las ramas que sobresalgan. Aunque éstas nunca se rompan y dañen su techo, ellas son una fuente constante de basura para sus canaletas.

Canaletas y bajantes (drenajes y alcantarillado)

Es un pájaro, es un avión, es . . . algo de su canaleta

Las canaletas pueden no ser la parte más atractiva de su casa, pero ellas realizan un servicio útil, ellas dirigen el agua hacia las esquinas de su casa, en lugar de que sea vertida en todas direcciones, para descargarlas lejos de su cimentación. Desafortunadamente, las canaletas también son un imán para cualquier cosa que pudiera llegar a su techo, incluyendo hojas, ramas y bellotas. Esto lleva a bajantes obstruidas, agua lluvia

¿Cuál es la pala para usar en las canaletas?

Una pala plástica para azúcar o una palita de jardín son excelentes herramientas para recoger hojas de sus canaletas. Cuando usted termine, instale una malla recogedora de hojas en la abertura de cada bajante para evitar obstrucciones que causen acumulamiento de agua.

empozada, y eventualmente una podredumbre sobre su techo. Las canaletas deben ser limpiadas al menos dos veces al año, particularmente después de otoño cuando las hojas se han acumulado.

Cuando las buenas canaletas van mal

Usted puede decir si sus canaletas están requiriendo limpieza por unos pocos signos reveladores. Camine alrededor de su casa, revise sus canaletas y bajantes buscando ramas y escombros adheridos sobre la parte de arriba y entre grietas. Los sitios en donde las canaletas giran o cambian de dirección son áreas de problemas comunes donde se generan obstrucciones. Marcas de agua y decoloración de su recubrimiento son signos de que la lluvia se ha acumulado y goteado en los sitios equivocados. En el suelo, revise la erosión alrededor de la cimentación de la casa. También, preste mucha atención a cualquier fuga que aparezca en su sótano. El agua que se filtra en su casa debe indicarle que la lluvia no está siendo dirigida lejos de la cimentación.

Consejos para una inspección de canaletas

Primavera y otoño son buenos tiempos para inspeccionar sus canaletas. La mejor forma es usando una escalera o caminando directamente sobre el techo mismo. Esto le da la mejor vista, pero también puede ser peligroso. Recuerde, la seguridad es primero. Si su movilidad está limitada, no es momento para probar sus límites. Pídale a alguien más que haga esto por usted, o contrate un servicio profesional para inspeccionar y limpiar sus canaletas.

Vigile bien sus canaletas

Usted puede comprar rejas de protección para sus
canaletas, que permitan al agua pasar, pero que atrapen
los desperdicios. Sin embargo, la mayoría de expertos
dicen que éstas no eliminan la necesidad de limpieza.
Ellas pueden aún hacer más difícil la limpieza que una
canaleta sin protección.

Consejos de la abuela

Los pasillos de entrada a su sótano deben ser limpiados
frecuentemente no sea que ellos se obstruyan con
basura arrastrada por las lluvias y su sótano se inunde.

1003 Household Hints and Work Savers, 1947

Jugando en el techo

Si usted puede moverse con seguridad en su techo o
llegar a áreas con problemas con una escalera, usted
debería poder limpiar sus canaletas por sí mismo.
Algunas cosas por recordar son:

► Limpie todas sus canaletas, por todo alrededor.
Los escombros que no estén causando bloqueos
podrán moverse en el futuro, así que asegúrese de
limpiar todo.

► Limpie todas sus bajantes después de que haya
limpiado las canaletas. Para asegurarse de que sus
bajantes permiten el flujo suave, deje caer una
canica desde la parte de arriba y escuche su avance.
Mejor aún, eche agua con una manguera a través
de la bajante para limpiar cualquier partícula
pequeña remanente.

Dirija sus chorros de agua

Revise la pendiente y posicione sus bajantes. Asegúrese de que estén dirigidas lejos de la casa, y que sus extremos apunten en la dirección de la pendiente hacia abajo.

Ventanas y puertas

Solución simple para una situación pegajosa

¿Está usted frustrado con las puertas de vidrio que se pegan? Mire si su puerta tiene un tornillo de ajuste cerca del rodillo del fondo. Usted puede usarlo para subir el marco de la puerta por encima de la guía. Si usted aún tiene ese problema, limpie las guías superior e inferior con agua jabonosa y un cepillo de cerdas duras. Cuando las guías estén sucias, engráselas con grasa de litio blanca. Sus problemas con las puertas pegajosas serán resueltos.

Abrir una ventana atorada, tan fácil como cortar pizza

Usted probablemente pensó que su cortador de pizza era sólo bueno para usted en una cena de viernes en la noche, pero éste tiene al menos un uso más. Para abrir una ventana recién pintada que se ha atorado, pase el cortador de pizza a lo largo de la grieta.

Consejos de la abuela

No se enfade con sus ventanas atoradas. Un recubrimiento delgado de cera de abejas sobre los rieles hará que las ventanas se deslicen como hielo.

1003 Household Hints and Work Savers, 1947

No compre una rejilla nueva

No deseche esa rejilla para ventanas aún. Aquí hay dos formas de reparación rápidas:

▶ Los hoyos pequeños de una rejilla pueden ser reparados con unas pocas capas finas de esmalte transparente para uñas. Aplíquelo suavemente, dejándolo secar entre capas. Esto evitará la acumulación y goteo del esmalte, y hará el trabajo de reparación casi invisible.

▶ Si usted tiene una rejilla extra a la mano, usted puede reparar un pequeño hoyo en otra rejilla al pegar una pequeña pieza de rejilla sobre el hoyo. Use un pegante permanente a prueba de agua que se seque claramente.

Peligro con la puerta del garaje

Las puertas de garaje automáticas son muy convenientes pero también pueden ser peligrosas, especialmente para los niños. La mayoría de estas puertas están diseñadas para retroceder si golpean un objeto sólido, pero podrían no retroceder si golpean el suave cuerpo de un niño. Pruebe su puerta al cerrarla sobre un rollo de toallas de papel. Si no retrocede, consulte con el fabricante para ver si puede ser ajustada. Sino, reemplácela.

Remodelando la casa

La casa de sus sueños

Ampliar o remodelar su casa puede ser un sueño hecho realidad o una pesadilla. Aquí hay algunos consejos importantes para tener en mente:

▶ Tómese un tiempo para pensar qué es lo que usted realmente quiere. Todo debe ser planeado en detalle antes de realmente empezar a demoler o construir.

▶ A menudo es tan caro hacer una pequeña ampliación a su casa como hacer una más grande. Asegúrese de que la ampliación realmente se ajuste a sus necesidades de espacio y comodidad.

▶ Pero no construya una ampliación que hará que su casa se a la más costosa del vecindario; eso es mala economía. Usted podría querer simplemente mudarse a una casa que se ajuste mejor a sus necesidades.

▶ Asegúrese de haber revisado las regulaciones de construcción en su área y de conocer qué permisos usted necesita. El momento de saber si su ampliación será permitida debe ser antes de que usted empiece.

▶ Entienda de que remodelar es un proceso lento, y usted necesitará ser paciente para lograr los resultados que usted quiere. No planee un evento importante, como la fiesta de una boda, en su casa inmedia- tamente después de la fecha objetivo para la culminación de la obra.

▶ A lo largo del proceso, comuníquese claramente con su arquitecto y constructor.

Cómo trabajar junto con el contratista

Si usted va a pagar por un trabajo grande hecho en su casa, considere contratar solo una parte del trabajo y hacer el resto por usted mismo. Por ejemplo, si la remodelación incluye pintar el exterior de la casa, quizá usted podría hacer el trabajo previo tal como lavar, recoger la basura y lijar. Luego un profesional puede llegar y hacer el trabajo de pintura. Su costo podría ser mucho menos, y aún así usted logrará un excelente trabajo. Algunos contratistas estarán de acuerdo con este arreglo, otros no. Verifique eso antes de que empiece el trabajo de preparación. Una palabra de advertencia: asegúrese de que la garantía del trabajo del contratista aplique aún si usted ha hecho parte del trabajo de preparación usted mismo.

Manténgase lejos del peligroso plomo

Los fabricantes de pinturas solían usar plomo en sus pinturas hasta que ellos descubrieron que era un peligro para la salud. Aunque esa práctica ha terminado, millones de galones de pintura a base de plomo aún cubren las paredes de casas y negocios norteamericanos, particularmente las construcciones viejas. La gente que respira el polvo de la pintura de plomo o niños que se comen fragmentos de pintura, pueden desarrollar enfermedades. Si usted tiene que hacer reparaciones en un área en donde se sospecha que podría tener pintura con base de plomo, tenga precaución. No deje que niños o mujeres embarazadas estén en su área de trabajo. Trate de controlar la suciedad que usted haga, y siempre limpie al terminar su trabajo, usando trapos húmedos o

---

Quitando el plomo

Si su casa fue construida antes de 1978 podría tener pintura con base de plomo, y si fue construida antes de 1960, seguramente fue pintada con una alta concentración de pintura con plomo. Si usted piensa que su casa podría albergar esta sustancia peligrosa, evite:

▶ Raspar, lijar o despegar la vieja pintura antes de pintar de nuevo

▶ Hacer hoyos en las paredes para poner tuberías o cables

▶ Derribar paredes para remodelar

---

un trapero. No barra o aspire el área porque eso podría dispersar las partículas de plomo en el aire. Una solución hecha de detergente para lavar platos en polvo, que contenga fosfato, es más efectiva para la limpieza de partículas de plomo. Deseche el agua de limpieza cuidadosamente, y limpie completamente cualquier trapo o trapero antes de usarlos de nuevo.

El piso de su patio trasero

Amontonando el piso en su favor

La humedad de debajo puede causar problemas en su terraza o piso. Ayude a controlar la humedad recubriendo el suelo con un recubrimiento de polietileno, cubierto con aproximadamente dos pulgadas de arena.

Limpie el piso, colega, pero no muy duro

Lavar a presión su piso es rápido y fácil, pero el lavado a alta presión puede causar que las esporas de moho estén forzadas a entrar en la madera, causando pudrimiento. Usar un rociador está bien, pero úselo en el nivel de baja presión, cerca de los 750 psi (libras por pulgada cuadrada)

Proteja su recubrimiento

Cuando lave su piso, proteja el recubrimiento de su casa de fuertes soluciones de limpieza, las cuales pueden causar manchas. Ponga piezas viejas de láminas de madera o recubrimiento sobrante y colóquelas contra las paredes de su casa mientras usted limpia.

Barrera contra la humedad

Las plantas en macetas puede embellecer su piso y lucir exuberantes, pero asegúrese de que ellas no lo dañen. La mayoría de macetas tienen huecos de drenaje para prevenir que el exceso de agua pudra las raíces de la planta. El problema es que la humedad que escurre de las macetas no se puede evaporar entre la maceta y el piso. Esto puede llevar a pudrimiento de la madera. Use bases o coloque madera entre las macetas y el piso. Mover sus plantas frecuentemente es también una buena idea.

Mantenga los espacios libres

Asegúrese de que los canales de su piso estén libres de suciedad, ramas y hojas. Los canales sirven para prevenir que el agua se empoce y mantener el aire fluyendo alrededor de la madera de forma que no se pudra.

Impida el pudrimiento de su piso

Limpie y reselle su piso al menos cada dos años para mantenerlo protegido de los elementos. Si su piso no está enmohecido, usted puede simplemente usar un detergente suave. Para deshacerse del moho, use una solución de agua y blanqueador o un limpiador de pisos comercial. Asegúrese de enjuagarlo completamente y deje que el piso se seque antes de sellar la madera.

Entradas y aceras

Haga un barrido limpio

Usted trabaja duro para hacer que su casa luzca atractiva. Así que, ¿porqué dejar esa grasa "permanente" o mancha de aceite en su entrada de concreto? Deshágase de ella al verter líquidos minerales o removedor de pintura (*thinner*) en el área sucia. Asegúrese de que cubre toda el área.

Luego tome una bolsa de arena para gato, arena, o una caja grande de soda para hornear (aún la maicena trabajara, usted solo necesita algo seco y absorbente) y espárzalo sobre la mancha. Espere 12 horas aproximadamente y luego barra. La mancha de aceite deberá "irse con la mugre". Recoja los restos finales del líquido mineral con agua tibia, detergente normal y un trapero. Usted puede usar este método con cemento seco, también, pero en este caso, déjelo un par de días antes de barrerlo.

Mejor vaya a lo seguro

Si usted no está seguro de con qué tipo de material superficial está tratando, es mejor ir a lo seguro. Muchos productos comerciales están disponibles para limpiar concreto, carpetas y otros tipos de superficies para patios. Éstos pueden se comprados en una ferretería y en algunas tiendas de pinturas, y deben indicarle qué tipo de producto usar si requieren limpieza, sin afectarlos.

Frustre ese goteo de aceite

El aceite es un enemigo difícil de enfrentar en las trincheras de la guerra contra las manchas, particularmente cuando se ha inmerso bien y profundo. Pero aquí hay un arma secreta que podría tener éxito. Prepare una solución de una parte de TSP (fosfato trisódico) con cuatro partes de agua. Remoje una toalla vieja en la solución, póngala sobre la mancha siniestra, y déjela asentar. De vez en cuando, usted puede aplicar la solución con en la mancha con un cepillo de restregar, pero los mejores resultados se obtendrán con la toalla absorbiendo la mancha. Aún si esto no remueve completamente la mancha profunda, la reducirá.

Una mancha de problemas

Para una mancha de grasa persistente, trate de restregarla con espuma de detergente concentrado. Use un cepillo muy rígido, y luego lávela con una manguera. O usted podría probar con detergente de lavadora de platos automática. Esparza el polvo en la superficie humedecida y déjela en reposo por un rato. Tome una cubeta de agua hirviendo y enjuague el área, luego frótela y enjuáguela de nuevo.

Removedor de nieve ingenioso

Para hacer la remoción de nieve más fácil, cubra su pala de nieve con cera para carro. La nieve se desliza enseguida. Si usted no tiene cera de carro a la mano, pruebe usando aceite antiadherente de cocina en *spray*.

El limpiador es más poderoso que la nieve

Una pala para nieve está bien para la acera, pero puede ser muy incómoda en los escalones. Use un limpiador para pisos de caucho para remover una ligera capa de nieve de su terraza o escaleras. El caucho suave es mucho más delicado, que la ruda pala para nieve, en la limpieza de la superficie de su piso.

Seguridad del hogar

Ayude a los merodeadores a ver la luz

Los patios oscuros son una invitación abierta para los intrusos. Ningún malhechor quiere entrar en un área muy iluminada. Unas pocas luces exteriores bien ubicadas pueden corregir este problema. Muchas tiendas venden a un precio razonable luces que son activadas con movimiento. Estas luces iluminan su patio cuando algo se está moviendo, pero lo mantiene a usted libre de vivir en la mira.

Lo bueno y lo malo de la seguridad en las puertas

Las puertas que llevan al exterior deben tener las bisagras hacia adentro para evitar que los intrusos simplemente quiten la puerta para entrar. Estas puertas deben ser sólidas y estar bien montadas. Verifíquelas periódicamente para asegurarse que los marcos y soportes de hierro estén sólidos y no se hayan aflojado. Lo mismo es para las ventanas y las puertas deslizables de vidrio. Asegúrese de revisar los tornillos y pernos que mantienen estos artículos en su lugar. Cualquier cosa que pueda ser fácilmente desatornillada o forzada no debe ser accesible desde el exterior.

Mantenga una fuerte seguridad

Las luces de seguridad exteriores deben estar cubiertas con algún tipo de protector, tal como las mallas metálicas sobre las bombillas. Usted no quiere que los merodeadores sean capaces de apagar sus luces al simplemente aflojar una bombilla.

La pulcritud cuenta

Algunas veces un patio sucio puede ser más que una monstruosidad, éste puede ser un riesgo de seguridad. Nunca deje herramientas de jardín, palas u otros artículos por ahí si pueden ser usados como armas. Aún si el merodeador no los usa como armas, el podría usar una pala de jardín bien puesta como herramienta para entrar. Si usted no tiene un garaje o cobertizo con un candado, mantenga éstos artículos en el sótano o en un clóset dentro de su casa.

Elija la cerca más segura

Las cercas son apropiadas para mantener a la gente fuera, pero también sirven para que la gente se esconda una vez ha entrado a su patio. Por esta razón, las cercas en las que se puede ver a través son su mejor opción.

Ayude a la policía a ayudarle

Sus números de dirección deben ser visibles de día y de noche, así la policía, bomberos o conductores de ambulancias, podrían localizar su casa rápidamente en una emergencia. Los pequeños números de su caja de correo no son suficientes. Casi en cualquier ferretería se pueden conseguir números de dirección reflectores, en muchas variedades, los cuales no son costosos y son fáciles de instalar. Es para su propia protección.

Ese aspecto de que todo está bien en casa

Si usted se va por unos pocos días, no deje que su correspondencia o periódicos se acumulen. Usted podría también recibir a un ladrón. Pídale a alguien que vaya a su casa de vez en cuando para vaciar su buzón de correo y recoger lo que haya enfrente de su puerta. Este amigo también deberá sacar su basura y meter los botes después.

¡Luces, cámara, y crimen!

No apague todas las luces cuando usted se vaya de vacaciones. Una casa que está oscura durante varias noches seguidas es muy atractiva para los ladrones. Por unos pocos dólares, usted puede adquirir un aparato de tiempo que controle el encendido y apagado de luces mientras usted está lejos. Conecte unas pocas luces bien elegidas en el aparato, y configúrelo con un patrón de tiempo regular. Esto deberá mantener a cualquier observador siniestro con dudas.

EL TALLER EN CASA

La caja de herramientas

Enjabone sus tornillos para lograr una línea recta

Una de las mayores dificultades que tiene el carpintero amateur es lograr que el tornillo entre en línea recta. Afortunadamente, uno de los trucos más antiguos de las personas habilidosas soluciona este problema. Antes de colocar el tornillo, untar las roscas con jabón en barra. El jabón hace que los tornillos entren en la madera más fácilmente y con un poco de suerte, en una línea más recta.

Cabezas arriba

Colocar un tornillo o arandela encima de la cabeza puede ser complicado. La próxima vez que tenga que trabajar el techo o un montaje por encima de su cabeza, moje el tornillo, arandela o tuerca con alguna sustancia pegajosa, como cola o goma de cemento. Con esto logrará mantener los tornillos en las herramientas y lejos de sus ojos. Una vez que termine, limpiar cualquier exceso de goma con un trapo.

Cerrar la tapa lentamente

¿Está usted cansado de dejar marcas y agujeros en la pared por errarle al clavo con el martillo? Nunca más.

En lugar de preocuparse sobre el estado de la pared, consiga una tapa de plástico de una lata de café o la tapa de algún viejo recipiente de plástico. Perfore un agujero en el centro que sea lo suficientemente grande para que pasen los clavos a medida que los martille. Si llega a errarle, el plástico le servirá de escudo a la pared.

Técnicas de supervivencia para sus dedos

Los clavos pequeños pueden representar un gran dolor para quienes tienen dedos grandes. Para evitar martillarse los dedos cuando se trabaja con un clavo pequeño, primero insertar el clavo en un trozo de cartón. Sosteniendo el cartón por el borde, martillar el clavo. Arrancar el trozo de cartón y ya ha concluido, sano y salvo.

Otra forma de trabajar con los clavos pequeños y tachuelas es con un peine. Coloque el clavo entre dos de los dientes del peine. El plástico cumplirá doble función, la de mantener el clavo en su lugar, y la de proteger tanto la pared como la yema de sus dedos de los golpes del martillo.

No se trunque con los paneles de yeso

Si está rodeado de paneles de yeso, intente lo siguiente para evitar que el yeso se descascare al colocarle un clavo. Ponga un poco de cinta adhesiva o cinta de celofán en el lugar a colocarse el clavo. Una vez colocado, remover la cinta de alrededor del clavo. Haga esto lentamente. La cinta puede estar bien adherida a la pared y puede que al despegarla también salga un poco de pintura si no se tiene el cuidado necesario.

Lo que entra sale también

Cuando se trata de bajar un cuadro, a veces, el agujero que dejamos es el menor de nuestros problemas. Si se utiliza un martillo como palanca para quitar el clavo, puede que quede una gran marca en la pared, arrui-nando la pintura. Para evitar que esto suceda, coloque una revista o una toalla de papel doblada en cuatro sobre la pared, y debajo del martillo al utilizarlo de palanca para quitar el clavo. Una espátula también puede funcionar y además tiene un mango para sostenerlo.

¿Tiene un tornillo suelto?

He aquí una simple solución para un tornillo flojo. Consiga uno o dos flejes de plástico, de los que se usan para atar la bolsa del pan. Corte los flejes o dóblelos para que queden del largo de la profundidad del agujero. Después, saque el tornillo de la pared e introduzca los flejes en el agujero. Cuando vuelva a introducir el tornillo, debería apretarse contra los flejes, y el ancho extra así creado debería hacer que el tornillo quede ajustado.

La solución WD-40

El perno no cede. El problema puede deberse a distintas causas, pero la más probable es que se haya oxidado. Para convencerlo a moverse, aplique un poco de aceite WD-40 sobre la rosca. Si esto no funciona, intente con algunas gotas de amoníaco. Por último, algunas personas juran que lo mejor es utilizar bebidas cola. Envolver el perno en un trapo que haya sido remojado en cualquier tipo de bebida gaseosa, y con frecuencia, el perno oxidado dejará de ser tan obstinado.

Renunciando al óxido

La humedad es seguramente el peor enemigo en el taller, especialmente cuando se trata de las herramientas. Un poco de óxido puede llegar a arruinar la totalidad del contenido de la caja de herramientas. Por esta razón, y si hay disponibilidad, en general las herramientas de acero inoxidable son una buena idea. A pesar de que el acero inoxidable resiste al óxido mejor que otros tipos de metales, igual necesitan de un cuidado especial.

———————

Limpiar las herramientas después de cada uso, especialmente las herramientas del jardín o cualquier herramienta que haya estado expuesta a la tierra y al agua. Secarlas bien y mantenerlas en un lugar seco y limpio. No deje las herramientas afuera en el jardín o reposando al costado del garaje. Adelantarse siempre a la presencia del óxido es la mejor manera de combatirlo.

Uso del taladro

Romper la cabeza perforadora del taladro al estar perforando no sólo es frustrante, también es peligroso. Para evitarlo, rosear la cabeza perforadora del taladro con silicona antes de comenzar. La lubricación extra mantendrá a las cabezas más puntiagudas también.

Iluminación a rincones difíciles de acceder

Tiene que taladrar un agujero en un lugar oscuro, remoto, en el que no se ve bien. ¿Qué se hace? Improvisar. Con un trozo de cinta adhesiva, coloque un bolígrafo-linterna pegada a la carcasa del taladro ¡y listo! Este consejo funciona para cualquier herramienta con la que haya que acceder en rincones oscuros.

No pasar el óxido por alto

Si usted guardará una herramienta en particular por algún tiempo, rosearla con WD-40 antes de guardarla. Una fina capa puede ayudar a proteger el metal de la humedad. Si tiene una herramienta que está con frecuencia expuesta al agua (especialmente agua salada), o si se usa con frecuencia en severas condiciones, unte las partes de metal con vaselina de petróleo antes de almacenarlas.

Si encuentra óxido en sus herramientas, no entre en pánico. Remueva el óxido frotándolo con papel de lija. Comience con el papel más fino y si no lo quitan por completo, siga con lija más áspera. Para algunos tipos de óxido también se puede utilizar la lana de acero. Asegúrese de quitar el óxido en su totalidad, no se asuste de lijar hasta llegar al metal. Es mejor remover un poco de la superficie al lijar, que tener un resto de óxido, el cual puede seguir expandiéndose y causar deterioro.

Hacer valer el dólar

¿Quién dijo que un dólar no vale lo de antes? De hecho, un billete de un dólar llega hasta donde siempre ha llegado: seis pulgadas. En realidad, cualquier billete de dólar americano funcionará como una mini-regla ya que son todos del mismo tamaño. Recuerde esto la próxima vez que no tenga a mano una regla.

Consejos sobre la cinta para medir

Cuando necesite medir objetos que sean curvos o redondos, una regla no será de mayor utilidad. Tome nota de las personas que cosen. Puede obtener una cinta para medir de tela en cualquier negocio de telas o en un departamento de costura de una tienda de descuentos, la cual será ideal para este tipo de trabajos. En un apuro, puede envolver un trozo de hilo alrededor del objeto de la misma manera que lo haría con una cinta de medir. Después, medir el hilo con una medida de yardas para obtener una medida lo suficientemente precisa.

Dé una mano a su regla

¿Qué tan grande es su mano? No se ría. Si usted sabe el tamaño de su mano, puede obtener una medida aproximada y confiable cuando es sorprendido sin una regla. Probablemente la mejor manera de medir es colocar la mano de manera que quede lo más plana y amplia posible, luego mídala desde la punta del dedo pulgar hasta la punta del dedo meñique.

Trabajar con madera

Festival de madera

No dejar madera en el suelo es la regla número uno para los carpinteros. Mantenga siempre la madera fuera del piso para protegerla de la suciedad, insectos, y su archí enemiga: el agua. Apenas un poco de humedad puede, muy rápidamente deformar, decolorar, o descomponer una pieza de madera fina. Almacenar la madera al menos una pulgada por encima del suelo. Pueden utilizarse un par de viejos neumáticos como soporte.

Soluciones para lijar con seguridad

Los objetos pequeños presentan un desafío al tener que lijarlos. Con frecuencia, la mejor manera de atacar un objeto pequeño es simplemente pegar el papel de lija a una superficie y frotar el objeto en el papel, en vez de hacer lo contrario. Para rincones pequeños y para trabajos con detalles pequeños, enrollar el papel de lija a un lápiz o un el palillo de un chupetín. Recuerde: ¿qué es una lima sino un papel de lija adherido a un pali-llo? No hay ninguna ley que diga que la lima se debe usar en las uñas.

Lijar es un arte delicado. Para ver si quedó algún punto sin lijar, introducir la mano en un viejo par de medias de nylon como si fuera un guante, y deslizar la mano sobre la superficie. El nylon se enganchará si hay un mínimo de aspereza en la madera, y usted puede ubicar los puntos que aún necesitan ser lijados.

Ayuda con el papel de lija

Enrollar papel de lija alrededor de un pequeño bloque de madera ayuda a poder sostenerlo mejor cuando se está lijando objetos. Si usted practica esta simple técnica, asegúrese de humedecer la parte de atrás del papel antes de enrollarlo. Esto ayudará a que el papel no se rompa, y por lo tanto, funcionará mejor y por más tiempo.

Clávele los dientes

Los serruchos de mano son como las sonrisas: sus dientes son lo más importante. Proteja los dientes de su serrucho cubriéndolos cuando no esté utilizándolo. Un buen truco es el de hacer una hendidura en un trozo de manguera de jardín, y después colocarla en la hoja del serrucho. Esta pequeña precaución también protegerá sus dedos.

Cuña de trabajo

Cuando se corta en la dirección de la veta de la madera, el serrucho puede atascarse en la madera y hacer que la hoja se tuerza o se quiebre. Si esto sucede, coloque la parte plana y lisa de la cabeza del destornillador al final de la hendidura cortada. Utilizarlo de palanca de este modo servirá para lograr un corte más limpio y que la serruchada sea más fácil.

Terapia de cinta adhesiva

El trabajo con madera contrachapada puede ser complicado. La madera tiene tendencia a abrirse y deshilacharse en las puntas y los costados, especialmente cuando se la serrucha. Para solucionar este problema pegar un trozo de cinta adhesiva en el lugar que planea serruchar. La sustancia adhesiva refuerza un poco la madera hasta que usted termine de cortarla.

Como mantenerse organizado

Objetos pequeños, desórdenes grandes

Un taller limpio es un taller que funciona, pero usted tiene demasiadas herramientas, repuestos, y tornillos sueltos por todas partes. No dejarse estar con la limpieza de su espacio de trabajo es necesario para evitar no poder encontrar los objetos cuando los necesite. ¿Y que pasará cuándo esto suceda? Pues nada.

Dejarlo así: la solución

Si está desarmando algo con muchas piezas pequeñas, por ejemplo un reloj, o un modelo, coloque un trozo de cinta doble faz sobre la mesa de trabajo, y coloque sobre ella los objetos que vaya quitando. De este modo no se perderán y sabrá exactamente dónde encontrarlos cuando necesite volver a instalarlos.

Mima tus pernos y tornillos

Organiza tus tornillos, tachuelas y otros artículos pequeños en jarras propias. Las jarritas de comida de bebe, debido a su reducido tamaño, son ser envases ideales para este propósito, y las tapas de estas jarritas se pueden suspender de la parte inferior de una repisa por medio de clavos para que, de esta manera, sean de fácilmente accesibles sin constituir un estorbo.

Las etiquetas más blandas del mundo

Si usted prefiere tener un armario en lugar de frascos de almacenamiento, invierta en uno con muchos cajones pequeños. Separar los pernos, tornillos, tachuelas, clavos y tuercas y colocarlos en los distintos cajones. Después, colocar un pequeño trozo de compuesto de masilla (de los que se utilizan para colgar láminas en la pared) afuera de cada uno de los cajones, e insertar uno de cada objeto en la masilla afuera del cajón que los albergue. Nunca más tendrá que revisar 16 cajones buscando la tuerca correcta y además, el armario adornado adquiere un aspecto interesante.

Cada pieza en un lugar propio

Para algunos trabajos de reparación, no solo es importante no perder ningún objeto pequeño al quitarlo, sino que también los vuelva a colocar en el orden correcto. Para estos desafíos, use un truco útil. Numere las secciones de un cartón de huevos común del uno al 12 y después coloque cada objeto que quitó en cada uno de los compartimientos. La primera pieza va en el primer compartimiento, la segunda en el segundo, y así sucesivamente. Ya habrá no más confusión acerca de cuál perno debe volver a colocarse primero. Use tantos cartones de huevos como sean necesarios para que pueda aprovechar un compartimiento por pieza.

Una idea absolutamente descorchante

Los papeles tienden a acumularse por todas partes, y el taller no es la excepción. Mantenga sus apuntes, medidas, diseños o manuales de instrucciones a la vista pero en orden colocando una franja de corcho en la pared encima del banco de trabajo. Los bloques de espuma también funcionan para esto también, y es en cierta forma, una buena manera para reciclar la espuma de embalaje en la que vienen envueltos los electrodomésticos.

Mantenimiento general

El trabajo pesado se realiza en casa

A lo largo de los años, usted seguramente realizó muchos arreglos a su casa, algunos de los cuales habrán sido seguramente hechos por otras personas también. Si no lo hace ya, comience hoy mismo a documentar todos los arreglos hechos. Basta con hacer una lista de los arreglos en un cuaderno, cuándo fueron realizados, por quien, y cuánto costaron. Tener esta información a mano facilitará el contacto con la persona indicada si surgiese algún problema inesperado con alguna de las partes reparadas de la casa. Incluso si vende su casa, representará un registro impresionante de su cuidadosa manutención además de servir de comprobante tributario de la inversión financiera que usted ha realizado en su casa.

Esta casa, nueva o vieja, lo necesita

Sería muy fácil caminar hacia ese pasamano que está flojo o hacia esa puerta en mal estado y con tan solo una mirada asustarles y forzarles a rendirse con el cinturón de herramientas en mano. Desafortunadamente, no podemos ejercer la influencia de arreglos caseros de Bob Vila. Pero, afortunadamente, tampoco tenemos que hacerlo. Por un precio razonable, puede armar un ejército respetable. Enfóquese en los básicos y comience con las piezas que va a necesitar con más frecuencia. Una caja de herramientas decente debería incluir lo siguiente:

▶ Un martillo de carpintero

▶ Destornilladores de punta plana y destornilladores Phillips en distintos tamaños

▶ Clavos y tornillos en distintos tamaños, tacos para paredes huecas, adhesivos

▶ Pinzas, pinzas de punta aguda, llave inglesa de 12 pulgadas

▶ Taladro de varias velocidades y barrenas

▶ Aceite para máquina, aceite penetrante, abrazaderas o sargentos

▶ Sierra para metales, serrucho, escoplos, trincheta, tijeras, hoja de cortar de un solo filo.

▶ Garlopa, escofina, papel de lija y bloque para lijar, lana de acero

▶ Pinceles para pintura, cuchillo para masilla, herramienta 5 en 1, calafateo exterior

▶ Escuadras, nivel, cinta para medir retractable, lápices

▶ Trapos limpios, escoba y pala, aspiradora en seco y húmedo (opcional)

▶ Banco de carpintero, caja de herramientas, escalera, alargue eléctrico, luz clip, linterna

Ahorre dinero alquilando herramientas

Si usted está planeando realizar un proyecto que requiera herramientas caras, piense en alquilar las herramientas en lugar de comprarlas. Calcule por cuánto tiempo necesitará alquilar la herramienta y cuánto cuesta el alquiler por día. Si el costo es menor al de comprar las herramientas, le conviene alquilar. De lo contrario, también puede alquilar por un día y ver si está a gusto con el proceso, y recién entonces decidir si quiere comprar.

Una carretilla única y al revés

¿Está usted cansado de comprar una carretilla nueva cada pocos años porque la vieja se ha oxidado? Lo único que tiene que hacer es guardarla boca abajo cuando no esté en uso. De este modo, el agua de la lluvia seguirá de largo.

¿Para siempre?

Una buena pregunta que puede formularse cuando necesite una herramienta para algún arreglo específico es: ¿cuántas veces voy a volver a hacer esto en el futuro? Para una herramienta especializada o cara, debería de pensar mucho acerca de la probabilidad de que vuelva a utilizarla. Si le parece poco probable, le conviene alquilarla.

Una costumbre de buen vecino

Cuando debemos realizar algún trabajo complicado y grande, tendemos a olvidar nuestra "red de herramientas". Tener amigos que compartan sus intereses de mantenimiento no es solamente divertido, también puede ayudar a ahorrar dinero. Su vecino de la vereda de enfrente puede estar necesitando el martillo que usted tiene, y puede que usted necesite su taladro para su próximo proyecto.

Tomar la situación por el asa

¿Alguna vez tuvo una escoba floja? Ya conoce cuáles son: el cepillo está tan flojo que se pasa la mitad del tiempo barriendo y la otra mitad ajustándole la cabeza o el cepillo. ¡Nunca más! Mantenga las puntas o extremos de las herramientas como las escobas, palas, y herramientas de la chimenea en su lugar, con la ayuda de un trozo de cinta de electricista negra. Simplemente enrolle las roscas del mango antes de enroscarlo y nunca más tendrá que preocuparse.

Afilar puede ser sencillo

Afile un par de tijeras fácil y rápidamente cortando un trozo de papel de lija fino doblado varias veces. Asegúrese de tener la parte áspera doblada hacia fuera.

¿Ha visto la hoja de la navaja mejores tiempos? No se deshaga de ella aún. Dé a su navaja nueva vida pasando la hoja varias veces por la parte de la caja de fósforos que se raspa.

CUIDADO DE SU AUTOMÓVIL

Mantenimiento de rutina

Afinado del motor para distancias largas

¿Sabía usted que un mantenimiento adecuado de su coche se traduce en un automóvil más eficiente y seguro? Y que esto ¿alargara la vida de su coche en hasta un cincuenta por ciento (50%)? A su vez, esto se traduce en ¡miles de millas gratis! Algo tan pequeño como unas bujías de encendido encasquilladas puede reducir el millaje del combustible en hasta un treinta por ciento (30%). Pero un problema como este se puede prevenir con un mantenimiento regular de su coche. Consulte su manual de vehículo para ver con qué frecuencia usted debería llevar su coche al taller para su mantenimiento. Una vez que se entere de la frecuencia con que usted debe ir al taller para hacerle el mantenimiento a su coche, marque estas fechas en su almanaque y cumpla con este calendario.

Cuidados rutinarios de la batería

Las baterías de coche pueden fallar en cualquier momento del año, y fallarán. Muchas de las baterías que aseguran ser libres de mantenimiento que están disponibles en el mercado, deben ser revisadas por un profesional. Pero usted puede realizar, por su cuenta, los cuidados de rutina en la mayoría de las baterías. Limpie la corrosión de los cables de conexión y de los pilares, limpie todas las superficies, y ajuste las conexiones. Si puede, quite las tapas para verificar los niveles de líquidos. Haga esto de forma mensual. Utilice prendas y equipos de protección para realizar estos trabajos, incluso sobre sus ojos.

Descanso prolongado del motor

> ### Y usted creía que simplemente les gusta escribir multas
>
> El límite de 55 millas por hora no es solamente una cuestión de seguridad. El conducir a 55 millas por hora o conducir a menor velocidad también influye y hace una gran diferencia en relación al gasto de gasolina. El millaje de gasolina disminuye sustancialmente cuando se va a una velocidad mayor.

¿Sabe usted cual es una de las peores cosas que le puede hacer a su motor? Dejarlo inactivo. Por lo menos, evite la inactividad frecuente o a largo plazo. Si usted para el coche durante más de unos minutos, apague el motor. Y en una mañana de invierno fría, caliente el motor por al menos un minuto; los coches de hoy en día están diseñados para calentarse rápidamente. Esto va a ahorrarle gasolina y además va a proteger su motor.

Cambio de aceite

Después de cambiar el aceite, la mayoría de los profesionales colocaran un adhesivo en el margen superior izquierdo de la esquina del parabrisas. Este adhesivo le indica cuándo debe realizar el próximo cambio de aceite, después de 3,000 millas de recorrido. Si usted hizo el mantenimiento por su cuenta o si el mecánico no le da ha proporcionado esta información, tome nota del millaje del coche al momento de realizar el cambio de aceite, y después agréguele 3.000 millas para saber cuando es su próximo cambio de aceite. Escriba este número en un pequeño trozo de cinta adhesiva, péguelo al visor, y ya esta.

Conduzca con cuidado, conduzca limpio

Para el bien tanto suyo como el de su coche, siempre tenga a mano una caja de toallitas húmedas en la gaveta del coche. Utilícelas para limpiar la grasa de sus manos después de revisar el aceite o de trabajar bajo la capota del coche, y para limpiar cualquier líquido que se chorree dentro del coche antes de que aparezcan las manchas. Estas toallitas también son útiles cuando una de esas mangueras de gasolina tan susceptibles le "devuelve" un poco de gasolina después de que usted ha llenado el tanque. Limpie el exceso de gasolina de la pintura con una toalla de papel y después termine de limpiar con una toallita húmeda.

Consejos de la abuela

Cuando maneje, cambie la caja de forma gradual comenzando con las cajas más bajas hasta llegar a las más altas. Aumente la velocidad de manera incremental hasta llegar a una velocidad de 10 millas por hora antes de cambiar la caja de primera a segunda y espere hasta llegar a las 25 millas por hora antes de cambiar hacía las cajas más altas. Maneje el auto lentamente, los primeros 10 minutos, antes de comenzar a acelerar.

1003 Household Hints and Work Savers, 1947

Airear el motor

Si usted realmente quiere hacer una diferencia en la cantidad de gasolina que gasta su motor, comience con prestar atención a cuánto aire le llega al motor. Un filtro sucio no deja que pase suficiente aire para que el motor queme el combustible adecuadamente. Esto se traduce en más viajes a la gasolinera. Controle el filtro de aire con la misma frecuencia con la que controla el aceite. Si el filtro parece estar obstruido o muy sucio, reemplácelo. Sabrá que es hora de un nuevo filtro cuando al sostener el filtro a contraluz, no puede ver sus propios dedos a través del filtro.

Limpieza del sistema de refrigeración del vehículo

Algunas veces, "lo barato cuesta caro". Si el líquido refrigerante de su coche no ha sido cambiado en varios años, es probable que sea el momento de drenarlo. Drenar y reemplazar el líquido refrigerante ayuda a quitar cualquier óxido o suciedad que pueda causar problemas más adelante.

Hay que encerar la antena antes de poder sintonizar la estación de las melodías de antes

La antena es probablemente la parte del coche que a usted le preocupa menos. Pero sin pensar, también se puede desgastar. Ayude a mantener su antena como nueva encerándola de vez en cuando. Simplemente frote un poco de papel encerado a lo largo de la antena. Esa pequeña protección ayudará a mantener la antena funcionando por mucho tiempo para que usted pueda escuchar sus melodías favoritas claramente.

Un truco absorbente

¿Qué puede ser más sucio que el suelo de un garaje? Nada, especialmente si el coche gotea aceite. Incluso un goteo muy pequeño puede causar una enorme mancha en

---

La ruta mejor transitada

Si usted quiere saber cuánto tiempo puede durar un coche, desee un vueltita por la casa de Bill Desch. Como buen restaurador de coches viejos que es, a Bill le encanta mostrarle a la gente, como, en la mayoría de los casos, no es el coche el que renuncia a su dueño, sino el dueño quien renuncia al coche. Entonces, la pregunta es ¿cómo evitar que esto suceda?

"Cambie el aceite" dice Bill. Cada 3.000 millas, sin importar lo que diga el manual. No importa si el coche acaba de salir de la sala de exhibición, o si es un coche clásico que está en su garaje. Es la primera regla para lograr una larga vida para su coche. Y agrega que no hay que olvidar reemplazar los filtros cuando se cambie el aceite. Allí es donde se junta el residuo que puede causarle problemas al motor.

Así que escuche al experto. De la misma manera que uno se cuida en la comida, debe cuidar lo que se le da de "comer" al coche. Es la mejor manera de mantenerlo saludable a largo plazo.

---

muy poco tiempo. Una mancha que es fácil de llevar a la casa sin pensar. Ponga algunas hojas de cartón ondulado en una asadera plana (para hacer galletas), y colóquelas justo debajo del origen de la gotera en su coche. También puede utilizar arena absorbente para gatos, avena o aserrín. Si usted ya tiene una mancha de aceite en el piso de la entrada a su garaje o en el garaje mismo, rocié alguna de estas sustancias absorbentes sobre la mancha, espere un rato, bárrala y elimínela de esta manera.

El viejo truco de rotar los neumático

¿Alguna vez ha hecho rotar sus neumáticos? Debería. Rotar los neumáticos expone cada uno de ellos al mismo tipo de uso y desgaste, brindando un manejo más parejo. Rote sus neumáticos cada 5.000 millas para lograr un viaje más cómodo y un desgaste más parejo.

¿Puede usted resistir la presión?

Aquí tiene algunos consejos para conservar la presión de sus neumáticos.

▶ Utilice un manómetro confiable cuando revise la presión de sus neumáticos. No use los de la gasolinera; nunca se sabe si sufrieron algún vandalismo o si funcionan bien.

▶ Esto es algo que con frecuencia se pasa por alto. Al revisar la presión de sus cuatro neumáticos, revise la presión del quinto neumático también. ¿De qué sirve un neumático auxiliar si no está en buenas condiciones cuando más se necesita?

▶ *Siempre mida la presión de los neumáticos cuando las llantas estén "frías".* Si sus neumáticos han estado calientes por un cierto tiempo, el calor puede influir en que se obtenga un resultado falso al medir la presión. Asegúrese de controlar la presión al menos una vez al mes. Incorpore esto a su rutina de mantenimiento, cada tres o cuatro veces que llenas el tanque, de a sus neumáticos una inspección.

Consejos de la abuela

Mantenga la velocidad baja. La velocidad alta es más dañina para sus neumáticos en el clima caliente que en el frío. Vaya especialmente despacio en carreteras con piedras filosas que sobresalgan. Tome las curvas lentamente. Acelerar en las curvas multiplica el desgaste de los neumáticos hasta 10 veces en algunos casos.

1003 Household Hints and Work Savers, 1947

Malos trucos para los neumáticos

El siguiente es un error común que se debe evitar. A pesar de escuchar cómo la gente lo recomienda, nunca deje que salga aire de sus neumáticos para poder obtener mejor tracción en el hielo o en la nieve. Además de que no funciona, este truco puede dañar sus neumáticos y hacerlos explotar.

Evitar el mantenimiento en condiciones climáticas frías

Otra precaución contra el frío: evite poner aire en los neumáticos cuando está extremadamente frío, sobre todo si hacen menos de 10 grados. Cuando hay condiciones de helada, la válvula de aire se puede pegar y en cuestión de segundos, puede que suelte todo el aire de los neumáticos.

Otra ronda para mis neumáticos

Para evitarse problemas, acuérdese de revisar sus ruedas y neumáticos regularmente. Sus neumáticos deberían de tener la presión de aire recomendada para funcionar correctamente; los neumáticos desinflados gastan más gasolina, hacen que el motor tenga que trabajar más duro, y se gastan con mayor rapidez. Las ruedas que están desalineadas también hacen que el motor trabaje de más y puede también gastar los neumáticos. Revisar y realinear las ruedas y neumáticos con regularidad no lo va a llevar a la bancarrota porque no le va a costar más que unos pesos. Pero esos cuantos pesos bien gastados le ahorran grandes gastos y problemas a futuro.

No más óxido

Recuerde: la capota y los parachoques no son las únicas partes del coche que necesitan atención. El óxido puede colarse por donde menos espera. La sal, la suciedad y los derivados petroleros de la carretera se acumulan en las partes expuestas del costado inferior del coche y pueden causar daños serios. Evite el óxido drenando el bastidor de su coche cada tanto tiempo. Coloque el regador abajo del coche y enciéndalo, moviéndolo cada tanto, para que llegue a todos los rincones y los limpie.

El peso de la cajuela

¿Qué hay en la cajuela de su coche? Herramientas, el coche del niño, y algunos ladrillos para su jardín. Lo que usted no sabe es que le están robando su millaje de gasolina. Aliviane la carga, y su contador de gasolina se lo agradecerá. Y en los viajes, use la cajuela en lugar del portaequipajes arriba del techo del coche, ya que este crea más fricción y gasta más gasolina.

Una manicura para su automóvil

¡Ay! Un carro de supermercado le sacó un poco de pintura a su coche. No se ve tan mal, pero ¿cómo evitar que se vea peor? Esmalte de uñas. Sí, así es. Una mano de esmalte de uñas transparente ayudará a evitar que se forme óxido y evitará que ese pequeño rasguño empeore.

Demuéstrele al nuevo dueño de su coche cuánto cariño le tenia a su coche antes de venderlo

Siempre es una buena idea mantener un registro de todos los arreglos y mantenimientos que se le hizo al coche. Mantenga el archivo junto con los documentos del coche en la guantera. Tener a mano los nombres de los que trabajaron en su coche será muy útil si algo

Una nueva vida para esas viejas ruedas

Bill Desch sabe más que una cosa acerca de cómo sacarle el jugo a un coche antiguo. Como todo entusiasta restaurador de coches antiguos, Bill pasa mucho tiempo bajo la capota de su Chevrolet Chevelle de 1972. Además recomienda a los entusiastas de la restauración de coches ser pacientes y cautelosos a la hora de elegir un coche para restaurar.

"En lo posible, busque un coche despintado", dice. "De ese modo, puede ver si tiene óxido y si vale la pena o no reconstruirlo. Llévelo a un garaje e invierta algunos dólares para que lo eleven con la grúa. Así podrá poder revisar el bastidor y detectar todas las partes herrumbradas, algo que esté en mal estado, o cualquier otro problema.

No necesita tener un garaje propio para comenzar a restaurar, nos revela este gúru autodidacta de la grasa, y no necesita tampoco gastar una fortuna. "La caja de herramientas que uno necesita para este trabajo solamente contiene algunos elementos básicos. Compre herramientas confiables que tengan una garantía de por vida". ¿Cómo cuáles? "Un juego de piezas de dado de 3/8 de pulgada, un juego de llaves inglesas abiertas y cerradas de 7/16 de pulgada a una pulgada, y con eso basta".

sucede con el arreglo. También puede ayudar al momento de vender su coche. Si usted ha guardado los recibos para los cambios de aceite y cambios de batería con este registro, tendrá el archivo que prueba que ha mantenido el coche en buen estado, que es una gran ventaja para atraer a los potenciales compradores.

En el garaje

El castillo de su coche

Su garaje es tan importante para su coche como su casa lo es para usted. Guardar el vehículo en un lugar donde esté protegido de las inclemencias, puede mejorar su desempeño, preservar una buena apariencia, y extender la vida del coche. La lluvia, la nieve, el granizo, el calor extremo y el frío extremo causan daños que pueden ser evitados manteniendo el coche en un lugar resguardado. Si su garaje está lleno de cosas además de su coche, límpielo y utilícelo para guardar su posesión más importante; su coche.

Esta zona es para estacionar la cortadora de césped.

Claro, su coche suele no ser el único residente de su garaje. Las cortadoras de césped, las bicicletas, herramientas y todo tipo de cosas comienzan a apilarse en el refugio para su coche, y pueden hacer que el estacionamiento sea difícil. Para evitarlo, intente este truco sencillo: puede crear zonas de estacionamiento. Pinte líneas o rectángulos en el piso para recordarle a sus hijos y nietos (e incluso a usted mismo) a poner cada cosa en su lugar. Esto también ayudará a evitar tener que buscar un lugar para estacionar la cortadora de césped, especialmente si se le delinea un lugar específico.

Mantener el coche en línea

Para ayudar a estacionar el coche derecho, pinte una línea en la pared de fondo de su garaje. Esto le servirá de guía al intentar centrar su coche cuando lo entre al garaje, y debería de ayudar a evitar golpear la puerta contra algo por haberlo estacionado demasiado a la derecha o a la izquierda.

Y usted pensaba que los autoadhesivos para el parachoques eran divertidos ...

Por supuesto, nadie es perfecto. Los accidentes ocurren de vez en cuando en un garaje demasiado lleno. Si esto es un problema para usted, intente resolverlo. Use espuma de caucho, trozos de un viejo neumático o trozos de alfombra para amortiguar cualquier superficie sobre la cual las puertas del auto puedan chocar si sin querer se llega a estacionar demasiado cerca.

Un poco más de luz

En estos tiempos, la mayoría de los garajes tienen puertas automáticas, la mayoría de las cuales vienen equipadas con una luz automática. Sin embargo, si su garaje o cobertizo no tienen luz, no hay por qué evitar el garaje. Simplemente ponga unos trozos de cinta reflectora sobre las cosas que no quiera atropellar. Esto incluye paredes, cestas de basura, y cualquier objeto que tenga tendencia a meterse en su camino cada vez que entra al garaje.

Como limpiar el coche

Encerar el interior para lograr un brillo de exhibición

Para lograr un acabado como si el coche recién saliera de la sala de exhibición, repase las partes de vinilo y plástico del interior de su coche con lustrador de muebles en aerosol. No solo se verá magnifico, el producto evitará que se acumule el polvo también.

Cuando el autoadhesivo del parachoques se ha adherido demasiado bien

Remueva un viejo autoadhesivo del parachoques con un poco de WD-40 o líquido encendedor. Simplemente humedezca el adhesivo (o el residuo del pegamento), y deje que el líquido absorba, y frotarlo suavemente absorbiendo el líquido. Puede que tenga que hacer este procedimiento más de una vez para quitar todo el pegote. Asegúrese de limpiar cualquier resto de aceite o líquido encendedor. Puede dañar el acabado del coche si se deja por demasiado tiempo.

El mejor amigo de un coche sucio

No hay nada como tener que quitar con las uñas insectos muertos de la rejilla del radiador o de las luces. Evite esta tarea desagradable con la magia del bicarbonato de soda. Aplicar esta sustancia levemente raspante con una red de nylon y vea cómo las salpicaduras desaparecen. El bicarbonato de soda también hace maravillas sobre el cromo y el esmalte.

———————

Justo cuando creyó que era hora de guardar el bicarbonato de soda ... sus limpia parabrisas están necesitando limpieza. Frótelos con bicarbonato de soda y agua para que esos limpiaparabrisas funcionen correctamente en muy poco tiempo.

Poco alquitrán, sin alquitrán

Ay! El alquitrán de la carretera sobre su precioso trabajo de pintura. Casi le hace querer que no rellenaran esos

279

pozos en frente a su casa. Pero cálmese: usted tiene un arma secreta. Los aerosoles de pre-lavado de ropa también quitan el alquitrán de las superficies del coche.

Hasta el más mínimo detalle

Parecería que la suciedad no tiene ningún problema en escabullirse en los rincones y recovecos más recónditos de sus ruedas, pero puede ser bastante complicado quitarla de allí. Limpiar sus ruedas y las tazas es más fácil con pinceles grandes y tiesos. Solo mójelo en agua y jabón y manos a la obra.

Una solución simple y clara

Si lava su coche al rayo del sol, le quedaran marcas. Evite este problema lavándolo a la sombra.

Para trabajos más pequeños, hágase un kit de herramientas más adecuado. Ármese de un pequeño pincel de espuma, un pincel de cerdas de tamaño medio, y algunos hisopos de algodón. Úselos como ayuda para llegar a esos recovecos y huecos difíciles de acceder en el tablero, en los posa vasos, a lo largo de las costuras del tapizado, palancas y perillas y el visor de la radio. Si no logra quitar la suciedad con un pincel, humedecer un hisopo y utilizarlo como un imán líquido. ¡Tendrá el interior del coche listo para ser inspeccionado con guantes blancos!

Para ver el camino con claridad

Incluso si no tiene tiempo de lavar todo el coche, al menos mantenga el parabrisas limpio. Un parabrisas sucio causa cansancio a la vista y puede ser peligroso.

¿Quiere lograr que su parabrisas brille como nuevo?
Simplemente déle una buena lavada con vinagre blanco,
enjuáguelo con agua, y séquelo.

Si su parabrisas tiene tendencia a empañarse del lado de
adentro, intente lo siguiente. Conserve un borrador de
pizarra en su guantera. Si el desempañador no logra
desempañarlo, este pequeño ayudante lo hará en un
abrir y cerrar de ojos.

Su parabrisas no es la única parte de vidrio que necesita
claridad. Las luces también pueden acumular suciedad,
lodo, sal, nieve, insectos muertos, y otros residuos de la
carretera. Cualquier objeto que se pega a las luces reduce
su capacidad de ver la carretera, por lo que debe
mantenerlas limpias y sin residuos.

Problemas en la carretera

Recuerde traer siempre el líquido refrigerante

El problema más frecuente durante el verano es que
ocurran rupturas o averías a causa del recalentamiento.
Haga revisar el sistema de refrigeración, drene el
líquido y reemplácelo cada 24 meses. Revise el nivel de
líquido refrigerante con regularidad para asegurarse que
no haya pérdidas.

Si su coche comienza a recalentarse cuando está en el
medio del tráfico, no entre en pánico. Ponga la marcha
en neutral, y acelere algunas veces. Esto hará que el
líquido refrigerante vuelva a circular. Si esto no funciona,

intente encender la calefacción al máximo. Esto empujará el calor alejándolo del motor. Seguramente querrá bajar las ventanillas antes de intentarlo.

Los privilegios de la membresía

¿Alguna vez quiso unirse a un club? Un club automotor puede ser una buena idea. Los grupos como el AAA (American Automobile Association) ofrecen asistencia móvil a sus miembros. Por lo general, solo basta con llamar a un número 800 y ellos coordinarán el servicio de grúa, de encendido con pinzas de batería, y otros servicios sencillos.

Averiguar antes de hacerse miembro. Verifique precios, y averigüe qué servicios ofrece cada club. Muchas veces, las membresías se ofrecen como incentivos promociónales para comprar otros productos como neumáticos, por ejemplo, o teléfonos celulares. Si usted está interesado en estos servicios, considere la posibilidad de hacerse miembro al hacer su negocio.

Esta lucecita mía

Tenga una luz - bolígrafo y un par de bandas elásticas en su estuche de herramientas de emergencia. Si alguna vez necesita mirar bajo la capota en la noche, puede enganchar la luz con la banda elástica a cualquier herramienta que necesite utilizar, que es mucho más fácil que intentar balancear una linterna normal en la boca o bajo el brazo.

Planifique sus viajes

Siempre es una buena idea planificar antes de viajar. Los mapas son bastante baratos y pueden ahorrarle mucho tiempo, problemas y terribles dolores de cabeza más adelante. Si va a viajar a un lugar que no conoce, compre un mapa. ¿Y qué de su propia ciudad? Si usted vive en una zona urbana, seguramente no conoce a fondo cada vecindario, por lo cual sería bueno tener algunos mapas locales, por las dudas. Puede fotocopiar los mapas locales en la biblioteca o

Cuelgue a secar los mapas

Si quiere un desafío real, intente sacar los billetes del estacionamiento de su bolsillo con el cinturón de seguridad puesto. Si quiere una manera más fácil, enganche un palillo de colgar ropa en el visor encima de la dirección. Sirve para sostener los billetes del estacionamiento, los recibos de los peajes, los mapas o la lista de cosas que se olvidó de comprar la última vez que fue a hacer la compra.

de la guía de teléfonos local y guardarlos en la guantera del coche.

Deje que sus dedos conduzcan

¿Quiere tener una buena guía de referencia en su guantera? Intente este pequeño proyecto. Abra una vieja guía telefónica y arranque los mapas, información de contacto, números de teléfono importantes. Ponga todas estas hojas en una carpeta y guárdela esta guía de referencia en la guantera.

¿Y qué tal esta idea de reciclaje? Si tiene el espacio y no le molesta cargar un poco más de peso, ¿por qué no arrojar la guía telefónica del año pasado en la cajuela del coche o incluso en el asiento de atrás? Nunca más le hará falta ningún número cuando esté fuera de la ciudad.

Conduzca como un Niño Explorador: siempre listo

Aparte de la gasolina, ¿qué es lo más importante que se debe tener en el coche en todo momento? Un kit o equipo de emergencia. Usted puede diseñar el kit o equipo para

que contenga aquello que usted cree que necesitará con
más frecuencia, pero los elementos esenciales no deberían
de faltar. Asegúrese de incluir:

- Neumático auxiliar
- Kit o equipo de herramientas
- Extinguidor de fuegos
- Paraguas y parka resistente al agua
- Frazada, toalla
- Galón de agua

- Linterna
- Pinzas de batería para el arranque
- Bengalas
- Kit o equipo de primeros auxilios
- Valizas reflectoras

Adapte su kit o equipo de emergencia

Un kit de emergencia completo puede salvar su vida en
una situación crítica y además puede darle tranquilidad
en el día a día, sabiendo que está preparado para casi
cualquier cosa. Por supuesto, debería de adaptar su kit
para las necesidades de su coche y de la situación en
particular. Si su coche tiene tendencia a recalentarse
mucho, por ejemplo, entonces quizás debería tener dos
galones de agua y líquido refrigerante extra. Si conduce en
una zona en dónde el clima es extremo, incluya un
conjunto de ropa seca y abrigada.

Arranque su coche

Espere nunca estar en la situación en la que tenga que
arrancar su coche con pinzas de batería. Pero si lo peor
sucede, saber un poco más sobre el procedimiento puede
ayudar a ahorrar en costos de grúa y remolque, y
seguramente de daños costosos al coche. Aquí van
los pasos:

▶ Pídale a alguien que tenga un motor más grande que
el suyo, si es posible que lo ayude. Alinee el coche
para que las pinzas lleguen a ambas baterías.

Asegúrese que los coches no se estén tocando. No dejar que se fume ni que se encienda fuego cerca.

▶ Encienda el coche que tiene la batería en buen estado, y déjelo reposar.

▶ Conectar el cable rojo (positivo) a la terminal positiva (con el signo de "+") en la batería del coche que está reposando. Conectar el cable negro a la terminal negativa. Asegúrese de que el cable de encendido no esté en cerca de partes en movimiento.

▶ Sosteniendo las abrazaderas metálicas alejados entre si, conectar la roja con la terminal positiva de su batería, y la negra con la terminal negativa. Tenga cuidado. Si por error conecta la positiva a una negativa (conocido como polaridad invertida) puede llegar a causar serios problemas y daños muy costosos. También si se llegan a tocar las abrazaderas, puede generar mucha chispa y usted puede llegar a sufrir lesiones.

▶ Intente arrancar el motor. Una vez en funcionamiento, deje el motor en reposo durante unos minutos para que se recargue la batería, y después desconectar las pinzas de encendido.

▶ Si después de un par de intentos, su coche no arranca, deberá llamar al servicio de auxilios.

Como viajar en climas fríos

Nieve, nieve y más nieve

Después de una buena nevada, lo mejor es limpiar los copos de nieve con una escoba. Un raspador pequeño no brinda tantos resultados, y una pala para la nieve, puede fácilmente rayar el parabrisas o la pintura. En los días de mucha nieve, lleve en la cajuela o baúl una escoba de mango o cepillo corto y también tenga una extra en su casa. Después de una noche fría, seguramente haya algo más que nieve en su coche, y una escoba de cepillo corto no le ayudará demasiado si la cajuela está sellada con hielo y usted no puede abrirla.

La pala para la nieve

¿Lo sorprendió la nieve sin una pala? Improvise. Si realmente necesita desenterrarse, ya sea de la nieve, arena, césped o lodo, simplemente saque la taza de uno de sus neumáticos y póngalo a buen uso. Funcionará lo suficientemente bien dadas las circunstancias.

Cuándo es aceptable arrojar basura

Si su coche se atasca en la nieve, desparramar un poco de arena bajo las ruedas puede ser la solución. Pero la arena no está siempre disponible, y es pesada al cargarla. En su lugar, intente arena para gatos. La arena para gatos es una sustancia que puede dar a sus neumáticos algo de tracción, y puede ayudar a salir de un aprieto invernal.

Consejos de reposo

Si usted simplemente debe reposar el motor en invierno para que el mismo se caliente, hágalo donde haya suficiente ventilación. Nunca hacerlo en el garaje que está unido a su casa, porque el monóxido de carbono puede entrar sin que usted se dé cuenta. Y nunca hacer calentar el motor adentro del garaje con la puerta cerrada.

Ciérrele la cortina al invierno

Desalentando la principal tarea invernal: el raspado del hielo de su parabrisas todos los días. Esta mañana haga de esta tarea un recuerdo utilizando esta creativa cubierta. Corte una

cortina de baño para que quede con la forma y tamaño de
su parabrisas. Cosa imanes a lo largo
de los bordes para mantenerla
pegada al coche y después colóquela
en su parabrisas cada noche. Ya no
más paredes de hielo temprano en
la mañana ni manos demasiado
heladas para sostener el volante.

Limpiaparabrisas para climas calientes

Recuerde reemplazar los
limpiaparabrisas en las estaciones
calurosas si tiene del tipo de
limpiaparabrisas nuevo que están
hechos con cubiertas de goma. Las
cubiertas ayudan a evitar la
acumulación de nieve o hielo
cuando el tiempo está frío, pero
con su peso pueden causar daños
innecesarios y romper el motor
del limpiaparabrisas. Será mejor
para su coche que las quite durante los meses de calor.

Con los pies en la tierra

El hielo y la nieve
derretida pueden hacer
que sus felpudos se
corran y que no estén
protegiendo demasiado
sus pisos. Solucione este
problema adjuntando tiras
de velcro a los rincones
de los felpudos. De este
modo se engancharán con
la alfombra y se quedarán
en su lugar, donde usted
quiere que queden, pero
se podrán quitar
fácilmente para limpiarlos.

Compraventa de automóviles

Cómo saber si le están diciendo la verdad

Está listo para comprar ese coche usado, y parece
funcionar bien. ¿Pero cómo saberlo de veras? Una forma
de averiguarlo es si el coche fue retirado del mercado por
el fabricante. Para saber esto, simplemente copie el
número de identificación del vehículo. Este número suele
encontrarse en una placa de metal en algún lugar del
tablero de mandos. Pídale al distribuidor local de esa
marca de coches verificar dicho número, e informarlo si

ha habido algún pedido para retirar el coche del mercado para reelaboración o reparos. Si hubo, puede que quiera reconsiderar comprar ese coche.

Enfrentarse con hombre del traje de poliéster

La mayoría de las personas temen comprar coches, seguramente por el estereotipo del vendedor deshonesto y charlatán. Si es o no una criatura mítica, no hay ningún motivo por el cual las personas deberían temer comprar un coche. Todo lo que hay que hacer es tomar una decisión inteligente, bien informada y de sentido común. Si usted siente que lo están tratando de manera deshonesta e injusta, simplemente lárguese y haga negocio en otra parte.

El arma secreta de comprar un coche

Esta es una regla de oro al momento de comprar un coche, que usted debería de recordar siempre. El miedo más grande del vendedor es que usted se levante y se marche sin comprar el coche. Por este motivo, su disposición para hacerlo le juega a favor. Nunca olvide que usted lleva consigo esta arma tan poderosa. Pero también usted debe considerar utilizarla, si es necesario. Si un vendedor cree que usted se va a marchar, por lo general hará lo imposible para que usted se quede, y esto incluye bajar el precio del coche.

No se conforme con el precio de lista

Cuando esté en una sala de exhibición, no preste demasiada atención al precio de lista de un coche. El precio publicado refleja el precio de venta sugerido por el fabricante, que es lo que el fabricante considera que el coche debería valer. La mayoría de los coches se venden a un menor costo del precio de lista, por lo que no se deje impresionar por el "buen negocio" que le está proponiendo por estar bajo el precio de venta sugerido por el fabricante.

Tratar con los vendedores

Hay que saber el precio de fábrica de la factura. Este número refleja lo que el concesionario realmente pagó por el coche, y es el mismo precio para todos los concesionarios. Sin embargo, no representa el costo real para ellos, por lo que si usted paga dicho precio, el vendedor aún ganará dinero. Hay incentivos y retenciones que el vendedor puede utilizar para regatear con los compradores. Dado que puede ser muy difícil estar al día con todos estos precios y acordárselos de memoria, lo mejor al momento de ir a comprar un coche es obtener precios de varios concesionarios. Si uno de los concesionarios de coches creen que tienen que competir con otro concesionario, será mucho más probable que le brinde un precio competitivo.

> ### Mantenga su compostura
>
> Casi nunca se vende algo en el mundo de venta de coches sin negociación. Si el vendedor cree que tiene que negociar y regatear con usted, lo hará. Si usted se mantiene tranquilo, y está bien informado, y dispuesto a marcharse en cualquier momento dado, él lo reconocerá como un cliente inteligente y lo tratará de esa forma.

Arregle su coche de forma gratuita

Más de 500 garantías automovilísticas están siendo retenidas deliberadamente del público según el Centro para la Seguridad Automotriz (Center for Auto Safety, CAS) en Washington, D.C. Estas garantías cubren defectos de coches específicos de los cuales el fabricante sabía, pero de los que no necesariamente informó al respecto, cuando usted compró el coche. Y el fabricante debería de arreglar esos problemas gratuitamente. ¿Por qué se son estas garantías guardadas en secreto? Porque en todos menos cuatro de los estados, no hay leyes exigiendo al fabricante revelar estas fallas. Aquí es donde juega un papel el Centro para la Seguridad Automotriz

(Center for Auto Safety, CAS). El Centro es una organización sin fines de lucro que lucha por sus derechos de consumidor. Tienen registro de cada una de las garantías secretas que existen y con gusto comparten esta información más allá de si su coche se averió o no.

Para averiguar si su compañía de automóviles está guardándole secretos, vaya a la página Web de CAS www.autosafety.org o envíe un sobre con la dirección y estampilla (de 55 centavos) cubriendo el costo del envío a CAS Consumer Packets, 2001 S Street NW, Washington D.C. 20009. Incluya una nota que diga el año, marca y modelo del coche además de una descripción del problema que el coche está teniendo (si tiene).

Si descubre que el problema de su coche está cubierto por una garantía secreta, hable con su concesionario, muéstrele el informe y solicítele que lo arregle gratis. Si su concesionario se niega a hacerlo, llame al número de atención al cliente del fabricante.

Si usted siente que no ha sido tratado de manera justa, contacte al Centro para la Seguridad Automotriz (Center for Auto Safety, CAS) para solicitar ayuda adicional. O intente uno de los números de atención al cliente del los fabricantes que aparecen a continuación. Puede que logre más de lo que espera.

Buick	1-800-521-7300	**Nissan**	1-800-647-7261
Cadillac	1-800-458-8006	**Oldsmobile**	1-800-442-6537
Chevrolet	1-800-222-1020	**Pontiac**	1-800-762-2737
Ford	1-800-392-3673	**Saturn**	1-800-553-6000
GMC	1-800-462-8782	**Toyota**	1-800-331-4331
Lincoln	1-800-521-4140		

Seguro para su coche

Juegue el juego de las pólizas

Uno de los gastos más grandes que tiene al tener un coche es el del seguro de automóvil. Casi nunca es barato, y además, hay tantas compañías y pólizas, que puede parecer imposible averiguar qué se necesita y cuánto pagar. Cada día, miles de personas pagan demasiado por su seguro. Averigüe. Hay un rango de precios amplio para pólizas similares. No se quede con una compañía solamente porque está acostumbrado a ella o porque tiene un nombre famoso. Averigüe con la competencia también.

Luzca inteligente detrás del volante

Compre un coche con sensatez, no uno ostentoso. Los coches de bajo perfil tienen menos tendencia a ser robados, más baratos de reparar, y más baratos de mantener. ¿Y adivine qué más? Exacto, son más baratos de asegurar.

Obtener una A tiene sus beneficios

Busque descuentos. La mayoría de las compañías ofrecen descuentos sobre características de seguridad: las que vienen con el coche, y las que vienen con el conductor. Tener bolsas de aire, cinturones de seguridad automáticos o frenos antibloqueo, pueden ayudar a obtener un mejor precio. Los incentivos a nivel del conductor incluyen bajo millaje anual y buenos descuentos estudiantiles.

La apuesta del hombre seguro de sí mismo

Cuidar las superposiciones

Revise su seguro de salud y compárelo con su seguro automovilístico para asegurarse de no estar pagando dos veces por el mismo servicio. Si usted está cubierto por algunas lesiones por su póliza de salud, puede que quiera cancelar las mismas cláusulas en su seguro automovilístico.

Si usted se considera un conductor de bajo riesgo, considere incrementar su deducible. Cuánto más alto el deducible, menor será su tarifa. Claro, tendrá que pagar más en caso de tener que efectuar un reclamo, pero para los conductores seguros, a veces vale la pena arriesgarse.

El valor sentimental no cuenta

No se entusiasme demasiado. Si conduce un coche viejo o no muy caro, no pague demasiado seguro. Asegure un coche viejo según lo que vale. ¿Para qué pagar para reparar un coche si cuesta menos reemplazarlo?

EL CÉSPED Y EL JARDÍN

La guerra contra las malas hierbas

Consejos rápidos para usar herbicidas

El primer paso en la guerra contra las malas hierbas es conocer a su enemigo. Consiga que el experto en agricultura y áreas verdes de su universidad estatal local, que trabaja para el condado bajo el programa universitario de ayuda a la comunidad (lo que en Estados Unidos se conoce como un "county extension agent"), le ayude a identificar las malas hierbas en su jardín, u obtenga un libro o guía sobre las malas hierbas e identifíquelas usted mismo. A continuación siga estos simples pasos para matar las malas hierbas:

► Escoja el herbicida apropiado para sus malas hierbas.

► Siempre lleve ropa protectora, gafas de seguridad y guantes cuando aplique el herbicida.

► Solamente use el herbicida en días en que no sopla el viento.

► No corte el césped justo antes o después de aplicar el herbicida.

La técnica de la botella de soda

Cuando usted aplica el herbicida sólo a una de las malas hierbas de su jardín, usted quiere evitar que el herbicida contamine todo lo que crece a su alrededor. Así que ponga en práctica este buen consejo para evitar que el

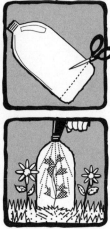

herbicida contamine otras plantas: Corte el fondo de una botella de plástico de soda de dos litros.

Coloque la botella sobre la mala hierba que usted quiere matar. Inserte la boquilla de su vaporizador químico o manguera de jardín en el pico de la botella de soda y rocíe el herbicida en esta posición. Espere unos segundos para que las sustancias químicas penetren la hierba dañina y continúe rociando las demás malas hierbas de su jardín.

Cave hasta llegar al fondo del problema

Si usted tiene un problema con malas hierbas perennes, no trate de matarlas con una grada o rastra. Todo lo que lograrás con esto es romper su sistema de raíz y darle a sus ramificaciones la posibilidad de extenderse aún más. Es mucho trabajo desenterrar las malas hierbas, pero si tiene paciencia, desenterrar las malas hierbas es un remedio tan eficaz como un herbicida. Usted sólo tiene que hacerlo a fondo y con cuidado. Una vieja despepitadora o rebanadora de manzanas es un buen instrumento para desenterrar malas hierbas. Éste instrumento cava profundamente, cortando las raíces al mismo tiempo.

¿Cuánto se puede recortar el césped?

Tenga cuidado de no cortar el césped muy al ras del suelo. Si sesga mucho el césped, corre el peligro de que demasiada luz solar llegue a tocar la superficie del suelo, lo que facilitaría que las semillas de la mala hierba germinen más rápido y mejor.

6 modos de hundir las malas hierbas

▶ Mantenga su césped regularmente nutrido podándolo, regándolo y fertilizándolo periódicamente.

▶ En los lechos de flores use una capa abonada de dos a cuatro pulgadas de profundidad. Esto ayudará a impedir que las semillas de mala hierba germinen.

▶ Siembre arbustos en cercos de setos muy densos y resiembre el pasto para estrangular las malas hierbas.

▶ No riegue demasiado; riegue sólo la cantidad necesaria según lo que se ha plantado.

▶ Retire las malas hierbas de las bolas radiculares de árboles y de las plantas de macetas que usted trae a su jardín.

▶ Cuando usted vea una mala hierba, retírela cuidadosamente con la mano, raíces y todo.

La guerra contra la maleza natural

Las malas hierbas a menudo pueden ser eliminadas, al menos temporalmente, con agua hirviente. Sólo tiene que hacer hervir la tetera llena de agua, llevarla al jardín y rociar su contenido sobre las malas hierbas. Otro método para controlar la maleza que es fácil y ecológico consiste en rociar las malas hierbas directamente con sal y vinagre.

La cuenta regresiva para obtener un césped libre de maleza y cizaña

▶ En primavera, aplique un herbicida preventivo antes de que las malas hierbas comiencen a crecer. Sabrá que es hora de tomar esta precaución cuando los cornejos estén floreciendo.

▶ En verano, revise su jardín para ver que malas hierbas sobrevivieron su ataque preventivo inicial. Aplique más herbicida sobre las malas hierbas sobrevivientes, inténtelo con un herbicida diferente o jálelas, una por una, con la mano.

▶ En el otoño, después de su podada final con el cortacésped, aplique una dosis más de herbicida general a las malas hierbas. Desentierre, a mano, cualquier mala hierba que sobrevivió su ataque con herbicidas.

> ### Alarma de producto a base de petróleo
>
> Que no le tiente usar gasolina o querosén para matar las malas hierbas. Usted sólo logrará contaminar su terreno y la capa freática local.

► ¡El próximo año, usted debería tener un césped sin mala hierba!

¡Frágil!

Si usa herbicidas o pesticidas en su jardín, tiene que tener mucho cuidado para no contaminarse a si mismo o su ropa. Use siempre una camisa de manga larga, pantalones largos, gafas y guantes protectores cuando manipula estos productos químicos. Si, a pesar de esto, algo de herbicida o pesticida llega a su ropa, va a tener que lavar las prendas contaminadas aparte del resto de su ropa sucia. No manipule prendas contaminadas con sus manos sin llevar puesto un par de guantes de goma. Guarde la ropa contaminada en una bolsa de plástico hasta que tenga la oportunidad de lavarla. Ajuste su lavadora de ropa a pre-remojo y luego haga que la lavadora complete un ciclo completo con agua caliente y detergente. Coloque la ropa en el tendedero para que el sol y el viento la sequen de forma natural y que de esta forma se termine el proceso de limpieza completamente.

Parásitos terrestres y voladores

Control de pestes orgánico

Usted puede hacer un pesticida natural con las hojas de ruibarbo que le sobran de hornear una tarta de ruibarbo fresca. Pique las hojas en trozos más pequeños y hiérvalos en agua caliente por aproximadamente una hora. Deje que la mezcla se airée, enfríela y pásela, a través de una coladera, a una botella con boquilla para rociar. A continuación rocíe el líquido sobre sus plantas para otorgarles una protección natural. Nunca use este líquido en hierbas, frutas, o verduras, ya que las hojas de ruibarbo también son venenosas cuando son ingeridas por seres humanos.

Una solución llena de humo

Deshágase de los chinches que infestan sus plantas con esta poción repugnante: Empape el tabaco que se desprende de las colillas de cigarrillos en agua, luego use esta mezcla para regar sus plantas.

Una dulce tentación para derrotar a los bichos

Si usted tiene problemas con las hormigas, las cucarachas, y otros bichos que entran en su casa, intente este remedio. En un contenedor o envase desechable y con la ayuda de una cucharilla o cuchillo de plástico mezcle bórax y leche condensada (pero de la edulcorada o azucarada, la cosa es que sea dulce). Colóquese guantes de goma o de plástico y amase pequeñas cantidades de mezcla para formar pequeñas bolitas pegajosas. Coloque éstas bolitas pegajosas alrededor de los cimientos de su casa, en las puertas, las ventanas, las entradas de sótano, y los recovecos. Los insectos molestosos pensarán que han encontrado un delicioso manjar—y te aseguro que no los volverás a ver nunca más. Asegúrese de deshacerse del contenedor o envase desechable, de la cucharilla o cuchillo de plástico que usó para mezclar y de los guantes que utilizó para manipular este veneno. No se olvide de evitar que este veneno casero entre en contacto con los niños o las mascotas.

Déles un "mal de ojo" con el ajo

Usted puede repeler los áfidos con este "térribolico" té. Pique dos clavos de ajo y colóquelos en un tarro con una pinta de agua hirviente. Una vez que esta mezcla se enfríe, pase el ajo por una coladera y vierta el líquido restante en una botella para rociar. Rocíe los brotes nuevos y rebrotes de las plantas y de las flores para protegerlas de los áfidos.

Solución anti-babosa

Esta es una solución infalible para deshacerse de esas babosas repugnantes que ensucian y llenan de babas su jardín por las noches. Distribuya algunas tapas de tarro u otros contenedores poco profundos a lo largo y ancho de su jardín y llénelos de cerveza. A la mañana siguiente, de una vuelta por su jardín con un pequeño balde de agua y elimine las babosas en agua caliente llena de jabón. Cada noche rellene las tapas con cerveza hasta que su problema de babosas desaparezca.

Las sales de Epsom son una sustancia tóxica para las babosas. Trate de rociar con cuidado un poco de esta sal alrededor de sus plantas favoritas para ahuyentar a las babosas. Sólo tiene que tener cuidado de no quemar sus plantas por usar demasiada sal de Epsom. El magnesio en la sal es bueno para la fertilidad de la tierra, pero si se acumula con el tiempo en su jardín, puede llegar a dañar las plantas.

Coleccione cáscaras de huevo y aplástalas finamente. A continuación, rocíalas cerca de la base de las plantas que las babosas están atacando. A las babosas no les gusta la sensación áspera y tosca que les provoca los fragmentos de cáscara y cuando la sientan dejarán esta área en paz.

Lado soleado

Aquí hay un gran modo de deshacerse de las tijeretas, los piojos, piojillos y las sabandijas. Cultiva una de las variedades gigantescas de girasoles, aquellas que tienen flores realmente grandes. Una vez que las aves se sacian con ellas, coloque las flores de girasol en todos los lugares donde hay plantas, ramas, u hojas muertas. Los bichos serán atraídos a los girasoles. Déjelos asentarse en las cabezas de girasol por unos días y cuando los bichos estén como en casa, tire las cabezas de girasol al basurero junto con sus nuevos inquilinos; esos bichitos tan molestosos.

Plantados de especies vegetales contiguas efectivas contra los bichos

Cuando esté planificando su próximo jardín, considere algunos "plantados de especies vegetales contiguas" que ejercen un control de natalidad natural sobre los bichos y mantienen la población de bichos molestosos a niveles aceptables. Estos plantados tan efectivos contra los bichos son:

► Plante algunos rábanos junto a sus calabazas para ahuyentar a los bichos.

► Las caléndulas repelen a los áfidos, las doríforas de Colorado, las moscas blancas y hasta los conejos.

► Cultive un poco de albahaca alrededor de sus berenjenas y tomates para alejar a los parásitos.

► Plante la salvia, romero y tomillo junto a su sembradío de col para repeler los gusanos de col.

'Los compañeros' de sembradío se ayudan mutuamente

La práctica de cultivar ciertas plantas juntas comenzó hace mucho, antes de que hubiese algún tratamiento químico procesado para el jardín. Los indios americanos plantaban maíz, calabazas y judías verdes uno a lado del otro. Las hojas de la calabaza proporcionaban la sombra necesaria, mientras que los altos tallos del maíz proporcionaban una excelente superficie para que los frijoles crezcan y busquen el cielo. A cambio de esto, los frijoles devolvieron el favor añadiendo nitrógeno al suelo en beneficio de las demás plantas.

Las flores y las hierbas a menudo se usan para el plantado de especies vegetales contiguas. Cuando se siembran juntas, el olor de algunas flores y se mezcla con el de los aceites aromáticos en ciertas hierbas y este olor actúa de manera efectiva para repeler a los insectos de la fruta y de las verduras contiguas. Independientemente de su interrelación tan especial, los plantados de especies vegetales contiguas hacen que sea más fácil cultivar un jardín abundante y sano sin el uso de productos químicos dañinos.

▶ Las cebollas mantienen a los bichos alejados de la remolacha.

▶ La borraja defenderá sus tomates contra el temible gusano de cuerno de tomate.

▶ El ajo ahuyentará a los áfidos de casi cualquier cosa.

Unos gatitos para montar la guardia

Cuando las aves se vuelven un fastidio en su jardín o con sus árboles frutales, usted puede atraer a sus gatos a ese sector del jardín, plantando nébeda, vulgarmente conocida como la "hierba de los gatos" en ese lugar—los pajaritos se espantarán con los gatos y buscarán lugares más seguros donde comer o anidar.

El truco de la serpiente sinuosa

Disuada a los pajaritos de anidar en su jardín creando una "serpiente" con un trozo de manguera de jardín.

Corta una sección de aproximadamente seis pies de largo y píntala con un patrón de colores brillantes y dos ojos rasgados y tenebrosos. Enrosca esta "serpiente" para que parezca trepar un poste vecino o colócala sobre la tierra para que parezca estar al asecho deslizándose en el pasto; los pajaritos se darán cuenta, muy rápidamente, que su jardín, con este nuevo depredador, ya no es un lugar amistoso y levantarán vuelo para irse a molestar a otro lado.

Parásitos cuadrúpedos

Deshágase de los roedores

¿Su jardín ha sido invadido por ratones? Hágales una oferta que no podrán rechazar: coloque semillas de girasol en las ratoneras como anzuelo. Los ratones no podrán resistirse a la tentación de tan deliciosa merienda.

Repelente reciclado

Intenta este truco para deshacerte de los topos. Excava uno de sus túneles y tapónalo con la arena para gato. La arena fresca funciona en estos casos, pero la arena usada puede dejar una marca indeleble en sus memorias.

Haz que las pestes de su jardín se vayan en picada con esta mezcla tan picante

Enséñeles a los roedores a no entrar a su huerto con una mezcla de un galón de agua y tres onzas del ají de Cayena. Mézclelo bien y viértalo sobre las plantas que usted quiere proteger.

Déle el tiro de gracia al problema de gatos ajenos

Un modo seguro de ahuyentar al gato del vecino de su jardín consiste en obtener una de esas pistolas de agua de largo alcance. Llene su arma con una solución de agua más un cucharón de vinagre. Si el gato se "extravía" en su jardín, rocíelo con su pistola de agua. A la mayoría de los gatos les molesta profundamente mojarse, y el olor a vinagre los saca de quicio.

Los gatos no se animarán a cruzar esta línea

Si algunos gatos les gusta andar de jarana en su jardín y lo usan como su baño privado, este es un truco que puede intentar en los felinos para ahuyentarlos de su casa. Rodée sus plantas con una línea defensiva, anti-gatos, compuesta de cáscaras de naranja y granos de café para ahuyentarlos.

Perro 'caliente' repelente

¿Tiene usted problemas con el perro del vecino porque ese animal tiene el descaro de orinar en sus bellísimas plantas y arbustos? Manténgalo alejado de sus plantas con una mezcla repugnante. Coloque unos cuantos clavos de ajo y chiles o pimientos picantes (cuanto más picantes mejor) en un licuadora y licúelos hasta que se vuelvan puré. Añádale un poco de agua a esta papilla y vierta este brebaje en los bordes del área que quieres proteger. Los perros olerán su "mensaje de bienvenida" y se espantarán.

El jabón maloliente espanta a los extranjeros

Las pastillas de jabón de hotel o los pedazos de barras de jabón usadas ahuyentarán a los ciervos de su césped o de su jardín. Cuelgue barras de jabón de una cuerda o simplemente colóquelos en los árboles, tan cerca del nivel de tierra como sea posible, para que actúen como un repelente. Las investigaciones y estudios informales que se han hecho sobre este hecho, demuestran que las barras de jabón aromático espantan a los ciervos porque el olor los perturba e inquieta y pueden interpretar este olor como un signo de que un depredador está cerca. Parece que el jabón repelente trabaja mejor en condiciones húmedas y no tan bien en épocas secas.

Embellecer el jardín

Un trueque de brotes y ramas

Mire alrededor de su jardín. Tal vez tiene demasiados especimenes de una clase de planta y no tiene suficientes de otra. Si usted vive en una vecindad grande donde mucha gente tiene jardines, usted puede organizar "un día" de intercambio de plantas. Pida a cada invitado que traiga a ese evento las plantas, árboles y arbustos que les sobran para intercambiarlas con otras plantas que les gustaría tener. Anime a sus amigos a intercambiar plantas por medio del trueque y así reducir su dependencia en el dinero ese día. Los niños pueden lograr unos pesos sembrando sus propias plántulas para intercambiarlas o venderlas ese día. Usted puedes mejorar su jardín y su vecindad de esta manera, casi sin costo alguno.

Pasaderas simples

Este es un modo fácil y barato de hacer sus propias pasaderas de jardín. Use cualquier clase de contenedor de plástico desechable de aproximadamente un pie de diámetro, tal como un contenedor de congelados o un balde plástico. Luego siga estos pasos:

▶ Coloque una capa delgada de vaselina en el interior del contenedor.

▶ Mezcle bien el contenido de una bolso de concreto o cemento en su carretilla, teniendo cuidado de seguir las direcciones de mezclado del paquete.

▶ Utilice un pequeño balde o taza plástica como si fuese un cucharón para llenar cada contenedor con el material, aproximadamente dos pulgadas de hondo. Remueva el cemento suavemente para deshacerte de los grumos o burbujas de aire y deshágase del excedente.

El jardinero y la sombra

En general, la hierba no crece bien bajo la sombra de los árboles grandes. En vez de luchar con la naturaleza de la hierba, intente algo diferente. Algo que le puede dar un toque diferente a su jardín y que le ayude a lidiar con esta frustración. Las plantas tolerantes de sombra tales como las hostas, los helechos, la aguileña y las vides como la hiedra y la vincapervinca pueden usarse para rellenar aquellas áreas desnudas bajo los árboles. De esta manera, usted puede remplazar el pasto y llenar ese espacio con un mar de colores y texturas con los que la hierba no puede competir.

▶ Después de aproximadamente una hora añada toques decorativos tales como baratijas, piedras, un mensaje escrito o impresiones hechas de hojas.

▶ Deja que el cemento se fije durante un par de días antes de retirar las pasaderas de sus moldes.

Humedad moderada

Esta es una técnica que hará que sus flores parezcan estar frescas y recién regadas incluso en la sequía más persistente. Tome un jarro de leche de galón y córtele el fondo. Perfore algunos agujeros a los lados y en la tapa. Colóquela patas arriba y sumérjala en la tierra a unas pulgadas de sus plantas, preferiblemente escondidas en la última fila del macizo o detrás de una planta más grande. En lechos de flores grandes, espacie los jarros con una distancia aproximada de 12 pulgadas. Llene el jarro de agua cada cuantos días. Esto dispensará el agua lentamente y la esparcirá regularmente por todo el suelo. De esta forma no tendrá que regar con la manguera, y la evaporación será más eficiente. Si no tienes ningún jarro de leche extra a mano, usted también puede usar viejas latas de café.

> ### Atraiga hermosas mariposas a su jardín
>
> Si usted quiere realzar la belleza de su jardín con la presencia de lindas mariposas, siembre ortigas en una esquina descuidada del jardín. Las mariposas se posaran en las ortigas para poner sus huevos en estas plantas.

Fertilizante gratis

Un mejor modo de segar

Si usted usa un cortacésped para compostaje su cortacésped está diseñado para pulverizar los tallos de la hierba y las hojas caídas y distribuir este compostaje a lo largo y ancho de su jardín para reciclar los nutrientes. Por otra parte, si usted tiene un cortacésped regular, lo más probable es que use una bolsa especial para almacenar los desechos o compostaje resultante del segado o puede rastrillar el desecho después de segar. De cualquier manera el compostaje resultante del segado del césped es una fuente inmediata de nutrientes naturales como el nitrógeno. ¡Así que no tire los desechos de la sesga de la hierba! No recoja la hierba recortada cuando sesgue el césped. Reparta y distribuya el compostaje producido al sesgar sobre todo el césped, o déjelo donde está para que éste actué como fertilizante gratis en su pila de compostaje.

Sesgar + recolectar = compostaje

El abono orgánico o compostaje enriquece y condiciona su terreno y le da un gran modo de renovar un poco su jardín y reciclar su basura de cocina. Usted puede comenzar una pila de abono orgánico con una variedad de materiales orgánicos diferentes, tales como hojas, recortes de hierba o abono animal. Usted podría comprar un recipiente de compostaje

---

Cosas que nunca debe colocar en su pila de compostaje

La carne de animal o los restos de grasa, cocidas o crudas

Las papas o patatas crudas o su piel

Los huesos, la piel, el cartílago, los nudillos o los órganos de animales

Los productos lácteos tales como el queso, la leche, el helado, la mantequilla o la margarina

Los dientes de ajo o restos de comida que contengan mantequilla, margarina, salsas, aderezos, adobos o glaseados

---

fino, pero tan sólo con una pila de hierba y una bielda u horquilla usted puede hacer todo el abono orgánico o compostaje gratis que quiera. Simplemente añada las hojas externas resistentes de la lechuga y el col, aquellas nectarinas que se estropearon en su recipiente de verduras o las zanahorias secadas de su almuerzo de saco. Usted puede usar un macizo vacío o cualquier espacio en su jardín donde usted pueda sepultar restos orgánicos. Establezca un sistema de compostaje y sus sobras de cocina se combinaran con los restos orgánicos de su jardín para convertirse en "oro negro", o sea, comida para sus flores y verduras.

Abono poderoso

Un material bueno para fertilizar con abono orgánico en su jardín es el abono de animal de granja. Compruebe que granjas locales estarían dispuestas a darle abono libre si usted está dispuesto a llevárselo desde tan lejos. Este tipo de abono, el de las granjas, es alto en nitrógeno, uno de los tres nutrientes más importantes para cultivar. El abono de caballo es el más alto en nitrógeno, seguido del abono de pollo y luego por el abono de cerdo. El abono de pollo causará un aumento gradual de la sal al interior del compostaje o en el suelo. Por eso, evite usarlo por periodos prolongados en un mismo lugar.

Una ayudita peludita

Inclusive mejor que el abono, utilice el cabello humano que es una fuente rica de nitrógeno para sus plantas de jardín. Si usted tiene un amigo en una barbería o salón de belleza, pregúntele si el o ella puede recolectar los restos de cabello en su establecimiento para usted. Espárzalos por todo el suelo del jardín y comprímalos con fuerza dentro de la tierra para que la tierra los absorba bien. Esto también ayudará a evitar que los ciervos busquen comida en su jardín.

Semilleros

Un sano consejo para su jardín

No tire a la basura buen dinero comprando equipos semilleros caros en la sección de productos especializados de jardinería de su tienda. Estos semilleros prefabricados no son más que un adorno suntuoso. Usted puede hacer un "mini invernadero" muy simple que sirva de semillero con esas cajitas o envases de plásticos en las cuales los supermercados venden sus pasteles, tortas y todo tipo de pastelería. Usted puedes reciclar estos envases para pasteles y darles un mejor uso en su jardín. Busque una cajita o envase para pasteles de plástico claro que tenga una tapa acanalada. Quítele la tapa y llene ambos lados con una mezcla procesada de semillero o, al contrario, puede usar solamente el fondo del envase de plástico para este propósito y después sellar la tapa para retener la humedad. Por eso, la próxima vez que vaya al supermercado no compre el pastel o torta que quiere comprar suelto y sin caja, más bien cómprelo en una de estas cajitas de plástico porque ahora ya sabe usted que hacer con esas cajitas. Así estas cajitas se convertirán en un bono al momento de su compra y no una molestia para botar a la basura.

Semillero de huevo magnífico

Otro envase ideal que usted puede usar como semillero es la cáscara del huevo. Coloque un poco de semillero en la mitad de un cascarón de huevo, plante la semilla en su interior y vuelve a colocar la mitad del cascarón en el lugar que ocupaba en la caja de huevos. Repita esta operación cuantas veces quiera. Seguidamente, coloque la caja de huevos en una ventana soleada. Cuando la plántula este lista para plantar en

el jardín resquiebre el cascarón (raje la cáscara en varios sitios) hasta que se formen pequeñas grietas en su superficie y plante la plántula junto a lo que queda del cascarón para otorgarle un refuerzo nutricional.

Tratamiento para ventanas

¿Tiene usted una ventana soleada en su casa, una esponja y un plato extra? Si tiene todos estos elementos entonces con todo esto más unas cuantas semillas y un poco de agua puede usted comenzar un jardín. Sólo moje la esponja y colóquela

---

Dé a sus plántulas un refuerzo espumoso y burbujeante

¿Quiere usted una mezcla de semillero simple y barata para sus plántulas? Que tal esta: Mezcle una cucharilla de champú de bebé en un cuarto de galón de agua y use esta mezcla para regar todas sus macetas regularmente. La mezcla mantiene la superficie del suelo suave y húmeda para que las plántulas se puedan abrir camino fácilmente cuando tengan que germinar.

sobre el plato, esparza las semillas de forma regular sobre la esponja, y coloque el plato en la ventana soleada. Mantenga la humedad de la esponja añadiéndole agua con frecuencia. En cuanto sus plántulas produzcan una buena y saludable raíz y hojitas, transfiérelas a una maceta para prepáralas para su nueva vida en el jardín.

Un lugar calientito y acogedor

Un buen lugar para guardar sus bandejas para semilla es encima de su refrigerador, donde la temperatura es constante, entre 70 a 75 grados Fahrenheit (21 a 24 grados centígrados). Mantenga sus bandejas para semillas en este ambiente acogedor para ayudar a que sus semillas germinen más rápido. Durante los días nublados y por la noche, guarde las plántulas ya germinadas en este mismo lugar, encima del refrigerador, para una infusión de calor y nutrientes antes de trasplantarlas al aire libre.

Una regada más suave y cariñosa

Una vez que sus plántulas estén en pleno crecimiento, pueden parecer vigorosas pero en realidad las plántulas aún son frágiles. No vierta el agua de una jarra o regadera directamente sobre las plántulas. En cambio, use el método "de fondo" para regar. Habiendo plantado semillas en celdas de plantación individuales, deje una celda vacía cerca del centro y vierta su agua continuamente sobre dicha celda vacía. De esta manera, el agua se dispersará de forma lenta hacia la bandeja de abajo, y se extenderá gradualmente a todas partes del suelo y a todas las plántulas. Si usted usa un contenedor de comida reciclado sin celdas, simplemente absténgase de plantar ninguna semilla directamente en el centro del contenedor y añada el agua allí.

Conserve y proteja sus plantas

Una vez que sus pequeñas plántulas han sido plantadas, ellas son mucho más vulnerables a los elementos y a parásitos de jardín de lo que te imaginas. Usted puede reciclar sus cestas para tomates de cereza o de fresa para usarlas como protección para las semillas recién plantadas en el jardín. Sólo fíjelas en el suelo sobre una semilla plantada. Usted también puede reciclar sus viejos envases de plástico para leche para usarlos como protectores de la plántula y trasplantes. Simplemente recorte el fondo del envase y quítele su tapa. Presione el envase contra el suelo sobre sus plantas más jóvenes y delicadas. Estos cobertores o "casitas para plantas" plásticas ayudarán a retener el calor y a proteger a las plantas de las inclemencias del tiempo mientras ellas se fijan al suelo y se afianzan sobre el terreno.

Técnicas de reducción de gastos

Ahorre con las mismas especies

Muchas tiendas de plantas y herbarios locales le pueden dar un descuento considerable de precio si usted compra la misma planta al por mayor. Tome esto en cuenta antes de diseñar un jardín lleno de especies únicas y diferentes. Tener muchas plantaciones compuestas de la misma especie de planta puede simplificar, enormemente, el mantenimiento del jardín.

Un poco de té para animar a tus semillas

Pasta para sus plantas

No bote el agua de la olla después de hacer cocer las patatas o el fideo. Más bien, déjela que se enfríe, llévela afuera y viértala sobre sus plantas en el jardín. A sus plantas les encantará este refuerzo de almidón en su nutrición.

Recicla las bolsas de té usadas y úsalas como semilleros. Corta una raja diminuta en un lado de la bolsa de té, colócale una semilla en su interior, y "planta" la bolsa de té en una macetita. Mantén la maceta húmeda hasta que brote la semilla y esté lista para trasplantarse. Entonces mezcla las hojas de té que sobran de la bolsa de té en la tierra de una planta casera o de interiores. A los helechos les encanta nutrirse de los elementos orgánicos del té.

Siempre hay campo para más fertilizante

¿Tiene usted una caja extra de gelatina sin sabor en la despensa? No la bote, más bien guárdela para fertilizar sus plantas. Simplemente mezcle un sobre de este tipo de gelatina en un cuarto de galón de agua y empape sus plantas caseras o las del jardín con esta mezcla para otorgarles un saludable refuerzo de nitrógeno en su nutrición cotidiana.

Delinee su territorio con estacas

Ubique una tarima de bambú o algún mueble parecido y corte algunas planchas de madera para usarlos como estacas para rodear y proteger las plantas delicadas de tallo largo. El bambú se ve mucho más elegante y fino que los postes de metal o que usar unas cuerdas, y es lo suficientemente sólido como para durar varias temporadas.

No bote al desagüe su presupuesto para el jardín

Los soportes de plástico de mangueras de jardín son muy bonitos, pero también muy caros, especialmente tomando en cuenta que usted puede hacerse un soporte de manguera gratis. La próxima vez que cambie las llantas o ruedas a su coche, en vez de botar el aro o anillo de su neumático (la parte de metal que soporta el neumático) ¡guárdelo! Su manguera de jardín se enroscará muy cómodamente en este aro de metal, que puede hacer las veces de soporte de manguera. Además, tiene la ventaja adicional de que su manguera se desenroscará del aro sin enredarse. Cuelgue uno de estos aros de metal en la pared cerca del grifo de agua. Usted inclusive puede pintarlo del mismo color de la manguera para que parezca que son un juego de jardín. De esta manera usted podrá manipular su manguera más cómodamente y al mismo tiempo que se ahorra dinero que podría utilizar mejor en otra cosa.

Otra forma barata de almacenar su manguera de jardín es usar un balde de metal resistente, de cinco galones. Monte la parte inferior del balde sobre la pared que está a un costado de su casa o sobre un lado del cobertizo donde está su taller con la apertura del balde mirando hacia fuera y enrosca la manguera alrededor de este balde suspendido en el aire. Use el exterior del balde como soporte de manguera y el interior del balde para almacenar las boquillas de manguera, los rociadores de fertilizante y los guantes de jardinería.

Compostaje gratis

Para obtener compostaje o pajote gratis, contáctese con el vertedero de basura local o con un servicio de retiro de árboles. Muchas comunidades ahora tienen instalaciones que elaboran el compostaje de escombros de pasto y lo regalan. Si la suya no lo hace, llame a un servicio de retiro de árboles. Estas compañías tienen que pagar para descargar escombros en vertederos por lo que ellos estarán contentos de dejárselos a usted. Con una máquina cortadora/trituradora, puede convertir los tocones y ramas en pajote utilizable. Incluso, si tiene que alquilar un cortadora/trituradora por el día, puede hacer una montaña de pajote por una fracción del costo de la que usted compra en bolsa.

Secretos de supervivencia de semillas

Salve aquellos pocos últimos vegetales

¿Se aproxima el frío y no quiere desperdiciar su última cosecha de verduras? Ponga papel aluminio sobre la tierra que está debajo de ellas para acelerar la maduración.

Si usted encontró por ahí un paquete viejo de semillas, intente esta prueba para ver si todavía son usables. Moje un papel toalla y disperse las semillas en una sola capa. Ponga otro papel toalla húmedo encima. Suavemente ponga todo en una bolsa de plástico y déjelo por tres días. Después abra la bolsa y vea que sucedió. Si solo una tercera parte de las semillas germinaron, tírelas. Si apenas la mitad ha germinado, úselas pero plántelas unas muy cerca de las otras. Si tres cuartas partes han germinado, plántelas de la manera usual.

Parte y comparte igual

Comparta herramientas con sus vecinos y ellos harán lo mismo con usted. Quizás usted necesita una azada especial que su vecino tiene y el necesita un fumigador de fertilizante que usted tiene. Planee un intercambio de herramientas con sus vecinos que trabajan en el jardín y no tendrá que comprar tantas herramientas de jardinería caras.

Ayuda para helechos marchitos

He aquí un tónico barato para helechos marchitos: mezcle una cuchara de aceite de castor y una cuchara de shampoo de bebé en dos pintas de agua tibia. Riegue su helecho con aproximadamente tres cucharadas del tónico y después con agua pura. Su planta pronto revivirá.

Macetas gratis

Si usted toma leche de envase de cartón encerado, tiene una fuente gratuita de macetas. Lave bien el envase, corte y quite la mitad superior. Corte pequeños pedazos de la base o las esquinas como drenaje. Ponga tierra y su planta.

Como semillero o para pequeñas plantas en su jardín, otra alternativa gratis a las macetas compradas son los recipientes de papier maché hechos por usted mismo. Prepare una mezcla de harina y agua (no use pegamento comercial) añadiendo una cuarta parte de taza de agua a media taza de harina y mezclando hasta que esté suave. Junte algunos periódicos y un vaso. Coloque el vaso bocabajo y pegue pequeñas tiras de papel hasta llegar a una pulgada y media de la base del vaso, cubriéndolo para obtener la forma del pote. Quizás quiera añadir una o más capas de papel para hacer un recipiente más fuerte. Cuando el papel esté completamente seco, retire el vaso, añada la tierra y la planta. Ponga la maceta de papier machè directamente en la tierra. Protegerá a sus brotes mientras se desintegra gradualmente en la tierra de su jardín.

Diseño de jardines a bajo costo

Busque estudiantes de diseño de jardines u horticultura en las universidades agrícolas locales. Ellos pueden estar interesados en diseñar su jardín gratis o a un precio reducido.

Mucho cuidado cuando corte plantas

Un modo de tener nuevas plantas a partir de las que tiene es haciendo cortes. Solo tiene que asegurarse de usar un cuchillo filo y muy limpio, de lo contrario podría ocasionar una herida desagradable que podría infectarse y perjudicar tanto a la madre planta como a las plantas bebés.

La altura no hace compostura

No gaste su dinero eligiendo las plantas incorrectas del vivero. Aunque puede que atraigan su atención; las plantas altas, "patilargas" y con flores no son la mejor elección. En su lugar, busque plantas con crecimiento más parecido a un arbusto, más grueso y con menos flores. Las que lucen como arbusto se acostumbrarán más rápidamente y probablemente florecerán más.

Retírese en su jardín

En vez de invertir su tiempo y dinero en construir maceteros para hacer crecer melones y otras plantas de viña, simplemente recolecte algunas llantas viejas y haga versiones más pequeñas y redondas de la misma cosa. Corte uno de los lados de la llanta, póngala en su jardín con la parte cortada hacia abajo, y llénela con rico abono o tierra. Plante sus semillas de viña dentro y ellas crecerán más rápido en el cálido ambiente creado por la llanta. Este truco hace posible disfrutar de melones en áreas lejanas del norte donde la estación de cultivo es muy corta.

Déles la posibilidad de sobrevivir

Recuerde que cuando usted compra plantas de un invernadero ellas han estado en un ambiente óptimo de luz y alimento. No las ponga directamente afuera y espere que empiecen a crecer. Déles aproximadamente una semana en un refugio donde se puedan adaptar a la vida afuera y gradualmente vaya llevándolas al lugar donde piensa plantarlas. Así tendrán mejor oportunidad de sobrevivir.

Conozca su zona

Antes de que se enamore de algún arbusto en
particular o de alguna flor, asegúrese de que
usted vive en la zona correcta para hacerla
crecer. En vano gastará su dinero y esfuerzo si
espera que plantas de zonas frías sobrevivan
en el calor del Sur lejano y plantas de climas
cálidos no sobrevivirán los inviernos de
Nueva Inglaterra. Muchos catálogos de plantas
y paquetes de semillas dan información sobre las zonas
apropiadas de crecimiento. Revise esta información para
no poner la planta correcta en el lugar equivocado.

Horticultura en pequeños espacios

Tierra con doble rendimiento

Si tiene muy poco espacio para sembrar sus tulipanes y
azafranes, trate plantándolos en el mismo lugar. Los
bulbos de tulipanes a ocho pulgadas de profundidad y
los bulbos de azafranes a cuatro pulgadas, encima de los
tulipanes. Los azafranes saldrán como siempre y pocas
semanas después también los tulipanes, manteniendo el
jardín lleno de color y plantas.

Plantación portátil

Aunque usted viva en un departamento puede disfrutar
el cultivar hierbas y vegetales–simplemente hágalas
crecer en recipientes. Moldes de tartas y otras cazuelas
livianas de repostería sirven de maceteros baratos para
plantas con raíces superficiales como las hierbas y las
frutillas. A medida que la temporada avanza la luz del

sol cambia en su patio o pórtico y usted puede aprovechar la luz y el calor del sol moviendo los recipientes. Cultivar, aunque sea pocas verduras y hierbas le ahorrarán dinero y le proveerán de alimentos de alta calidad.

Macetas ingeniosas

¿Busca macetas para jardín baratas y creativas? Intente estos creativos sustitutos:

▶ Bloques de cemento liviano con agujeros puestos de lado.

▶ Latas con agujeros en la base.

▶ Una bañera vieja con el drenaje abierto.

▶ Una carretilla usada con agujeros de herrumbre.

▶ Un par de zapatos viejos pintado con pintura para exteriores.

Niñeras para semillas bebé

Para obtener plantas de tomate, esparza unas cuantas semillas en la tierra de sus plantas de interior. Estas plantas adultas servirán de refugio para las pequeñas y cuando riegue alimentará a ambas al mismo tiempo. Cuando las plantas pequeñas estén listas para crecer solas remuévalas suavemente y replántelas.

Considere el tamaño

Cuando esté eligiendo un recipiente para su jardín, asegúrese de considerar el peso del objeto cuando esté lleno de tierra húmeda y plantas. Piense pequeño y liviano. Si es muy grande o pesado, puede volverse imposible de mover una vez que contiene a la planta. Si se enamoró de un barril o algún otro recipiente pesado, colóquelo sobre un vagón u otra plataforma con ruedas antes de plantar, de esta manera podrá moverlo cuando lo necesite.

Más pequeño significa más seco

Recuerde que cuanto más pequeño es el florero o macetero, sus plantas necesitarán agua más a menudo. Puede ayudar el usar platillos debajo del pote o juntar varios potes pequeños en una bandeja llena de pequeñas piedrecillas. La bandeja o platillo debe ser capaz de contener aproximadamente una pulgada de agua.

Árboles y arbustos

Plantando árboles

Compre el árbol más grande que pueda, preferentemente de cinco a ocho pies de alto, para tener una mejor posibilidad de supervivencia. Cuando sepa donde colocará el árbol, remoje la raíz por ocho a diez horas. Cave un agujero un poco más profundo que el tamaño de la raíz para que empiece a crecer más rápidamente. Haga el hoyo cerca de dos pies más ancho que el ancho de la raíz.

Después de que el árbol está en la tierra y el suelo ha sido compactado a su alrededor, haga un pequeño montículo de tierra alrededor del árbol a dos o tres pies del tronco. Esto evitará que el agua de lluvia o de riego se escape.

Cubra con pajote el área alrededor del tronco, pero sin tocarlo, para prevenir la fuga de agua y proteger las raíces del calor del sol. Verifique la disponibilidad de pajote de ciprés en su área—tiene el beneficio añadido de espantar a los insectos.

Secretos para árboles jóvenes

No pode los árboles jóvenes en sus primeros años. Ellos necesitan todas sus hojas como alimento para construir un sistema de raíces fuerte.

Use una estaca para mantener estable su arbolito. Esto lo ayudará ha crecer recto. Paquetes de estacas están disponibles en las tiendas de jardinería y ventas de césped, o puede usar una media nylon vieja y una estaca de tienda de campaña.

Una manera ingeniosa de cuidar sus arbolitos

Los cortacéspedes convencionales y los de cuerda pueden dañar permanentemente la corteza de su arbolito, para evitarlo, use un protector de tronco. Los encuentra en las tiendas de jardinería y ventas de césped o puede fabricar uno usted mismo usando una estera de goma para baño que esté vieja o una alfombra gruesa de baño con goma en el reverso. Sólo envuelva la estera alrededor del tronco al nivel del suelo y amárrela con una cuerda. Ahora puede cortar el césped sin peligro. Luego, quite el protector y haga lo mismo con el próximo árbol.

Derrote la sequía

Cuando el calor del verano llega, puede pasar largo tiempo sin que llueva. Asegúrese de poner bastante pajote alrededor de sus árboles para evitar el crecimiento de la maleza y disminuir el proceso de evaporación del agua. Cuando riegue no solo moje la capa superior de tierra o correrá el riesgo de herir a las raíces cercanas a la superficie. Riegue bien y profundamente cada semana.

Pode cuando sea tiempo

Para las plantas y arbustos más sanos, no comience a
podar hasta finales de la primavera cuando se vean unas
pulgadas de brotes nuevos. Incluso, podría esperar hasta
el comienzo del verano. Con los arbustos y plantas
perennes, es preferible esperar hasta junio para la poda.
En el otoño se debe parar la poda por lo menos seis
semanas antes de la fecha usual de la primera helada.

Las plantas que florecen en el otoño deben ser podadas
en primavera. Igualmente, aquellas que florecen en la
primavera deben podarse en el otoño. Las excepciones
son aquellas plantas que florecen en el último año de
crecimiento como las lilas.

No pode sus lilas después del cuatro de julio. Para esa
fecha ya se comenzaron a formar las cabezas de flor para
el próximo año. Si poda, las cortará todas y no tendrá
florecimiento el próximo año.

Secreto para salvar las rosas

Si está cansado de ver como
los escarabajos japoneses
devoran sus encantadores
capullos de rosas en pleno
verano, intente este truco.
Siga adelante y disfrute del
primer rubor de flores de
finales de primavera y luego
déles un buen recorte.
Aunque las pierda por un par
de meses, hacia septiembre
ellas comenzarán a florecer otra

Tijeras en buen estado

Cuando pode sus setos, siempre
use tijeras recién afiladas.

Las láminas sin filo de sus tijeras
pueden provocar hendiduras o
ramas rotas y dar lugar a
enfermedades y parásitos.

vez sin el peligro de los escarabajos. Una ventaja
adicional: Esta técnica también controla la enfermedad de

317

punta negra, que usualmente tiende a presentarse en pleno verano. Pero no intente este inteligente truco en rosas que florecen en madera vieja, como trepadoras, porque esto quitará las mismas ramas donde las flores se formarían.

Cuide los bordes de esos setos

Recorte sus setos en forma de pirámide, dejando la parte ancha abajo. Si usted recorta demasiado la parte ancha, las ramas inferiores no obtendrán suficiente luz y tendrán un aspecto desmejorado.

Sólo un recorte por favor

La mayoría de los setos y arbustos deberían ser podados cerca de una vez al mes. Sin embargo, algunos merecen ser podados con más frecuencia. La alheña, la cicuta, el acebo, el enebro y las maderas de boj pueden ser podados con mayor frecuencia con buenos resultados.

Siga al líder

Si el líder (punto de crecimiento central) de un árbol joven de su jardín es dañado por una tormenta, usted podría salvarle la vida usando un par de simples instrumentos. Tome una cinta aislante y crea un nuevo líder doblando la rama más sana cercana hacia el líder dañado y envuélvala con la cinta. Mantenga esto por un año. El nuevo líder empezará a crecer y asumirá finalmente el trabajo. La siguiente primavera, pode al líder dañado justo debajo de la cinta.

Cuidado del césped

Conviértase en un coleccionista de basura

Si usted está cansado de la basura, las piñas y otros deshechos mientras usted siega, no la desperdicie. Intente seguir el siguiente consejo. Ate una bolsa de basura al manubrio o barra de empuje de la cortadora de césped y, siempre que usted encuentre basura simplemente recójala y deposítela en la bolsa. Esto le ahorrará el tiempo pues no deberá volver más tarde a recoger la basura.

Muchos agujeros en uno

No tire sus zapatos de golf viejos—ellos pueden ser muy buenos cavadores de suelo. Simplemente úselos cuando usted siegue, pode o limpie su jardín. Los agujeros pequeños que sus zapatos hacen en la hierba permiten que la lluvia, los nutrientes y el aire ingresen en el suelo compacto. He aquí un buen artículo para comprar en una venta de artículos usados, si usted no tiene unos.

Permítales tomar té

Si tiene que sembrar en un par de lugares en su jardín, estimule sus semillas dejándolas empaparse con té en el refrigerador por un día o dos. Déjelas secar sobre papeles de toalla y luego espárzalas como usualmente lo hace.

Déjelo estar

Las antiguas cortadoras de césped de empujar dejarían la hierba donde fue cortada. Entonces alguien decidió que el césped cortado debía ser aspirado como la suciedad de una alfombra, y fue así que las cortadoras de césped con aspiradora se hicieron populares. Ahora, el péndulo nuevamente regresa a la vieja forma de cortar el césped. En

Riegue bien

Es tiempo de regar su césped si puede ver las huellas que dejó al pasar. Si su césped está debidamente regado y bien cuidado, este salpicará cuando usted camine por él. Nunca riegue su jardín en la tarde cuando el sol esté fuerte. Siempre hágalo en la mañana o al final de la tarde cuando la posibilidad de evaporación es menor.

lugar de aspirar el césped cortado, déjelo estar donde cayó. Este proporcionará el aislamiento del calor, mantendrán la humedad y proveerá los nutrientes necesarios mientras se desintegra.

Logre un mantenimiento de bajo costo

Si el cortar el césped empieza a cansarlo, considere un césped nativo en lugar de un césped de mantenimiento costoso. El césped de búfalo crece bien en los estados calientes del Sur; solo necesita cortarse unas pocas veces al año y requiere muy poca agua.

El guardabosque del césped

Bill Desch, mecánico autodidacta, es propietario de la misma segadora desde 1985. Y ésta aún funciona como nueva. ¿Cuál es su secreto? El cuida y mantiene su segadora en buen estado. "El mantenimiento es la llave para la larga vida de un motor", dice Bill. "Si usted cuida sus herramientas, ellas cuidarán de usted".

Cuidar su segadora es tan simple como hacerle un chequeo anual. Cada primavera, Bill cambia el aceite del motor de su cortadora de césped, pone un nuevo filtro y se asegura que los enchufes estén en buen estado. "Y afilo las láminas de cortar", añade él. "Estas se gastan como cualquier otra cosa".

Aún cuando no tenga la habilidad mecánica de Bill, siempre puede encontrar una tienda que afilará su cortadora de césped por aproximadamente $ 25. Y su cortadora de césped se lo agradecerá—el motor durará más y funcionará mejor.

Herramientas de jardinería

Aclare este aspecto

Es fácil extraviar sus pequeñas herramientas de jardinería cuando usted está trabajando en el jardín. Pinte los mangos de las herramientas con colores brillantes, como amarillo o rosado, de manera que sean más fáciles de encontrar si los deja en la hierba o en los arbustos. ¡Evite así comprar nuevas herramientas!

Infortunios de una carretilla

¿Por qué el neumático de su carretilla siempre se desinfla? Porque la mayoría de las veces el neumático es construido sin cámara. Debido a que están inflados, estos se mantienen firmes, sin embargo, si se pinchan, se desinflan rápidamente y es casi imposible inflarlos nuevamente en casa con un inflador de bicicletas. ¿La solución? Consiga una cámara de aire de la ferretería. Existen tubos expresamente hechos para neumáticos del tamaño de la carretilla. Ínflelo correctamente y este durará incluso más que la carretilla.

Podadera veloz y efectiva

Antes que empiece a podar, rocíe su podadora con aceite vegetal. La savia de la planta quitará el aceite cuando usted haya terminado de podar.

Protección contra infecciones

Al igual que las personas, las plantas pueden infectarse y enfermarse. Es particularmente fácil contagiar la infección de una planta a otra cuando se las corta con la misma podadera. Para prevenir esta infección, limpie con

Protección de arena contra la herrumbre

Los desplantadores y otras herramientas de jardinería se deteriorarán y oxidarán con su uso frecuente. He aquí la forma de prevenir este problema. Llene un pequeño balde con arena y una cuarta parte de una taza con aceite de motor de automóvil. Cada vez que use las herramientas, límpielas bien y luego introdúzcalas en el balde de arena de manera que se recubran de arena. Luego guarde las herramientas en ese estado para su mejor conservación.

regularidad su podadera con una solución compuesta de diez partes de agua y una parte de lejía.

¿Qué está en juego?

Ate plantas delicadas de su jardín con un cable recubierto de plástico como el cable del teléfono. Este no se deteriorará como una cuerda o la ropa y es más suave para tallos de plantas delicadas. Un lazo aún más suave es una cinta de casete, por lo tanto, la próxima vez que se le rompa un casete, recicle la cinta para sus trabajos de jardinería.

Para una manera más delicada y suave de plantar plantas de tomate y otras vides sensibles, corte las piernas de una media nylon y amarre las ramas. La elasticidad de la tela cederá ha medida que la planta crece y empieza a tener frutas y flores.

Hunda los dedos en el jabón antes que en la tierra

No hay un buen instrumento para quitar la suciedad de debajo de las uñas luego de excavar la tierra del jardín. ¿Como prevenir eso? Introduzca suavemente sus uñas en una barra de jabón antes de empezar su tarea de excavar. El jabón bloqueará y evitará que la suciedad se introduzca en sus uñas y no parecerá que usted excavó en su jardín.

MASCOTAS

Un compañero de juegos para toda la vida

Elija el cachorro perfecto

Para decidir si quiere que un cachorro sea su mascota, primero llévelo a un lugar tranquilo y pongalo en el suelo. Al principio el perro probablemente se quedará inmóvil, lo que es perfectamente normal. Al poco tiempo, sin embargo, el perro debería empezar a explorar y ser amistoso. Si el animal no se mueve de su sitio original, o intenta esconderse o saltarle encima, siga observándolo. Acarícielo suavemente, párece y camine alrededor de la habitación. Un perro amistoso le seguirá. Si el perro se desvía mientras lo acaricia o es amistoso sólo por un segundo, puede ser demasiado retraído.

Uh, ¿qué pasa, Doc?

Un conejo puede ser una buena mascota si está sano y bien cuidado. Sigua estos consejos para encontrar el conejo del que podrá disfrutar por mucho tiempo.

▶ Asegúrese que el conejo sea alerta y activo. El conejo debería acercarse al frente de la jaula cuando abre la puerta.

▶ Cuídese de una apariencia de desgano. Los ojos deben ser brillantes, la nariz seca. Las patitas delanteras no

deberían estar enmarañadas – eso indica que el conejo
tiene un resfrío.

▶ Los excrementos del conejo deben ser duros y
redondos. De lo contrario, el conejo podría tener
problemas estomacales.

▶ Las orejas del conejo deben estar limpias.

▶ Acaricie el pelambre desde la cola hacia la cabeza.
El pelambre debe volver rápidamente a su
posición original.

▶ Examínele los dientes. Los dientes superiores apenas
deben sobresalir sobre los bordes de los dientes
inferiores. Si el espacio es demasiado grande, el
conejo tendrá problemas comiendo.

Juegos creativos

¿Con qué entretenimientos se divierte su cachorro? Estos
podrían darle la clave para encontrar juguetes baratos
para que se entretenga. ¿Le gusta morder o acarrear
huesos? En vez de eso, corte un pedazo de plástico duro
de la ferretería. ¿Prefiere competir tirando de una
cuerda? Varios cinturones de goma de la ferretería
servirían para esa competencia. Estos juguetes
seguramente durarán mucho más que los juguetes caros
que se compran en una tienda.

Si tiene un gato, las posibilidades en
cuanto a juguetes son infinitas.
Sugerimos tapas de botellas, cajas de
cartón, pajitas, aros plásticos de botellas de leche o
agua, pelotas de ping-pong o de tenis. Un juguete
casero divertido es una caja de zapatos con una pelota
de golf adentro. Adhiera la tapa con cinta adhesiva y
corte huecos suficientemente grandes en la parte
superior y a los costados como para que entre la patita
de su gato, pero no tan grandes que la pelota se salga.

¡Su gato se divertirá por muchas horas!

Diversiones caninas

Dele a su perro un regalito especial. En una venta de garaje, fíjese en los juguetes de peluche. Probablemente consiga un juguete para su perro por sólo $.25 o $.50 – una fracción del costo original. Una marca o manchita no le molestará a su perro. Elije juguetes que son resistentes y no tengan partes que se puedan masticar.

Los pícaros reptiles

Iggy la iguana o Sam la culebra pueden ser su preferencia como mascotas, pero recuerde que los reptiles pueden transportar la bacteria *Salmonella,* que puede desencadenar un brote de envenenamiento en la comida. Para protegerse usted y su familia, lávese las manos cuidadosamente después de haber tocado a su mascota o limpiado su jaula, y no le permita en la cocina.

Problemas molestosos

Disciplina a los sacudones

Para parar el mal comportamiento de un perro, coloque unas monedas o piedrecillas en una lata de aluminio. Cuando el perro se porte mal, sacuda la lata. El ruido lo hará parar, y eventualmente aprenderá a no comportarse mal.

Lecciones para que los perros no levanten basura

Si tiene problemas con perros rebuscando constantemente en sus latas de basura, coloque un papel o bolsa de plástico dentro del basurero. Prepare una mezcla de mostaza china, salsa de tabasco, y vinagre.

Desparrame una buena cantidad dentro de la bolsa. Después de darle una lamida, el perro no volverá a sus latas de basura por el resto de su vida.

Recicla esas bolsas de plástico

Una forma limpia y simple para que los dueños recojan el excremento de sus perros, es usar bolsas de plástico del supermercado. Llévelas consigo cuando va a pasear con su perro; simplemente ponga la bolsa sobre su mano y recoja el desperdicio. Ahora de vuelta a la bolsa, átaela, y descártela en su casa.

¡Aliento fresco a limón–paz y tranquilidad también!

Si su perro ladra constantemente, este es un consejo para proteger su salud mental (¡y tal vez la de sus vecinos!). Exprima jugo de limón en el hocico de su perro y digale "Silencio".

Vinagre al rescate

Puede ser difícil eliminar el olor a orina de una mascota de un piso de concreto del garaje o del sótano. Al mismo tiempo que entrenar a Fido, la respuesta a su pro-blema es tan fácil como mezclar partes iguales de agua y vinagre blanco y empapar el piso con esta solución.

El vinagre también elimina la orina de una alfombra. Siga este proceso en tres etapas:

▶ Absorba tanto líquido como pueda colocando varias capas de papel de toalla sobre el lugar, y píselos hasta que los papeles se empapen. (Aplique los pies suavemente, no refriegue). Repitea hasta que los papeles queden prácticamente secos.

▶ Rocíe o salpique una abundante cantidad de vinagre, ya sea puro o diluido, y absorba de la manera anterior.

▶ Si es necesaria una limpieza aún más profunda, use una solución de detergente líquido para lavar platos y agua o un limpiador comercial de alfombras. Este tratamiento debería eliminar tan bien el olor, que el animal no volverá al lugar en base al olor familiar.

Remedios contra ataques gatunos

Si aparecen hinchazones en su cuello, axilas o en el área de la ingle, trate de recordar si un gato le rasguñó recientemente. Podría haber contraído una enfermedad debido al rasguño, propagada por gérmenes en las garras de los gatos que producen hinchazón en los nódulos linfáticos. Los niños son más susceptibles que los adultos. Los rasguños de gato generalmente desaparecen en una o dos semanas sin tratamiento, pero vaya a su doctor si sus nódulos linfáticos se hinchan.

Las mordeduras de gatos pueden no ser tan dolorosas como las mordeduras de perros, pero aún así pueden ser peligrosas. Si le muerde un gato, vaya a su doctor tan pronto como pueda. El ochenta por ciento de las mordeduras de gatos se infectan, comparado con tan solo el 5 por ciento por las mordeduras de perros.

Un pedazo de madera para su tranquilidad mental

Si tiene un gato casero que le vuelve loca arañando sus pertenencias hasta desgarrarlas, puede construir un poste fuerte para arañar usando materiales que hay por su casa. Usando un resto de madera, haga una base cuadrada. (Asegúrese que no tenga químicos que puedan afectar a su gato). Use un pedazo de madera largo y grueso para el poste mismo de arañar. El poste debe ser más alto que el gato cuando se para sobre sus patas traseras para que se pueda estirar al rasguñar. También fíjese que el poste sea muy fuerte para que no se pueda volcar. Una sola vez que se vuelque hará que su gato no vuelva al poste. Para mayor apoyo, puede pegar o clavar el poste al piso o a la pared.

Si se siente más ambicioso, puede añadirle al poste estantes donde el gato pueda dormir. Cubra el poste de arañar con un pedazo viejo de alfombra o soga de sisal.

Blue jeans viejos también servirían. En una hora más o menos tendrá un poste de arañar fuerte que durará muchos años. No se volcará como los modelos de las tiendas de descuento que de cualquier manera los gatos desdeñan, y no le llevará a la bancarrota como muchos modelos de lujo.

Un dulce no-no

Quizás usted es un chocoalcohólico, pero no permita a su mascota que se acerque a los besos Hershey. El chocolate puede resultarle tóxico.

Tienta con atún a los que se trepan a un árbol

¿Necesita rescatar de un árbol a un gato asustado? Antes de angustiarse o llamar a los bomberos, dele un poco de tiempo a su gato para que se tranquilice. La mayoría de los gatos bajan por su propia cuenta. Le podría persuadir a que baje más pronto si abre una lata de su alimento preferido (o mejor aún, atún) y lo pone al pie del árbol.

Cuidado tierno y amoroso

Remedios naturales contra las pulgas

Prepare un tónico de limón para deshacerse de las pulgas de su mascota. Corte un limón entero en rebanadas, y pongalo en dos tazas de agua casi hirviendo. Déjelo descansar toda la noche. A la mañana siguiente, aplíquelo sobre la piel de su mascota con un trapo suave. Para malas infestaciones, repítalo diariamente mientras sea necesario. (No se debe aplicar sobre piel irritada o lacerada por rascarse mucho).

Pruebe lavar a su mascota con jabón natural de castilla. El champú de castilla y almendras del Dr. Bronner es muy

suave y ayuda a que la piel de su mascota se mantenga
suave y elástica. Se supone que también repele a las pulgas.

Para hacer una trampa casera contra las pulgas y que es
segura para el medio ambiente, apareje una lámpara con
un foco de bajo voltaje (de 60 vatios o menos) de manera
que brille toda la noche sobre un plato de color claro
con agua sobre el piso. Añádale una cucharada de
detergente para platos; las pulgas saltarán o caerán sobre
el agua, se hundirán y ahogarán. Retengalo en el mismo
lugar hasta que no encuentre más pulgas muertas en la
mañana; entonces llévelo a otra habitación. Repítalo
hasta que no encuentre más pulgas en el plato.

Use hielo para aliviar el calor

En el verano, ayude a su mascota a mantenerse fresco
colocando por la mañana unos cuantos cubos de hielo en
su agua. El hielo se derretirá durante el día manteniendo
fresca y fría el agua de su mascota.

El aceite podría curar los ácaros

¿Se está rascando o sobando mucho
sus orejas su mascota? Pueden ser
ácaros de la oreja. Este es un gran
remedio para gatos y perros contra
los ácaros: aceite mineral.
Simplemente aplíquelo con un gotero
o algodón bien empapado. Doble la
oreja sobre la apertura del oído y
masajéelo suavemente para que el
aceite penetre en el canal del oído.
Repítalo cada cuatro o cinco días por
unas pocas semanas para matar a los
ácaros incubados recientemente.

Alerta sobre la temperatura

Nunca jamás deje a su
mascota en un auto
estacionado, aún con
las ventanas abiertas.
Durante el verano, la
tempe-ratura dentro de
un auto a la sombra
puede llegar a los 105F
en sólo pocos minutos.

329

El doctor está en el consultorio

Puede ser un lío darle la medicina a su mascota, y puede terminar arañado o mordido. Para hacerlo más fácil, pruebe empapando un pedacito de pan con medicina líquida, o embadurnando una píldora con mantequilla.

Quizás piensa que una medicina que le hace bien a usted no puede hacerle daño a su mascota. No es verdad. Algunos analgésicos como acetaminofeno o paracetamol (Tylenol) e ibuprofeno (Advil) pueden matar a gatos y perros. Nunca le dé medicina a su mascota sin consultar primero con su veterinario.

El truco es que sea seco y crujiente

En cuanto se refiere a alimentos para perros, seco es lo mejor. Es lo más barato, lo más fácil para guardar y lo más fácil para alimentar a su perro. Si tiene que levantar su excremento, el alimento seco es el mejor ya que hace producir un excremento más firme. La comida en lata resulta en un excremento suave, lo que no es divertido limpiar.

Como sobrevivir la batalla del tazón de agua

¿Su perro desparrama siempre su tazón de agua de afuera de la casa, y después le mira con reproche cuando regresa a casa porque se ha quedado sin agua? Pruebe usar un molde de torta del ángel para su mascota angelical. Atraviese el agujero en medio del molde con una estaca, insertándola en la tierra, y ya no podrá volcar el agua.

Salón de belleza en casa

Ahorre dinero usando un cepillo de pelo de mujer con puntas de goma para cepillar a su gato. Verá que trabajan mejor que los modelos caros "para gatos".

Si le es mucha molestia cepillarlo, pruebe esta técnica inusual. Pásele la aspiradora a su gato para sacarle los pelos sueltos y la caspa antes que caigan al piso. Use el accesorio para muebles o el cepillo redondo, cuidando no aspirar cerca de la cabeza de su mascota. No a todos los animales les gusta este tratamiento, ¡pero a algunos les encanta!

Dele alivio a la piel seca y la comezón de su mascota con el suave jabón de aceite vegetal Murphy's.

Alerta sobre el inodoro de su gato

¿Está usando su periódico como una fuente abundante y barata para el inodoro de su gato? Si tienes gatitos en la casa no es una buena idea. Los periódicos pueden contener tinturas nocivas para los animales pequeños. Además, las pezuñas de su gato se pueden llenar de tinta y luego manchar su alfombra, de manera que si ello le preocupa, debe usar un producto comercial para su inodoro.

Solucione el dilema de las bolas de pelo

Las bolas de pelo pueden molestar a su gato y hacerle la vida más difícil al tener que limpiarlas después que las vomita. Para disminuir la posibilidad de que se formen estas bolas, una vez por día añádale a su comida una cucharita de grasa de tocino o aceite vegetal.

Todas las mascotas deberían tener un hogar con amor

¡Hágale sacar los ovarios a su mascota! Todos los días se sacrifican de ocho a 10 millones de animales en los refugios de animales en los Estados Unidos. Y no sólo se eliminan perros callejeros. Como un tercio son de raza pura. Si realmente le importan los animales, tomará este paso importante para ayudar a controlar esta avalancha de mascotas no deseadas.

VIAJES Y RECREACIÓN

Como reducir los costos de viaje

El negocio de su vida

¡No sea engañado por timos de viajeros! Esté alerta por estas señales de peligro cuando alguien le ofrece unas vacaciones gratis o de bajo costo:

▶ Un precio que es demasiado bueno para ser verdad. Lo es.

▶ Presión para tomar una decisión inmediatamente.

▶ Una petición por su número de tarjeta de crédito.

▶ Hoteles, líneas aéreas u otros servicios de viaje ambiguos o sin nombre.

Retraso de tarjeta de crédito — una señal de alerta

Otro timo de viajero a evitar: Si alguien le ofrece por teléfono o por correo un negocio de vacaciones muy bueno, note si le dicen que no puede tomar el viaje por al menos dos meses. Si el viaje será cobrado a su tarjeta de crédito, podrían estar timándolo. ¿Por qué? Porque hay un límite de plazo de 60 días para disputar los cargos en la tarjeta de crédito y ellos probablemente lo saben. Si algo sale mal, no podrá negarles el pago.

Madrugador, tenga cuidado

El madrugador por lo general obtiene el mejor negocio, pero no siempre obtendrá el asiento aéreo más barato al hacer la reservación con mucha anticipación. Los precios de las líneas aéreas suben y bajan con la demanda, y los boletos a menudo van a la venta después que usted ha hecho su reservación. Es por esto que es importante que pregunte si puede volver a reservar su boleto más tarde en caso que los precios bajen. Frecuentemente, usted puede volver a reservar aún asientos restringidos y de descuentos. Podría costarle $25 a $50 rehacer la reservación, pero podría ahorrarse el doble de esto en un boleto en venta.

Cuando vale la pena "ser desplazado"

Conozca sus derechos si es "desplazado" o cambiado involuntariamente de un vuelo. Usted tiene derecho a la mitad del costo de su boleto de ida y vuelta (hasta $200) si llega a su destino entre una y dos horas más tarde que su vuelo original, o el costo entero de su boleto de ida y vuelta (hasta $400) si llega a su destino más de dos horas más tarde (cuatro horas para vuelos internacionales).

Consejos para obtener el mejor asiento

No crea que usted tiene que pagar precios de primera clase para obtener buenos asientos en un avión. Cuando compre su boleto, simplemente pida el asiento que usted prefiere. Generalmente los asientos en la primera fila y por las salidas de emergencia son más cómodos porque tienen más espacio en los pies. Un asiento de pasillo también le da espacio para estirar sus piernas, pero un asiento de ventana podría ser más seguro por quedar más lejos de secuestradores y cualquier acción peligrosa que podría estar sucediendo en los pasillos. Pida una tarjeta de abordaje, la cual asegura su selección de asiento. Si no puede obtener el asiento que usted desea cuando compra el boleto, haga su registro temprano y pida ser colocado en una lista de espera para un mejor asiento. Una vez en el avión, asegúrese de contar las filas desde su asiento hasta cada una de las salidas de emergencias para que pueda palpar su camino hasta la salida de emergencia.

Tarjeta de débito: No salga sin ella

Ésta es una sorpresa: Las tarjetas de cajero automático son su mejor opción para el cambio de moneda, especialmente si desea evitar la comisión de 12 por ciento que frecuentemente tiene que pagar en un centro de cambio de moneda más el uno por ciento que pagaría para comprar cheques de viajeros. Los centros de cambio de moneda podrían anunciar una gran tasa de cambio, pero secretamente podrían cobrarle honorarios de servicios exorbitantes. Hoy día, usted puede encontrar cajeros automáticos en casi cada país del mundo y éstos le conectarán con su cuenta de cheques en casa para que pueda obtener dinero en efectivo sin pagar una tasa de cambio exorbitante. Sin embargo, asegúrese de llevarse unos cuantos cheques de viajeros consigo en caso que no haya un cajero automático cerca cuando necesite efectivo.

El próximo vuelo a Cancún, por favor

¿Sabía usted que si su vuelo se retrasa o es cancelado, la línea aérea tiene que cumplir con una regla de la industria llamada la Regla 240? La regla dice que la línea aérea tiene que colocarlo en otro vuelo–sea en uno de sus propios aviones o en otra línea aérea. La aerolínea no necesariamente proveerá transportación alterna automáticamente–puede que el pasajero tenga que preguntar. Si la línea aérea se niega, pida ver sus "Términos y Condiciones de Transporte". La aerolínea tiene que demostrarle a usted que no tiene obligación de colocarlo en otro vuelo.

Ahorros con clubes de viajeros

Reduzca sus costos de viaje al hacerse miembro de un club de viajeros. Aún si usted es sólo un viajero casual, los clubes de viajeros pueden ahorrarle tanto como un 50 por ciento de sus costos de viajes. Algunos clubes solamente ofrecen descuentos de hotel, pero otros hasta incluyen gangas en boletos aéreos. Los costos de membresía varían y cada club ofrece algo diferente. Para encontrar la mejor membresía para usted, averigue si el club provee ofertas a sus centros vacacionales favoritos.

Inscríbase en el programa de viajeros frecuentes de la línea aérea cuando reserva su vuelo. No solamente se volverá elegible para ganar millas gratis, será menos probable que lo desplacen de su vuelo.

No se olvide cancelar la suscripción de periódico

Antes de irse en sus vacaciones, especialmente si van a ser unas vacaciones extendidas, asegúrese de saber qué es lo que so compañía de seguros requiere para proteger su hogar desocupado. Algunas compañías requieren cierto nivel de atención si está fuera por un periodo extendido de tiempo. Por ejemplo, cerrar el agua o hacer que su vecino vigile su casa diariamente. Otras se negarán a pagar cualquier reclamo de daño por vandalismo si usted ha estado fuera por más de 30 días.

Reserve su fin de semana

El mejor tiempo para llamar para reservaciones de línea aérea es en las tardes o los fines de semana. Durante estos tiempos, los agentes de reservaciones no están tan ocupados y pueden brindarle más tiempo y mejor servicio.

Vale la pena preguntar

Usted sabe cómo comparar precios para boletos aéreos y alquiler de autos, ¿pero sabía que también debería comparar precios de hoteles? Además de comparar precios de hoteles, pregunte acerca de descuentos. Cada hotel los ofrece, pero no le dirán acerca de ellos ni le darán una mejor tarifa a menos que usted pregunte.

Viaje seguro

Vuele los cielos amigables

Volar es unas de las formas más seguras de transportación que puede escoger. Para hacerla aún más segura, siga estos consejos.

► Luego de abordar, ubique la salida de emergencia más cercana y cuente las filas de asientos hasta ella. En una emergencia, puede que se apaguen las luces y que tenga que llegar a la salida por tacto.

► Preste atención a las instrucciones antes del despegue, sin importar cuántas veces las haya escuchado antes. Asegúrese de saber cómo operar la puerta de emergencia.

► Mantenga su cinturón abrochado siempre que esté en su asiento.

► Si ocurre una emergencia y tiene que evacuar el avión, no trate de llevarse su equipaje consigo. Su equipaje puede reemplazarse. Usted, sin embargo, es irremplazable.

Pasaporte para unas estupendas vacaciones

Cuando viaje con un pasaporte, asegúrese de mantenerlo seguro en su persona o en una caja de seguridad del hotel. Puede que lo necesite para registrarse en el hotel, obte-ner su correo o visitar consulados o embajadas. Una persona no debería cargar los pasaportes de todos en su grupo. Si usted pierde su pasaporte mientras está en el extranjero, puede esperar un retraso en obtener uno nuevo mientras investigan su expediente.

Frustre a los ladrones

Las mujeres deberían cargar un bolso que quepa debajo del brazo. Coloque su brazo a través de la correa y cargue el bolso cerca de su cuerpo.

Los hombres deberían cargar sus billeteras en los bolsillos delanteros de sus pantalones o cargar su dinero en un cinturón para guardar dinero. Envuelva su billetera con una cinta de goma para hacer más difícil que un ladrón la saque de su bolsillo.

Deje su alma generosa en casa

Cuando esté de viaje, especialmente en países extranjeros, esté alerta por niños vagabundos. Puede que se vean lamentables y desconsoladores, pero puede que también sean ladrones. A menos que su misión sea salvarlos, evítelos.

Casas de cambio y tasa de cambio

Cuando viaje a un país extranjero, cambie parte de su dinero antes de irse del país. Los criminales frecuentemente están pendientes de personas que cambian grandes cantidades de dinero en el aeropuerto y en las ventanillas de cambio de moneda.

Recuerde que al viajar a países extranjeros y usar su tarjeta de crédito, usted necesita llevar un registro cuidadoso de sus gastos. ¡Personas han sido arrestadas por no darse cuenta que se excedieron de su límite de crédito! Mantenga una lista de sus números de tarjetas de crédito y las instrucciones de cancelación en caso de robo y guárdelas en un lugar seguro durante su viaje.

Perder dinero no es gracioso

¿Qué haría si estuviese viajando por un país extranjero y perdiera todo su dinero? Respuesta: Usted haría que le envíen dinero por medio de una transferencia telegráfica desde su banco local. Así que siempre lleve consigo el número de teléfono de su banco cuando viaja. Si se encuentra sin dinero y no tiene un banco a donde acudir, busque la embajada o el consulado estadounidense más cercano y haga arreglos para que un familiar o amigo le envíe dinero.

Al viajar al extranjero, nunca cambie grandes cantidades de efectivo y en cambio, obtenga cheques de viajeros. En caso de problemas, mantenga un registro de los números de serie y las denominaciones de los cheques, al igual que la fecha y el nombre y la dirección del banco de donde los obtuvo. Guarde esta lista en la caja de seguridad del hotel o en otro lugar seguro. De esta manera puede obtener reemplazos rápida y fácilmente.

Evite malaria y otros padecimientos

¿Está planificando unas vacaciones hacia lugares exóticos? Llame al Centro para el Control de Enfermedades (Centers for Disease Control, CDC) al menos seis semanas antes de partir para obtener información actual de salud en las áreas que planea visitar. (404) 332-4559.

Viajar a las montañas puede causar mal de altura en las personas que viven a nivel del mar. Los síntomas incluyen dolores de cabeza, falta de aliento y náuseas. Para evitar el mal de altura, pase un día a una elevación menor antes de viajar más alto, e ingiera bastantes fluidos, especialmente agua.

Sin hielo, por favor

Al viajar fuera del país, protéjase de la "venganza de Moctezuma"–diarrea de viajero. Sólo ingiera bebidas embotelladas, comidas bien cocidas y frutas sin cáscaras. Si tiene acceso a una estufa, hervir el agua por tres a cinco minutos asegurará su seguridad. Una fuente de agua contaminada que muchas personas pasan por alto son los cubitos de hielo. Colocar cubitos de hielo hechos con agua del grifo local en su agua embotellada podría anular sus esfuerzos de defender su estomago.

Proteja su vista

Si no tomaría el agua cuando viaja al extranjero, ciertamente no guardaría sus lentes de contacto en ella. Los contaminantes en el agua pueden causar infecciones

---

Si le encantan las ventas de garaje

Obtener una ganga en un mercado extranjero es una de las cosas emocionantes del viajar al extranjero. Traer a casa una caja de joyas de jade de Tíbet o una pintura de Paris puede ser un triunfo, especialmente cuando no pagó casi nada por ellos. Aquí tiene unos consejos para negociar mejor.

▶ Nunca diga cuánto le gusta o necesita un artículo. En cambio, señale sus faltas, diga que quiere seguir comprando, que cree haberlo visto más barato en otro lugar o que simplemente quiere pensarlo.

▶ Si el mercader no apruebael precio que usted ofrece, pídale que entonces incluya un artículo adicional.

▶ Lleve billetes pequeños para pagar por sus compras y cuente el cambio cuidadosamente.

en los ojos y hasta ceguera. Asegúrese de llevar su solución de lentes de contacto consigo cuando viaja.

Cuando en Roma

Recuerde esta regla para ahorrar dinero cuando viaja al extranjero–haga lo mismo que los locales. Especialmente cuando se trata de comidas, usted podría ahorrarse mucho dinero siguiendo los ejemplos de cuándo y donde comer. Usted comerá mejor y gastará menos.

En la carretera

Use su propio seguro

Al alquilar un automóvil, recuerde que las exenciones opcionales de daños por colisión o pérdida no son seguros. Lo único que hacen es eximirle de responsabilidad si el vehículo es dañado o robado mientras usted lo tiene. Verifique con su seguro residencial o de vehículo para ver si usted y sus pasajeros y posesiones están protegidos bajo esas pólizas antes de comprar un seguro de la compañía de alquiler de auto. Si usted decide no optar por las exenciones, recuerde que probablemente será responsable de pagar el deducible en su seguro regular al igual que cualquier honorario "por pérdida de uso" que le cobraría la compañía de alquiler.

Conozcas las limitaciones de su seguro

Su seguro residencial o de vehículo podría establecer límites en qué tipo de vehículo alquilado cubren. Verifique con su compañía de seguros antes de comprometerse con un vehículo específico.

Llénalo por favor

Explore sus opciones para reponer el combustible al final de su alquiler. Tenga cuidado con el servicio de reabastecimiento de combustible ofrecido por la compañía de alquiler; éste podría cargarle un honorario por galón. Usted probablemente ahorrará si lo hace usted mismo.

Seguridad en la carretera

Mientras viaja en automóvil, asegúrese de llevar consigo los siguientes artículos para su comodidad y seguridad. En la guantera del auto guarde sus mapas, el manual del vehículo, el registro de reparaciones del auto, una copia de la matrícula y de la tarjeta de seguro, una navaja y gafas de sol. En el portaequipaje, asegúrese de tener un gato, una llanta de respuesto, cables de puente, un botiquín de primeros auxilios, un extintor de fuego, guantes de alta resistencia y un triángulo reflector (para avisarles a los otros conductores si su auto se descompone).

Picnic en el parque

Un juego de picnic es un artículo práctico de llevar consigo durante viajes en autos. En una pequeña bolsa o un canasto de picnic incluya platos de papel, cuchillos, cucharas y tenedores plásticos, un abridor de latas, sal y pimienta, toallitas prehumedecidas, toallas de papel o servilletas y varias bolsas plásticas para la basura. Con su juego de picnic preparado, usted podría detenerse en cualquier momento y disfrutar de un banquete cuando se encuentre cualquier tienda de comidas especializadas o un puesto de frutas frescas que no puede resistir tratar.

¿Ya llegamos?

Cuando viaje con niños, traiga consigo algunas cosas para mantenerlos ocupados y contentos. Los marcadores, lápices y varias hojas de papel complacerán al pequeño artista. Anímelo a dibujar cosas que ve durante el viaje. Los naipes pueden entretener a varios niños; traiga un juego de mesa para que sirva de mesa. Traiga los muñecos de acción o las muñecas favoritas de sus niños. La masa de moldear (Play Doh) puede proveer horas de diversión, aún para los adultos.

Equipaje

Consejos al empacar

Cuando viaje en auto, deje su ropa en perchas y coloque una bolsa plástica de basura grande sobre ella. Luego colóquela de forma plana en el portaequipaje de su auto. Esto facilita el desempacar y usa menos espacio en el portaequipaje.

Si usted plancha su ropa antes de colocarla en la maleta, la ropa quedará más plana y usted tendrá más espacio para incluir más cosas.

Abroche broches, abotone botones y cierre cremalleras en toda la ropa antes de colocarla en las maletas. Esto ayudará a que mejor mantengan su forma.

Un pequeño apretón para mejor empaque

Usted probablemente ya sabe que puede ahorrar espacio en los esenciales voluminosos, tales como champú, acondicionador y loción para el cuerpo, transfiriendo sus contenidos a envases más pequeños. Y aquí tiene un consejo que a lo mejor no sabía: Una vez los contenidos estén en el envase, apriete cada envase para sacarle un poco del aire y vuelva a cerrarlos. Esto crea un vacío que reduce la posibilidad de derramamientos y fugas.

Consejos de la abuela

Las botellas de agua caliente no deberían tirarse a la basura. Éstas sirven de excelentes bolsas para viajes para cargar los cepillos de dientes o como alfombrilla para colocar debajo de las plantas de la casa.

Ladies Home Journal circa 1920

Fácil y práctico

Facilite el vestir a los niños pequeños durante las vacaciones empacando el ajuar de cada día, junto con los calcetines y ropa interior, en bolsas reutilizables individuales. Al eliminar las decisiones de qué usar con qué y dónde está algo, vestirse es casi instantáneo. Coloque la ropa sucia en la misma bolsa y así evita la confusión de qué está limpio y qué está sucio.

La angustia del equipaje perdido

Usted puede evitar que su equipaje se pierda si observa a los encargados atentamente cuando registra su equipaje. Asegúrese que éstos colocan las etiquetas de distribución correctos en el equipaje. Si usted no reconoce el código para el aeropuerto de su destino, pregunte. También asegúrese de remover todas las etiquetas de vuelos viejas antes que los encargados coloquen las nuevas. Esto evitará confusión acerca del destino.

Aún peor que perder el equipaje es que se lo roben. Para aumentar la probabilidad de que su equipaje llegue a su destino, siga estas reglas:

▶ Evite usar equipaje demasiado caro. Éste atrae rateros.

▶ Recoja su equipaje tan pronto como sea posible. Mientras más tiempo se queden en el área de reclamo, mejor la probabilidad de que sea robado.

▶ Nunca deje su equipaje desatendido. Los rateros se mueven rápido.

Consejos para empacar en familia

Cuando empaque para unas vacaciones familiares, no empaque una maleta individual para cada miembro de la familia. En cambio, empaque al menos un cambio de ropa para cada uno en cada maleta. Entonces, si una maleta se pierde, cada persona tendrá al menos algo que usar.

Marque sus maletas

Marque su equipaje con su dirección comercial y número telefónico, pero no use el nombre de la compañía. Use una etiqueta plegable con una cubierta.

———————————

Coloque una etiqueta con la dirección dentro de cada pieza de equipaje en caso que la etiqueta externa se caiga.

La combinación perfecta

Si cada pieza de equipaje tiene un candado de combinación, use una combinación diferente para cada pieza. Si su equipaje tiene dos candados de combinación,

Qué dejar de su equipaje

No empaque sus medicamentos ni sus anteojos adicionales en su equipaje. Usted podría necesitarlos en una emergencia. Será mejor que los cargue consigo en su maleta de mano o en su bolsa.

use una combinación diferente en cada candado. Para fortalecer aún más las cerraduras del equipaje, use cinta adhesiva con filamento de nailon alrededor de la maleta para evitar que ésta se abra accidentalmente si es maltratada o si la dejan caer.

Recreación de bajo costo

Diversión gratuita

Usted puede disfrutar de su tiempo libre sin gastar una fortuna. Comience haciendo una lista de actividades gratuitas en su área: bibliotecas, parques, el departamento de recreación de su ciudad, museos o conciertos patrocinados por el municipio.

Oliver Twist en línea

¿Desearía tener un buen libro que leer pero odia gastar el dinero o dar un viaje a la biblioteca? Si usted tiene una computadora y acceso al Internet, hacer su deseo realidad es tan fácil como ir al sitio Web llamado Proyecto Gutenberg (www.gutenberg.net). Este sitio Web y varios otros, incluyendo el Online Book Initiative (Iniciativa de Libros en Línea) e Internet Wiretap, almacenan copias completas de muchos clásicos literarios. Sólo haga su selección, descárguelo y disfrute su expe-riencia de lectura gratis.

El aire libre

Cuidado y limpieza de las bolsas de dormir

Mantenga su bolsa de dormir limpia y ayúdela a durar más colocando una sábana doblada dentro de la bolsa para dormir dentro de ella y colocando un manto en el suelo debajo de su bolsa cuando la usa en el exterior. Durante los viajes de acampada, es una buena idea colgar la bolsa y dejarla ventilarse todos los días. Siempre asegúrese que su bolsa de dormir está completamente seca antes de enrollarla para guardarla.

Pequeña señal de alerta

Si usted tiene niños pequeños, el aire libre puede ser una fuente de fascinación y peligro. Cuando vaya de caminata o a acampar, sujete un pequeño silbato de su ropa para que ellos puedan soplarlo si se separan del grupo.

La mayoría de las bolsas de dormir pueden lavarse y secarse en casa sin problemas, pero verifique la etiqueta por si acaso. Para bolsas muy grandes, use las lavadoras y secadoras que se encuentran en las lavanderías que operan con monedas. Lávela en agua tibia o caliente en un ciclo suave. Cuando seque una bolsa de dormir de plumas, coloque unos zapatos de tenis limpios en la secadora con la bolsa para ayudar a las plumas a quedar más mullidas. Las bolsas de plumas toman tiempo en secarse, así que asegúrese que están completamente secas antes de sacarlas de la secadora, o es probable que tendrá problemas con moho.

Desodorante de doble función

¿A usted le gusta ir de caminatas pero odia las ampollas que éstas le producen en sus pies? Trate de aplicar un desodorante en sus pies por varios días antes de salir. El desodorante seca la piel, reduciendo así la fricción de sus zapatos o botas. Sin embargo, los ingredientes pueden causar otras irritaciones, así que si esto ocurre, deje de usarlo.

Consejos del oficio de aves

Si usted quiere practicar pajarear (observación de aves) pero no está seguro de dónde comenzar, comience con uno o dos buenos libros guías para que sepa qué está observando. Usted puede comprar los libros o tomarlos prestados de la biblioteca local. Seleccione libros con dibujos de colores en lugar de fotos. Las personas que creen que la cámara nunca miente cambiarán de parecer cuando hayan tenido experiencia práctica. La luz y las sombras, los ángulos, las posiciones, la edad del ave, la temporada, el fondo—todos estos pueden verse distorsionados en una foto pero no en un dibujo bien hecho. Los libros más convenientes tienen ilustraciones contrapuestas a las descripciones y mapas de donde encontrar al ave.

¡Aquí pajarito, pajarito!

¿Quiere animar a un ave a acercarse a usted para poder verlo mejor? Trate la técnica de "pishing". Los observadores de aves con experiencia regularmente utilizan esta técnica, la cual consiste de silbar aire a través de los dientes, de manera un poco explosiva, haciendo un ruido como "pshhwshhwshh" o un ruido suave de "tchtt-tchtt-tchtt". El sonido aparentemente parece una llamada de atención o alarma y la mayoría de las aves no pueden resistirse a acercarse a ver qué sucede.

CUIDADO PERSONAL

Piel hermosa

Huevo en su cara

Usted puede hacer una mascarilla facial rápida y efectiva con nada más sofisticado que clara de huevo. Simplemente bata una clara de huevo hasta que esté espumosa y luego aplíquela directamente sobre la piel limpia. Déjela secar y luego enjuague su cara. Ésta ceñirá su piel a medida que se seca como un mini estiramiento de la cara.

Con mayonesa por favor

Trate esta mascarilla de mayonesa para la piel reseca. Use solamente mayonesa de huevo entero. Aplíquela directamente a su cara y déjela por 20 minutos. Luego limpie el exceso con un pañuelo de papel y enjuáguelo con agua fría.

Tonificador de poros a base de maíz

¿Necesita un facial pero no quiere gastar el dinero? Hágalo usted mismo con esta receta. Mezcle harina de maíz con suficiente agua para formar una pasta gruesa. Usted también puede usar avena. Aplíquelo suavemente a su cara con la punta de sus dedos. Esto ceñirá su piel a medida que se seca. Luego frote su piel suavemente para dejar que remueva la piel seca y espinillas. Enjuague bien.

Ayuda del Sr. Cabeza de Papa

Ayude a aclarar los brotes de acné y las espinillas con una rebanada de papa. Frótela suavemente sobre la piel recién lavada.

Para hacer su propia mascarilla facial para la piel grasosa, cocine una papa grande, pélela y májela. Mézclela con una clara de huevo, media cucharadita de jugo de limón y dos cucharadas de leche para formar una pasta suave. Úntela sobre su cara, evitando el área de los ojos. Déjela en su cara por 15 a 20 minutos, luego remuévala con agua tibia.

Curas naturales para los barros

Trate una pequeña cantidad de pasta dental en un barro antes de acostarse a dormir. Ésta ayudará a que se seque el barro durante la noche y lo hará menos visible el próximo día. O trate de untar un poco de limón en la mancha después de lavarse la cara. El ácido cítrico también ayuda a secar y sanar los barros rápidamente.

Mejores las asperezas

Los codos y pies ásperos son simples de tratar con este artículo común de cocina – aderezo de ensalada (el que parece mayonesa). Justo antes de bañarse, aplíquelo a sus áreas problemáticas de piel reseca y masajéelo bien. Continúe frotándolo—la piel reseca desaparecerá fácilmente. Luego lave el área como normal.

Secretos de piel tersa

Trate el secreto de belleza de Cleopatra para la piel suave—añada cuatro tazas de leche a su agua tibia de baño y entréguese al lujo por 15 minutos. O trate de añadir una o dos tazas de leche en polvo. ¡Usted se sentirá como una reina!

––––––––––––––––

Para una manera simple y natural de suavizar su piel, añada alrededor de media taza de bicarbonato de sodio a su agua de baño y disfrute.

Cuando su cara se ve cansada

Si se levanta en la mañana con ojeras debajo de los ojos, simplemente prepárese un poco de té. Si lo hace de manzanilla y lo usa en vez de tomárselo, estará encaminada a una piel más suave. ¿Cómo? La manzanilla es una relajante hierba natural que temporalmente reduce la hin-chazón. Sólo enfríe el té, remoje varias almohadillas de gasa y colóquelas sobre sus ojos. ¡Adiós ojeras!

El cabello y las uñas

Cabello limpio hoy, limpio mañana

Pruebe esto la próxima vez que se le acabe el champú y se ahorrará dinero. Lávese el cabello con una pequeña cantidad—como del tamaño de una moneda de diez centavos—de jabón de lavar platos.

Tan brilloso como una manzana

Si el brillo ha desaparecido de su cabello, intente tratar su cabello con un enjuague de cidra de manzana. Mezcle media taza de vinagre de cidra de manzana con dos tazas de agua tibia y viértalo sobre su cabello recién lavado.

Para quitarse el residuo jabonoso después de usar el champú, haga un enjuague con vinagre regular. Simplemente combine una taza de agua y cuatro cucharaditas de vinagre. Esto también le dejará el cabello fresco y brilloso.

Úntese un acondicionador casero

Usted no creerá en este acondicionador seco de pelo hasta que lo intente. Antes de lavar o inclusive mojarse el cabello, aplique como media taza de mayonesa a su cabello y masajéelo bien. Coloque un gorro de baño o una bolsa plástica sobre su cabeza para retener el calor corporal. Déjelo en su cabeza por aproximadamente 15 minutos, luego enjuáguelo y lave su cabello completamente. Este tratamiento también alisará una permanente, así que si está lista para perder sus rizos, peine la mayonesa a través del cabello y luego use su champú.

Es hora de un cambio de aceite (caliente)

Para darse un cabello suave y saludable, trate un tratamiento casero de aceite caliente usando aceite vegetal regular. Caliente un cuarto de taza de aceite en el microondas en un envase no metálico (o colocándolo en una bolsa pequeña de plástico dentro de otra taza de agua por unos minutos). Masajéelo en el cuero cabelludo y a través de todo su cabello. Envuelva su cabeza en plástico, deje el aceite por 30 minutos y luego use champú de forma normal. Haga esto cada varias semanas para mantener el cabello más suave y terso.

Acondicionador de California

Para un tratamiento de aceite para el cabello rápido y nutritivo, use un aguacate muy maduro. Májelo bien y aplíquelo al cabello seco desde el cráneo hasta las puntas del cabello. Déjelo por hasta 30 minutos. Luego enjuáguelo y lávese el cabello de forma normal.

La forma 'verde' de eliminar la caspa

Una cura segura para la caspa se encuentra en la planta de áloe en su ventana. Corte una rama de su planta y ábrala, raspando la pulpa gelatinosa. Aplique este ungüento refrescante en su cráneo y déjelo por cinco minutos, luego lávese el cabello con su champú regular. El gel de áloe también está disponible en las tiendas de alimentos naturales. Sólo asegúrese que es auténtico.

Para rubias solamente

Aquí tiene como remover ese matiz verdoso que a veces adquiere del cloro de las albercas. Disuelva una aspirina en una taza de agua y viértala sobre su cabello, desde la raíz hasta las puntas. Masajéelo bien en el cabello y luego enjuáguelo.

Gel de pelo de bajo costo que funciona rápido

Disuelva una cucharadita de gelatina en una taza de agua tibia y tendrá una loción fijadora instantánea para su cabello.

Un uso útil para el vinagre

Frote un poco de vinagre en sus uñas antes de aplicar el esmalte de uña. Esto las limpiará y ayudará a que el nuevo esmalte dure más.

Seque sus uñas congelándolas

Si está cansada de manchar sus uñas recién pintadas, aquí tiene un truco para hacerlas secar más rápido. Cuando las uñas estén parcialmente secas, coloque sus manos en un recipiente de agua fría. O mejor aún, ¡métalas en el congelador! El frío fijará rápidamente el esmalte y estará lista para salir en un instante.

Elimine los problemas de las botellas de esmalte

¿Tiene dificultad para abrir las botellas de esmalte de uñas? La próxima vez que compre un nuevo esmalte, frote vaselina en el interior de la tapa y en las ranuras de la botella. Nunca más tendrá problemas.

Suave movimiento

Si su esmalte de uñas está "engomado", simplemente colóquelo dentro de una cazuela con agua hirviendo para hacerlo suave una vez más. Para evitar este problema, almacene el esmalte dentro del refrigerador. Así se mantendrá suave y estará listo para aplicarse.

Ahorros presupuestarios

Baño de spa de bajo costo

Usted ha escuchado de aromaterapia e incluso puede que usted haya comprado algunos de esos caros aceites esenciales para añadir a su baño. Aquí tiene una receta para un baño de aromaterapia que sólo le costará centavos. Sostenga varias bolsas de té debajo del agua caliente y añada varias rebanadas de naranja. ¡Usted se sentirá como si estuviese en un balneario medicinal sin gastar ese dinero!

Burbujeante

Para un baño de burbujas barato, trate una pequeña cantidad de su jabón de lavar platos. Para más fragancia, añada un poco de aceite esencial o inclusive un extracto para hornear tal como vainilla o almendra.

Sorpresas con bicarbonato de sodio

La pasta dental se ha vuelto más cara y realmente no tiene porqué serlo. Usted puede limpiar sus dientes efectivamente con nada más que un poco de bicarbonato de sodio y sal. Coloque alrededor de una cucharada de sal y una cucharada de bicarbonato de sodio en un pequeño envase y mézclelo bien. Unte un poco de la mezcla en su cepillo de dientes húmedo y cepille de forma normal.

¿Se está cansando de pagar una cantidad ridícula por desodorante? Trate estas recetas aplicadas a las axilas limpias y secas. Añada suficiente agua a alrededor de dos cucharadas de bicarbonato de sodio como para crear una pasta. Muchos desodorantes finos usan una receta similar. Si le gusta el desodorante en crema, mezcle dos cucharaditas de cada uno de bicarbonato de sodio, vaselina y talco. Caliente en un baño maría a fuego lento, agitando la mezcla hasta que forme una crema suave. Coloque la crema en un pequeño envase con una tapa bien ajustada.

Tratamiento para labios

Usted puede sufrir de labios agrietados cualquier tiempo del año. ¡Qué bueno que la solución no es nada más complicado que vaselina! Aplíque una capa fina y después unas gotas de agua. La vaselina ayudará a que la humedad penetre y a aliviar a sus labios. Usted también puede usar este tratamiento en una cara quemada por el sol o por el viento.

Extienda la vida de su lápiz labial

Los lápices labiales son caros. Haga que el suyo dure más comprando un cepillo de lápiz labial y así poder usar los últimos trozos de su lápiz. Para limpiar el cepillo cuando esté lista a cambiar de color, añada un poco de vaselina o aceite mineral al cepillo, luego límpielo con un tisú.

Tan suave como el trasero de un bebé

Si está buscando desmaquilladores baratos, usted los hallará cerca de los pañales desechables. ¿Qué tal de las hojas para limpiar bebés? Éstas están llenas de ingredientes calmantes que le quitarán su maquillaje inmediatamente.

Lubrique el filo de las hojas de afeitar

Para prolongar la vida de sus hojas de afeitar, mantenga una taza con aceite mineral en el baño y guarde la hoja de afeitar en el aceite después de cada uso. El aceite evita la oxidación, lo que ayuda a evitar que la navaja adquiera imperfecciones que causan cortaduras la próxima vez que se afeita.

Nueva vida para sus cepillos

Los cepillos de pelo necesitan de una buena limpieza de vez en cuando para eliminar suciedad y polvo, sin mencionar el exceso de pelo. Haga que sus cepillos huelan dulce y limpio lavándolos con una solución de bicarbonato de sodio y agua tibia.

¿Le gustaría un cepillo de dientes limpio y fresco sin tener que comprar uno nuevo? ¿Qué tal echar el viejo dentro del lavaplatos? Podría sonar extraño, pero la alta temperatura y el detergente que mata las bacterias en sus platos pueden hacer maravillas para los artículos de higiene personal. Así que mientras está en esto, eche también sus cepillos de uñas, esponjas vegetales (loofahs) y otras esponjas y déles una nueva vida.

Recorte el pelo como un profesional

Sume sus gastos anuales en recortes de pelo para su familia y podría sorprenderse de cuánto es. Por el precio de un buen par de tijeras de recortar cabello, disponibles en cualquier tienda de descuentos o de departamentos, usted podría ahorrarse todo ese dinero recortando el pelo de su familia. Un video o un libro de su biblioteca local podrían darle instrucciones detalladas de cómo recortar cabello. Aún si usted sólo usa las tijeras para recortes menores entre recortes profesionales, usted reduciría su número de recortes a la mitad y se ahorraría mucho dinero.

SALUD Y PRIMEROS AUXILIOS

Una vida saludable

Algunas ideas provechosas

Las naranjas no sirven solamente para que usted obtenga su dosis diaria de vitamina C. Las naranjas también pueden aliviar los cambios de humor y reavivar su energía. Coloque cáscaras de naranja ralladas o cortes de cáscara de naranja en pequeños cuadrados en una estopilla. Doble y amarre la tela con una cinta o amarrador. Acérque este olor tan refrescante a su nariz cada vez que sienta que su energía flaquea.

Consejos de la abuela

Las manzanas son buenas para la dispepsia nerviosa; son nutritivas, medicinales y revitalizantes. Ayudan con la digestión, aclaran la voz, corrigen la acidez en el estómago, son importantes para combatir el reumatismo, el insomnio y los males del hígado. Una manzana contiene tantos nutrientes como una papa en una forma mucho más agradable y sana.

Household Hand Book, 1860

Cuando se le acaben las mentas

Si usted necesita cubrir su mal aliento rápidamente, coma algo dulce. Los azúcares y los carbohidratos complejos, tales como un pedazo de pan, funcionan muy bien.

También ayuda tomar suero de leche o yogurt con culturas activas. Los lactobacilios en estos productos no permiten que se propaguen las bacterias que producen olores.

Disfrute su rutina de ejercicio

¿Se pregunta qué hacer con sus viejas pelotas de tenis que ya no rebotan? El Dr. James A. Walter de Filadelfia recomienda que usted las convierta en un equipo para hacer ejercicios, para incrementar la fuerza de sus manos y antebrazos. Si usted tiene tres pelotas, puede cortarlas de diferentes maneras y crear diferentes niveles de resistencia. En la primera pelota, haga un pequeño corte (de cerca de 1 pulgada). Esta será su pelota con mayor resistencia. En la segunda pelota, haga un corte un poco más grande (de cerca de 2-1/4 de pulgadas). Por último, corte la tercera pelota en la mitad. Ésta le ofrecerá la menor resistencia de todas. Para mejorar su fuerza en las manos y antebrazos, comience haciendo 10 repeticiones con cada mano utilizando la pelota de menor resistencia. Suba al siguiente nivel cuando se sienta cómodo.

Elimine la causa de la fatiga

Si usted se ha estado sintiendo cansado y fatigado últimamente, verifique el color de su lengua. Una lengua pálida podría indicar que usted tiene anemia y necesita más hierro.

Relájese con una mini meditación

¿Está usted atrapado en el tráfico y siente mucho estrés? Intente un ejercicio de respiración rápido. Ponga una mano sobre su estómago, luego inhale lenta y profundamente a tiempo que cuenta del uno al cuatro. Exhale contando regresivamente del cuatro al uno. De acuerdo a la Dra. Alice Domar del Centro de la Mente y el Cuerpo del Hospital Beth Israel Deaconess en Boston, esta mini meditación reduce el estrés, la presión sanguínea y el ritmo cardiaco.

Movimientos suaves para anillos atascados

Existen varios diferentes remedios para cuando se le atascan a uno los anillos. Charles E. Powell, un Técnico Médico de Emergencias en Moscow, Idaho, prefiere la siguiente técnica. Tome una liga elástica relativamente ancha y córtela para formar una banda larga de elástico. Tome la liga, y comenzando en la punta del dedo, envuelva el dedo con ella hasta llegar al anillo. Aplique algún tipo de lubricante a la liga elástica, tal como un jabón líquido o loción, y suavemente saque el anillo por sobre la liga elástica.

_____

Esta es otra técnica para sacar un anillo atascado. Tome un retazo de cinta o cordel y lubríquelo bien con jabón líquido. Inserte el cordel por debajo del anillo, luego envuelva el resto de esa cinta de ma-nera apretada alrededor del dedo. Suavemente rote y jale el anillo hasta que éste se deslice del dedo.

Cortes y moretones

Consejos para la piel resquebrajada

Si usted sufre de piel que se resquebraja en la punta de los dedos, y los humectantes no curan este problema, utilice una solución de pegamento. Ponga una pequeña cantidad de pegamento sobre la rajadura en la piel para calmar el dolor y prevenir que ésta se vuelva más grande. Sin embargo, no utilice el pegamento para rajaduras muy profundas o sangrantes. Una vez que aplique el pegamento, tenga cuidado de no tocar sus ojos con el dedo hasta que el pegamento se haya secado por completo.

Otro remedio para la piel resquebrajada es el ungüento con óxido de zinc, de acuerdo al Dr. David Finlay de Falls Church, Virginia. Usted puede comprar este ungüento sin necesidad de receta médica en la mayoría de las farmacias. Aplique la crema sobre las zonas con piel resquebrajada y cúbralas con una venda adhesiva. El óxido de zinc es un antibiótico leve que ayudará a la curación de la herida, al mismo tiempo aliviando la incomodidad.

Salve su uña con un apretón

El golpearse el dedo con un martillo o el aplastarlo en una puerta es una de las desgracias de la vida. Sin embargo, usted puede minimizar el moretón y salvarse de perder la uña si es que de inmediato presiona la punta del dedo firmemente y mantiene esta presión por cinco minutos completos. Esto permite que la sangre se coagule y se sellen los vasos sanguíneos rotos. La presión previene que la sangre se fugue a la zona de la punta del dedo, causando la posible pérdida de una uña.

Dígales adiós a los moretones

Una vez que la hinchazón de un moretón ha disminuido, usted puede minimizar la decoloración de la piel utilizando una compresa caliente de sal. Caliente dos tazas de sal marina en una sartén seca por un par de minutos. Cuide de no quemar la sal. Vierta la sal caliente en un calcetín grueso y colóquelo contra la zona amoratada.

Quemaduras

Alivio fresco de la cocina

Cómo debe tratar una quemadura depende de cuán severa es. Para las quemaduras menores (una zona pequeña enrojecida sin ampollas), coloque la zona afectada bajo el agua corriente fría o cúbrala con una compresa fría y húmeda hasta que el dolor disminuya. Cubra la zona con una venda limpia. Nunca aplique mantequilla a una quemadura y nunca reviente las ampollas causadas por una quemadura.

Usted también puede cuidar una quemadura menor con un poco de ayuda de su despensa. El extracto de vainilla no sólo calma el dolor de la zona, sino que previene que se formen ampollas.

Soluciones para la quemadura de sol en su botiquín

Un buen remojo es el mejor remedio para la quemadura de sol, a menos que su piel se ampolle o que usted desarrolle síntomas de shock o confusión. En este caso,

Un refrescante vaso de té helado—¿para su rostro?

¿Sabía que el té puede aliviar el ardor de la quemadura de sol? Son los taninos los que dan este resultado. Si alguna vez ha notado que luego de tomar té su boca se siente seca, esto es producto de los taninos. En este caso, sin embargo, usted no toma el té, más bien lo aplica directamente a la zona quemada por el sol. Luego de preparar una tetera de té negro o verde, asegúrese que enfríe por completo antes de remojar una tela suave en el té y colocarla directamente sobre su piel.

vea un doctor de inmediato. Para casos más leves de quemadura de sol, disuelva una libra de bicarbonato de sodio en agua tibia. Remoje de 20 a 30 minutos para aliviar el dolor. Luego, suavice y humecte su piel dañada por el sol al añadir una a dos tazas de leche a otra tina de agua tibia. Remoje por 20 a 30 minutos más.

Para una quemadura de sol severa, utilice la siempre confiable papa. El aplicar papa (patata) rallada directamente al sitio de la quemadura alivia el dolor y ayuda a prevenir ampollas. Envuelva la zona con una tela de gasa o algodón para mantener a las ralladuras de papa en su lugar.

A pesar que, sin duda, lo pondrá en una situación pegajosa, el esparcir miel cruda sobre las zonas quemadas por el sol también le otorgara un gran alivio.

Consejos de la abuela

Un consejo de un editor sobre salud de la mujer: "Si usted dedicadamente practica un ejercicio para reducir las caderas, verá resultados en un mes." ¿El ejercicio? "Correr por el cuarto."

Ladies Home Journal circa 1920

Estiramientos y torceduras

El consejo DEPE

Acuérdese de la sigla DEPE para una técnica que proporciona alivio seguro y efectivo para los estiramientos y torceduras. **D**escanse la extremidad herida.

Enfríe la zona afectad por 10 a 20 minutos cada par de horas, con hielo. Presione la zona con una venda de compresión envuelta alrededor, y un poco más arriba y debajo, de la lesión. Eleve la parte afectada. Manténgala más alta que el nivel del corazón en lo posible.

Practique el alfabeto

Para fortalecer un tobillo que ha sufrido el estrés de una torcedura, el Dr. James Garrick de San Francisco su-giere el siguiente ejercicio. Con el tobillo sumergido en agua caliente, utilice su dedo gordo del pie para trazar las letras del alfabeto en grandes mayúsculas (de 4 a 5 pulgadas de alto). Haga esto por cuatro minutos. Repita este ejercicio con el tobillo sumergido en agua fría. Repita toda la secuencia, cambiando de agua caliente a fría, cuatro veces.

Fuego y hielo

Una buena regla para recordar: utilice el hielo para tratar una lesión las primeras 48 horas. Luego de transcurrido este tiempo, si la hinchazón ha cedido, usted puede utilizar calor para relajar los músculos y aliviar el dolor.

Cúrelo con frío

Cuando enfríe las lesiones con hielo, siga estos consejos de Dean R. Dryburgh, DC, de Ontario, Canadá, para maximizar la seguridad y efectividad de esta cura:

▶ Nunca aplique una compresa de hielo directamente a la piel. Envuélvala en una tolla de papel húmeda. El utilizar una toalla más gruesa hará inefectiva la compresa.

▶ Recuerde que utilizar una compresa de hielo hará que la zona se sienta fría al principio. Entonces, la sensación de frío será reemplazada por dolor y ardor antes de que la zona se entumezca. El entumecimiento ocurrirá entre 7 a 10 minutos después de que se aplico la compresa de hielo.

► No utilice la compresa de hielo por más de 20 minutos. Espere 10 minutos antes de volver a aplicar la compresa. Sin embargo, es mejor esperar dos horas entre los tratamientos con frío.

Esta es otra manera práctica de enfriar una lesión. De acuerdo a John P. Kelley de Tucker, Georgia, esta técnica es especialmente útil para los deportistas de fin de semana u otros que podrían sufrir lesiones luego de un juego o evento atlético. Congele agua en un vaso de plastoformo. Lleve estos vasos congelados al evento. Si necesita utilizarlos, simplemente tome uno de estos vasos, saque la parte superior del plástico, y utilice la base para agarrar el vaso y masajear las zonas adoloridas.

Compresa práctica para torceduras en el congelador

¿Necesita una compresa de hielo ahora? Verifique su congelador. Lo más probable es que ya tenga una en la forma de paquetes congelados de porotos, arvejas o maíz. Estos paquetes de comida congelada funcionan muy bien para curar estiramientos y torceduras ya que se amoldan fácilmente a las zonas afectadas. Una vez descongeladas, vuelva a congelar y vuélvalas a usar, o disfrute estas verduras en su cena.

Baile para aliviarse

Para un alivio barato y efectivo de las espuelas en los tobillos, coloque su pie descalzo sobre una botella vacía de refresco, y mueva su pie de adelante hacia atrás. Antes de comenzar, asegúrese que la botella no tiene rajaduras o cortes que le podrían cortar. Algunas personas encuentran que una lata de jugo de frutas congelada es aún mejor ya que ofrece la combinación doblemente ayudadora de terapia en frío y estiramiento.

Formas de animales para el dolor de torceduras

Para un niño con una torcedura, la idea de sostener una compresa de hielo a la zona adolorida no es una idea tan interesante. El Dr. John Canalizo de Ormond Beach, Florida, ofrece algunas sugerencias para volver las compresas de hielo más atractivas.

▶ Corte esponjas de celulosa en forma de animales u otras formas divertidas. Luego, moje estas esponjas y congélelas. Los niños encuentran que estos "animales de hielo" son divertidos, y las esponjas congeladas son más cómodas que las compresas normales de hielo. Además, igual reducen de manera significativa el dolor y la hinchazón.

▶ Coloque cubos de hielo o hielo desmenuzado en una bolsa para el congelador y añada un poco de alcohol de farmacia. Haga que el niño añada una cuantas gotas de su colorante favorito de comida a la bolsa. El alcohol asegura que el paquete de hielo se mantenga un poco menos congelado (y menos frío) y los niños encuentran divertidas estas compresas de hielo de colores.

Picaduras, aguijones y rasguños

Cataplasmas de su despensa

¿Siente el aguijón de una abeja furiosa? Para un alivio instantáneo, muela algo de papaya fresca y aplíquela al sitio del aguijón. Si usted no tiene mucha papaya a la mano, una pasta de ablandador de carne y agua ofrecerá un alivio similar. Si usted tampoco tiene ablandador de carne, lo mejor es tener algo de bicarbonato de sodio. Una pasta de bicarbonato y agua también alivia los aguijonazos. Todos los métodos mencionados reducen la hinchazón y alivian el dolor y la picazón. Las arañas no tienen aguijón; pican. Sin embargo, su método de protección puede ser tan doloroso o más que la picazón de una hormiga, abeja, avispón, o avispa. Para aliviar el dolor, aplaste la mitad de una cebolla blanca, y espárzala alrededor del sitio de la picadura. Envuelva una tela limpia en la lesión para mantener la cebolla en su lugar.

El botiquín podría ser el lugar al que uno se dirije para aliviar el dolor de la picadura o aguijón. Pero no toque las cremas y ungüentos y más bien saque la aspirina. Moje la zona adolorida, y entonces frótela con una tableta de aspirina, y verá como encuentra un alivio rápido.

Ayuda natural para picazduras en el mar

 El aguijón de una medusa no es broma. Las reacciones pueden variar desde picazón y dolor hasta nausea y vómitos. Si usted tiene nausea, fiebre, dolor de músculos, o dolor que no se pasa luego de unas horas, vea un doctor lo antes posible. De otra manera, el recordar estas reglas le pueden ayudar a manejar la picadura de una medusa.

▶ No lave la zona con agua fresca. Esto solamente prolongará la sensación de ardor.

▶ Remoje la zona adolorida con vinagre. Esto ayudará a neutralizar las toxinas de la medusa (venenos).

▶ Combine cuatro partes de harina con una parte de sal, y mézclelas con suficiente agua para formar una pasta. Aplique la misma luego de remojar la zona afectada con vinagre. Envuelva la zona con una tela limpia para mantener la pasta en su lugar. Esto le debería dar alivio en cerca de una hora.

▶ Debido a que la pasta se pega tan bien, usted seguramente deberá remojar la zona con agua antes de poder enjuagar el resto de la pasta. Pero es poco precio a pagar por el alivio por este ataque tan doloroso.

No se convierta en cóctel de mosquitos

A usted le puede agradar tomar un trago o dos con su cena al aire libre. Pero le conviene evitar el alcohol si quiere evitar los mosquitos. El tomar alcohol dilata sus vasos sanguíneos, lo cual lo convertirá en una opción muy atractiva para los mosquitos hambrientos.

Prepare soluciones caseras

Si se hace un corte o arañazo, pero no tiene ungüentos antibióticos disponibles, busque una solución práctica en su despensa. Usted puede prevenir la infección al aplicar miel cruda a la herida.

Las verduras y frutas en su casa también le pueden ayudar a salir del apuro. Intente pelar un plátano y presionar la parte de adentro de la cáscara contra una rasmilladura o arañazo leve para un alivio casi inmediato. O corte un pequeño pedazo de una papa cruda y presiónelo contra la abrasión, manteniéndolo en su lugar con gasa o cinta adhesiva.

Otra manera de aliviar los cortes, arañazos y quemaduras menores es con una planta de aloe vera. Un poco de aloe vera puede reemplazar cremas y ungüentos caros. Solamente abra una hoja y frote el gel sobre la zona afectada. Usted puede también utilizar el aloe vera como repelente de mosquitos.

Para la comezón de inmediato

Si usted sabe que ha sido expuesto a hiedra venenosa, entonces usted puede a menudo prevenir una urticaria o picazón si lava las zonas expuestas de inmediato con agua fría y jabón. No utilice agua caliente. Solamente animará a que los aceites tóxicos de la planta sean absorbidos por su piel.

Hojas con tres — déjelas estar

Memorice esta simple frase Cuando se trata de la hiedra venenosa y el zumaque venenoso, la prevención es la mejor cura. Para identificar estas plantas, sólo recuerde que sus hojas siempre crecen en grupos de tres.

Por lo general se encuentran como arbustos o como hiedras que trepan los árboles. Prevenga que una urticaria debida a la hiedra venenosa se propague con un pasta de bicarbonato de sodio. Simplemente añada suficiente agua a un poco de bicarbonato hasta que éste se puede esparcir fácilmente. Aplíquelo a la zona afectada.

Deje que la pasta se endurezca y luego lávela con agua fría. Aplique miel a las zonas expuestas para aliviar su piel y prevenir infecciones. ¿Existe algún otro remedio para aliviar la terrible picazón de la hiedra venenosa? Un baño de remojo con avena podría ser la solución. Muela una taza de avena entera a la consistencia de polvo de harina. Añádala al agua tibia de un baño y remoje por 20 a 30 minutos. No intente enjuagar el film dejado por el baño de avena; solamente séque su piel suavemente con una tela.

Facilitando la medicina

Frene un corazón agitado

Para frenar un corazón agitado, remoje una toalla en agua muy fría y coloque la toalla en su cara. Si usted sufre de palpitaciones cardiacas ocasionales o taquicardia, el aplicar una toalla fría como el hielo a su rostro puede frenar su corazón agitado, de acuerdo a los doctores en las salas de emergencia. Sin embargo, usted debería consultar con su médico antes de utilizar esta técnica si tiene un historial de dolor de pecho o si su angina típicamente empeora con el frío.

Cuándo sí se puede tragar dentífrico

Un ataque de acidez puede ser terrible si no se tiene ningún antiácido a la mano. No se asuste si se encuentra en esta situación. El tomar un vaso de agua puede aliviar a algunas personas. Si esto no funciona, este remedio casi infalible del Dr. Basil Rodansky de Lincoln Park, Michigan, seguramente sí funcionará. Tome una o dos cucharillas de dentífrico mentolado con un vaso de agua o té. Pero evite los dentífricos que contienen bicarbonato de sodio o peróxido de hidrógeno. Estos podrían empeorar la acidez.

Evite un desastre en medicamentos

Para lograr que sus medicamentos duren más tiempo y mantengan su potencia, no los almacene en el botiquín del baño. La alta humedad y amplias variaciones de temperaturas pueden hacer que las medicinas se desgasten antes. Intente mantener sus medicamentos en un lugar donde se mantengan a una temperatura constantemente moderada. Como siempre, esté segura de mantener todas las medicinas fuera del alcance de los niños.

Una solución salada

Si usted necesita una compresa caliente para su dolor de cabeza, intente este remedio efectivo. Coloque sal en una olla seca y caliéntela hasta que esté muy caliente pero no hirviendo. Envuelva la sal en un secador de cocina delgado. Si el dolor de cabeza está

ubicado en su frente, presione la compresa en su nuca y frote. El calor seco absorberá el dolor.

Cuando el dolor lo limita

Prevenga los calambres de calor al tomar 18 a 24 onzas de agua una a dos horas antes de ejercitarse. Si usted se ejercita por un periodo extenso de tiempo, recuerde tomar líquidos durante el ejercicio también.

Si un masaje o el estirarse no le funciona para aliviar un calambre caliente, intente utilizar su dedo pulgar y su dedo índice para firmemente presionar la zona acalambrada.

Cura económica para la tos

Si usted necesita alivio de la tos, intente este simple remedio: una taza de leche caliente con dos cucharadas de miel. Esta bebida relajante le calmará la garganta, parará la tos, y le permitirá dormir.

Preparación para despejar el pecho, desde su cocina

La próxima vez que tenga un caso de pecho congestionado, intente este ungüento para despejar el pecho. Pele y corte siete dientes de ajo. Póngalos en un tarro de vidrio; añada suficiente manteca como para cubrir los dientes de ajo picados. Coloque el tarro abierto en una olla con agua hirviendo y déjela hervir por tres horas. Para una mayor efectividad, añada 1/8 de cucharilla de aceite de eucalipto a la manteca derretida. Deje enfriar, luego frote el ungüento en el pecho, estómago y espalda. Cubra con una gruesa toalla de baño.

Sea bueno con su nariz

Despeje su nariz tapada sin gastar mucho dinero en descongestionantes nasales en la farmacia. Prepare su propio aerosol salino nasal al mezclar 1/2 cucharilla de sal de mesa con 8 onzas de agua caliente. Guarde esto en una botella vacía de aerosol nasal. El rociar esta solución en su nariz, deshacerá los irritantes, alérgenos, y mucosidades excesivas que pueden dificultar la respiración.

¿Su nariz tapada lo mantiene despierto de noche? Antes de tomar medicamentos descongestionantes, intente lo que a veces se llama un descongestionante mecánico —mejor conocido como un resorte nasal o una banda adhesiva nasal. Esta banda adhesiva incluye un expansor pequeño que suavemente ensancha los pasajes de su nariz y facilita la respiración sin el gasto y efectos secundarios de las medicinas.

Una pequeña dosis puede ayudar a desbloquear la nariz

Un objeto foráneo atascado en su nariz es algo serio. En vez de intentar sacar el objeto y posiblemente dañar seriamente su nariz, deje que un descongestionante lo ayude. Apunte un par de chorros de descongestionante líquido a su nariz. Esto a veces contrae los vasos sanguíneos en la nariz y alivia la hinchazón lo suficiente como para que pueda soplar el cuerpo foráneo hacia fuera. Si esto no libera lo que esté atascado en su nariz, vea a un doctor de inmediato.

Palos de helado al rescate

Para una manera sencilla de controlar el sangrado de la nariz, intente la técnica recomendada por el Dr. John Ellis de Oakland, California. Tome dos palos de helado y envuelva los extremos de un lado con cinta adhesiva de una pulgada de grosor. Esto le protegerá la nariz Luego, junte los otros dos extremos con la cinta. Esto formará una pinza. Para cambiar la presión que proporciona la

Truco para tragar

Si a usted le cuesta tragar cápsulas, intente este truco recomendado por la Dra. Deborah L. Morris de Cary, North Carolina. Coloque la cápsula en su boca, tome un gran trago de agua, incline su cabeza hacia adelante, entonces trague. Debido a que la cápsula por lo general flota a la parte trasera de su boca cuando inclina su cabeza hacia abajo, el tragarla es mucho más sencillo.

pinza, simplemente mueva la cinta adhesiva más cerca o más lejos del extremo con cinta adhesiva de los palos. Ahora, utilice la pinza para presionar y cerrar la punta de su nariz. Déjela por lo menos por 10 minutos. ¡Usted puede parar su sangrado de nariz y aún continuar haciendo sus tareas con sus manos libres!

Descanso sin ronquidos

Si usted o su cónyuge tiene un problema con los ronquidos, la solución podría ser tan sencilla como no dormir de espalda. Para dejar este hábito, cosa una pelota de tenis a la parte trasera de su pijama. Usted se sentirá definitivamente mucho más cómodo en otra posición y podría ser todo lo que usted necesite para conseguir una buena noche de descanso.

Hipo congelado

Un doctor en Bellingham, Washington, ha descubierto que puede bloquear las señales nerviosas que causan el hipo con un par de cubos de hielo. Dice que se debe poner un cubo de hielo a cada lado de su manzana de Adán. Si esto no logra calmar el hipo, mueva los cubos de hielo más alejados del centro de su cuello, siempre al nivel de su manzana de Adán. Usted debería podner congelar su hipo con facilidad.

Para los mas pequeños

'Sundae' que previene el veneno

Si su hijo o hija ha tragado veneno y el Centro de Control de Venenos le dice que utilice el carbón activado para contrarrestar el efecto de las toxinas, usted necesitará un truco o dos para lograr que el niño tome el remedio. El Dr. Britt Durham de Los Angeles sugiere combinar el carbón activado con helado de vainilla. Esta combinación crea lo que parece ser un helado de sundae, que los niños quieren comer.

En sus marcas, listos ... eructar

Para la mejor manera de hacer eructar un bebé tranquilo, intente la técnica que el Dr. Ron Reynolds utiliza con sus propios hijos. Siente al bebé su cabeza sosteniéndole y con sus piernas extendidas. Ahora, incline al bebé de 30 a 45 grados a la izquierda. La mayoría de los bebés eructan de inmediato. Sin embargo, si el bebé no lo logra, siga inclinando al bebé a la izquierda a tiempo que también inclina al bebé hacia delante o hacia atrás cerca de 30 grados. Cualquier posición que usted encuentre efectiva debería funcionar todas las veces.

Técnica para calmar al bebé

Si usted tiene un bebé con cólicos, intente la maniobra que el Dr. Glen C. Griffin de Mapleton, Utah utiliza para calmar un estómago adolorido con demasiado aire que ha sido tragado. Acueste al bebé con su espalda sobre sus rodillas, e incline la cabeza del bebé levemente hacia la izquierda. Mueva su mano derecha

Astillas indoloras

Cuando su hijo o hija le muestre haber adquirido una astilla, busque la cinta adhesiva, antes de buscar pinzas o agujas. Simplemente ponga la cinta adhesiva sobre la astilla, luego sáquela. La cinta adhesiva saca la mayoría de las astillas de manera indolora y fácil.

bajo la cabeza y cuello del bebé. Coloque sus dedos índice y medio derechos en el lado izquierdo del estómago, justo debajo de las costillas. Levante al bebé a una posición de sentado y aplique una presión suave en el estómago con la mano derecha. Esto ayuda a sacar el aire en exceso del estómago del bebé. Repita antes y después de las comidas, así como cuando fuese necesario. Lo puede hacer también cada vez que levante al bebé en brazos como un preventivo de cólicos sencillo.

Cómo facilitar colocar gotas para los ojos

Una manera sencilla de administrar gotas para los ojos para un niño o adulto con un caso fuerte de parpadeo: haga que la persona se acueste y cierre sus ojos. Coloque una o dos gotas en la esquina del ojo afectado. Cuando el ojo se abra, las gotas caerán dentro del ojo.

De acuerdo al Donald L. Turner, DO, de Huber Heights, Ohio, la manera más fácil de administrar gotas para los ojos a los bebés o niños pequeños es hacerlo cuando ellos duermen de espaldas. Así evitará rabietas y lágrimas.

Corte el trabajo con su pajilla

Para tanto niños jóvenes como adultos mayores, el sorber líquidos a través de una pajilla puede requerir un esfuerzo muy grande. El Dr. Louis C. Barricelli sugiere una solución muy sencilla—simplemente corte la pajilla en dos. Entonces no requerirá de un esfuerzo tan grande.

ÍNDICE ALFABÉTICO